KB144859

통합 그 이후를 생각하다

통합 그 이후를 생각하다

2021년 4월 1일 초판 1쇄 인쇄
2021년 4월 9일 초판 1쇄 발행

지은이 이우영·김태경·구갑우·최선경·이향진·엄현숙·이수정·정진헌·이은정·양계민·이봉기·하네스 모슬러
펴낸이 윤철호·고하영
책임편집 임현규
편집 최세정·이소영·권우철·정세민·김혜림·김채린
디자인 김진운
마케팅 최민규·조원강

펴낸곳 (주)사회평론아카데미
등록번호 2013-000247(2013년 8월 23일)
전화 02-326-1545
팩스 02-326-1626
주소 03978 서울특별시 마포구 월드컵북로6길 56
이메일 academy@sapyoung.com
홈페이지 www.sapyoung.com

ISBN 979-11-6707-005-0 93300

사전 동의 없는 무단 전재 및 복제를 금합니다.
잘못 만들어진 책은 바꾸어 드립니다.

통합 그 이후를 생각하다

이우영·김태경·구갑우·최선경·이향진·엄현숙·이수정·정진헌·이은정·
양계민·이봉기·하네스 모슬러

사회평론아카데미

통일 혹은 통합에 대한 고민

모두가 간절하게 바라는데 이루어지지 않는다면 무엇이 문제일까? 두 가지 답이 가능하다. 첫째, '모두가 바란다'는 말이 거짓일 수 있다. 즉, 바란다고는 하지만 실제로는 원하지 않는 사람들이 있고 이들의 힘—바라는 바를 이루어지지 않게끔 하는—이 더욱 강하기 때문일 수 있다. 둘째, 모두가 같은 것을 바라는 듯 보이지만 실제 원하는 바는 각자 다르기 때문일 수 있다. 통일에 대한 이야기이다.

국가에서 집단 그리고 개인에 이르기까지, 분단 이후 한 세기를 향해가는 동안 우리 모두의 '소원'은 통일이었지만, 통일의 전망은 여전히 잿빛이다. 오히려 '신'의 이름으로 자행된 살상과 혐오가 인류의 역사를 장식하였듯, 남과 북 사이 그리고 각 체제 내부에서 적대와 갈등의 기반은 다름 아닌 '통일'이었다. 앞서 언급하였듯, 바란다고는 하지만 실제로는 통일을 바라지 않는 집단의 힘이 더욱 강하거나, 개인, 집단 혹은 국가가 그리는 통일 청사진이 서로 다르기 때문일 것이다.

여기서 더 심각한 문제는 이러한 문제들이 논의되지 않았다는 것이다. 누가 통일을 바라고 누가 통일을 바라지 않는지, 우리가 생각하는 통일과 그들이 생각하는 통일이 어떻게 다른지에 대한 고민 없이 '습관적'으로 통일을 부르짖거나 나의 통일을 상대에게 강요하기만 해왔다. 이를 문제 삼으면 분단을 고착하려는 '반통일 분자'로 몰리거나 이념적으로 정상이 아닌 '적'이 되어버리곤 했다. '우리의 소원인 통일'은 허공에서 메아리로 떠돌고 있고, 삶을 옥죄는―물질적으로나 정신적으로나―고단한 분단은 우리의 몸과 마음에 깊게 배여 일상이 되었다. 만약 이러한 통일 담론이 확대 재생산되는 가운데 통일이 이루어진다면, 그 '통일'은 어떠한 통일이 될 것인가에 대한 우려도 지울 수 없다.

모든 논의를 부정하는 것은 아니지만, 분단 이후의 현재에 이르는 통일 논의에 대한 문제의식이 남북한 마음통합연구단의 출발점이었다. 거대담론의 수준에서 맴도는 허구적이고, 당위적인 주장이기에 관습적이었던 지금까지의 통일 담론을 해체하고 우리의 생활과 맞닿아 있는 이야기로 바꾸어야 한다는 깨달음에서 통일에 앞서 '통합' 문제를 따져보기로 하였고, 그 통합의 키워드로 '마음'을 선택하였던 것이다.

여기서, 통일이 아니라 '통합'에 주목하는 까닭은 그 동안의 통일 논의가 국가라는 틀 안에서 제도와 이념 수준에 매몰되어왔기 때문이다. 더하여, '민족'의 단일성을 강조하는 목소리가 주를 이루었다. 다시 말해, 통일은 분리된 두 국가가 민족을 기반으로 한 단일국가를 형성하는 것과 동의어로 취급되어왔다. 특히 제국주의 침략으로 식민시기를 경험하였던 한반도에서는 단일 민족국가로의 복원이 더욱 설득력이 있었다.

그렇지만 민족국가란 서구의 근대 국가 형성과 맥을 같이하는 경험
이며, 오늘날 많은 국가들이 단일 민족(혹은 인종)을 기반으로 하지 않는
다. 세계화가 가파르게 진행되는 가운데 초국적 이주가 활발해지고 다문
화적 상황은 점차 확산되고 있다. 이는 역사적 경험이나 세계사적 조류
에서 일민족 일국가 전제는 더 이상 유효하지 않다는 것을 의미한다. 단
일성을 지향하는 통일논의는 오히려 남북 관계와 남과 북 내부의 복합적
갈등을 심화시키는 문제를 가져왔을 뿐이다.

통일보다 통합에 대한 논의가 설득력을 갖는 까닭은 다음과 같다.
첫째, 이념과 제도의 단일화에 갇혀 있었던 통일 논의를 확장한다는 의
미를 가진다. 정치적·경제적 차원에서는 다양한 대안적 통일 이야기를
가능하게 한다. 분석 수준에서는 체제나 국가 프레임을 벗어나 사회구성
원의 차원으로 통일논의를 확장할 수 있게 한다. 둘째, 통일이 특정 시점
의 사건적 성격을 갖는 반면 통합은 상대적으로 과정에 초점을 맞춘다.
다시 말해, 통일을 이루지 못한 현재부터 통일 이후의 시기까지 연구의
시간적 스펙트럼을 확장할 수 있다. 마지막으로 통합의 문제를 논의하는
것은 통일을 어느 수준에서, 어느 정도로 추진하여야 하는지 그리고 누
가 통일의 주체 혹은 걸림돌인지 등 그 동안 필요하지만 물어보지 않았
던 통일과 관련된 근본적인 주제를 검토할 수 있는 계기가 될 수 있다.

남북한마음연구센터는 '마음의 통합'에 연구의 초점을 맞추어 연
구를 진행하여왔다. 『분단된 마음 잇기』(2016), 『분단된 마음의 지도』
(2017), 『분단 너머 마음 만들기』(2019) 세권의 책을 출판하였고, 이를

이은 것이 『통합 그 이후를 생각하다』이다. 앞서 펴낸 책들이 남과 북의 '마음'이 만나고 통하는 지점을 비교하였다면 이번 책에서는 국제적 차원에서 마음통합 문제를 바라보며 새로운 인식을 모색하였다. 공간적으로 한반도 맥락을 벗어난 차원을, 시간적으로는 '통일/통합 이후' 겪게 될 갈등과 문제를 예측하여 정책 방안으로 연결 짓고자 하였다.

1부에서는 북한적 마음의 단편들을 다루었다. 김태경은 1950년대 북한 사회가 상상하고 재현했던 평화에 대한 담론과 실천에 초점을 두었다. 이 연구는 전후 북한 문예계에서 재현된 평화의 마음은 위로부터 단일적으로 형성된 것이 아니라 글로벌 탈식민주의 평화 운동의 흐름과 궤를 같이 하는 부분과 한반도적 맥락의 민족 통일 운동이 공존했다는 점을 보여주었다. 북한 문학에서의 평화에 대한 논의를 고찰하는 것은 남북한의 마음 통합 과정에서 새로운 평화 담론을 모색하는 데 있어 의미가 있다.

엄현숙은 〈조선신보〉 기사 내용의 분석을 통해 북한의 경제난 시기 결핍 문제를 바라보는 북한 주민의 시각 변화를 추적하였다. 일본 내 재일교포를 대상으로 재일본조선인총련합회에서 발행하는 〈조선신보〉는 북한의 대외 커뮤니케이션의 한 통로이며 기자가 직접 취재한 북한 주민과의 대화를 담은 기사가 다수를 차지한다. 이 연구는 북한의 경제난 시기 북한 주민의 마음에서 나타나는 균열과 새로운 욕구, 그리고 이러한 변화에 대응하는 국가와의 상호작용을 예리하게 포착하였다.

2부에서는 국가라는 경계 밖 코리언들의 민족 경관(ethnoscape)을 맥락화하였다. 최선경은 북·중 접경지역 코리언의 혼종적 성격을 거시적 역사 전환과 미시적 일상의 연결이라는 측면에서 탐색하였다. 식민 시기 일본제국과 중국인 세력 사이에 위치했던 조선인 집단은 해방 이후 북한과 중국이 성립되면서 국가적 경계에 따라 나뉘게 되었지만, 그 국가적 구획과 각자의 민족 정체성이 경합하게 되는 지점을 보여주었다. 이 연구는 혼종성이라는 키워드를 통해 국가라는 범주로 포섭되지 않는 한반도 밖의 역사적 타자들의 마음을 살펴보았다는 점에서 의미가 있다.

이향진은 자이니치 감독의 가족 연대기 영화에 나타난 집단적 트라우마를 추적함으로써 자이니치의 문화적 혼종성을 살펴보았다. 최양일 감독의 자이니치 삼부작은 실향과 이산, 강제동원과 민족 차별의 집단 트라우마를 재현한다. 이 연구는 다민족국가 일본에서 소수자로 살아가는 이주민들의 민족정체성은 배타적인 민족국가 개념으로 설명할 수 없다는 탈국가주의적 영상 전략을 보여주었다. 동시에 단일민족 국가론이 한국 사회가 염원하는 남북 통합을 위한 개념적 틀이 될 수 없음을 주장한다.

이수정은 현장 연구를 통해 영국 뉴몰든 코리아타운에 거주하는 북한이주민들의 '안녕감'에 대한 관계적 이해를 시도하였다. 영국 뉴몰든은 난민 자격으로 영국으로 이주한 북한이주민이 남한이주민과 다양한 맥락에서 조우하는 공간이며 '안녕감'은 현재적 삶에 대한 긍정적 생각과 느낌의 총체를 의미한다. 이 연구는 다른 존재들과의 관계성 속에서 끊임없이 재구성되는 북한이주민의 삶과 마음을 깊이 있게 들여다봄으로써 분단의 문법을 넘어서는 공동체를 상상할 수 있게 하였다.

3부는 통일/통합 이후 발생할 수 있는 이슈들에 대한 고민을 담았다. 정진헌, 이은정의 연구는 독일에 거주하는 한국이민 1세대들이 독일의 분단-통일 경험을 어떻게 받아들이는가라는 질문에서 출발했다. 독일의 통일 경험은 상이한 두 체제가 통합되는 과정에서 어떠한 문제가 발생할 수 있는지 보여주는 유일한 모델이다. 독일의 한국인 이민자로서 통일된 한반도의 미래 속에 자신을 자리매김 하는 경향은 독일 통일을 하나의 결과물로 바라보는 한국에서의 일반적인 시각과는 다른 지점을 드러낸다.

　　양계민은 통일이 가져올 사회적 부담이 통일에 대한 지지도와 어떻게 연결되는지를 다루었다. 지금까지의 통일 논의가 한국 사회의 내적 요인을 중심으로 이루어져왔다면, 이 연구는 독일 통일에 대한 한국인들의 의식이 남북 통일 인식에 영향을 미치는 중요한 요인이라 보고 조절 효과로 분석하였다. 연구 결과, 독일 통일에 긍정적일수록 통일의 부담에 대한 인식 또한 낮아지는 것으로 나타나 향후 통일 교육에 시사점을 도출했다는 점에서 의의가 있다.

　　이봉기, 하네스 모슬러는 탈북민을 대상으로 한 설문조사를 바탕으로 조선로동당에 대한 인식을 파악하였다. 향후 남북 통합 과정에서 정치체제에 대한 논의는 필수적이다. 특히 독일 통일 과정에서 독일사회주의통일당이 담당했던 촉매제 역할은 남북한 통일을 구상하는 데 있어 준거 사례가 된다. 이 연구는 통일 과정에서 로동당의 개혁을 위한 지배엘리트의 중요성을 예측하게 하며 체제전환 과정에서 최적의 시나리오를 찾는 데 기여하였다.

　　이와 같이, 주제나 방법론의 다양성을 추구하고 있는 수록 논문들은 분단과 냉전 극복을 위한 새로운 상상력을 제공할 수 있을 것이다. 통합 과정에서 예상되는 문제들을 따져보고 이에 대한 대안을 모색하기 위해서는 보다 광범위한 사례들을 포함하는 연구 대상의 확대가 필요하다. 그 동안 갇혀 있었던 통일에 대한 상상을 확장시키고 그 동안 멀리 떨어져 있었던 통일 이야기를 우리 곁으로 끌어오기 위함이다. 전쟁의 경험과 적대적인 대결이 일상이 되었듯, 분단을 넘어선 통합 또한 우리의 이야기가 되어야 되기 때문이다.

저자대표 이우영

차례

제3부 통합 이후의 문제들

제1부 북한적 마음의 단편

제1장

1950년대 북한의 두 '평화의 마음'

김태경(북한대학원대학교) · 구갑우(북한대학원대학교) · 이우영(북한대학원대학교)

I. 문제제기: 두 개의 평화의 재현

1959년 8월 7일자 『문학신문』은 "인류의 머리 우에 평화를!"이라는 제목의 짧은 기사를 실었다.[1] 소련 잡지 "『쓰메나』" 9호에 실린 "웨. 쉡첸꼬"가 쓴 〈일본의 하늘 아래서〉라는 표제의 기행문에서 발췌한 이 기사는 히로시마 원폭 투하 이후 비극에 대한 단상과 함께 '보통 사람들'을 중심으로 한 일본과 소련의 전후 친선을 다루고 있다. 쉡첸꼬의 기행문은 전 세계적 차원의 평화옹호운동의 맥락에서 이뤄진 소련 청년위원회의 히로시마를 비롯한 일본 주요 도시, 지역 방문 여정을 담으며 일본 청년들과 소련 청년방문단 간 친선교류와 평화를 위한 공동 연대, 일본 점령 미군에 대한 반대를 핵심 내용으로 한다.[2] 그중 『문학신문』에 발췌,

---

[1] 웨. 쉡첸꼬, "인류의 머리 우에 평화를!," 『문학신문』, 1959년 8월 7일, p. 4.

[2] В. ШЕВЧКЕКО, ПОД НЕБОМ ЯПОНИИ, СМЕНА, No.767. 현재 『스메나』 잡지는 1924년 호부터 전권이 인터넷상에서 열람 가능하다. 관련 정보와 원문을 제공해준 러시아

번역된 부분은 히로시마의 원폭 이후 고통상으로, 대표적으로 피폭 피해자인 "사사키 사다코" 어린이의 이야기와 이를 바탕으로 모금 건립된 "원자탄에 희생된 어린이들의 기념비"[3], 그리고 일본 청년단 대표의 평화에 대한 일본 인민의 염원과 소련 인민과의 친선 강화의 의지를 담은 다음의 발언이다.

우리는 원자 폭탄이 아니라 행복을 이야기와 친선을 평화의 염원을 우리에게 가져다준 쏘련의 벗들을 맞는 것을 기쁨으로 생각한다. 우리는 쏘련이 시종일관 그리고 결정적으로 원자 및 열핵 무기의 금지를 위하여 노력하고 있는 것을 잘 알고 있다. 우리는 또한 우리 또래의 쏘베트 벗들이 지난 전쟁에서 적지 않은 슬픔을 겪었다는 것도 잘 알고 있다. 바로 그렇기 때문에 우리는 호상 잘 리해하며 손을 맞잡고 평화를 위하여 싸우고 있는 것이다…

"세이넨단(청년단) 지부 총비서 모리카와"의 발언이 담긴 이 기사는 1945년 8월 6일 히로시마 원폭 투하, 8월 15일 조선 해방 이후 14년이 흐른 '(북)조선'에서 2차 세계대전의 패전국이자 자국 식민통치의 제국인 일본의 전후 평화운동을 어떻게 접하고 있었는지 보여준다. 한 소련 청년위원회 위원장의 기행문을 통해 수용된 전후 일본의 반핵 반전운동의 에피소드는 1960년대 후반 "당의 유일사상체계" 확립과 더불어 반제국주의, 탈식민 해방투쟁이라는 하나의 기치로 평화와 통일에 대한 서사가 규범화되기 이전에, 평화에 대한 희구라는 목표 아래, 구(舊)제국의

국립인문대 박사과정 이종현 씨와 번역에 도움을 준 북한대학원대 조교 오세준 씨에게 감사를 드린다.
3   『문학신문』 기사는 『스메나』 잡지에 실린 히로시마 기념비 사진을 같이 신고 있다.

전후 평화운동도 포괄하는 폭넓은 담론들이 북한에 존재했음을 드러낸다. 1960년 한국의 4.19, 1962년 쿠바 미사일 위기, 1960년대 한일기본조약 체결반대운동과 베트남전쟁을 거치며 북한에서는 평화를 재현하는 일련의 방식이 점진적으로 구축되었다. 그러나 평화를 이해하고 실현할 데 대한 특정한 방식의 재현은 특히 1950년대 평화를 재현하는 복수의 방법들 사이의 활발한 상호작용 과정을 통해 형성되었다.

　본 연구의 목적은 1950년대 북한 사회가 평화를 상상하고 발화하는 데서 어떤 다양한 담론들이 존재했는지 확인하고, 특히 실제로 상충하기까지 하는 논리들이 '평화'의 이름으로 공존, 상호작용했던 담론의 복수성을 문화 건설을 담당한 작가, 문예 인텔리들의 텍스트를 통해 드러내는 것이다. 이를 통해 본 연구는 단일한 위로부터의 논의나 실천으로 귀결되지 않는, 복합적인 1950년대 북한 사회의 '평화의 마음'에 다가가고자 한다. 1950년대 북한의 '평화의 마음'이 갖는 다양성을 조명하면서 본 연구는 특히 이 시기 북한 문예계의 평화 담론/실천이 어떤 국제적 소통과 교류의 문맥 속에서 이러한 '마음체계'의 부분을 형성했는지에 초점을 맞춘다.[4] 이를 위해 본 연구는 크게 두 갈래의 '평화의 마음'과 관련된

4　'마음'은 "지, 정, 의를 모두 포괄하는 능동적인 심적 활동"으로, '마음체계'에 대해서는 "주체를 만들어내는 담론적 비담론적 네트워크"라는 구갑우의 정의를 따른다. 구갑우, "북한 '핵 담론'의 원형과 마음체계, 1947~1964년," 『현대북한연구』, 17권 1호 (2014), p. 204. 본 연구는 북한의 '마음체계'의 탐색이 북한 사회 구성원들이 선택하고 행동하는 원인이 되는 정체성, 집합 심리의 구조화된 질서에 대한 해석을 통해, 북한 사회에 대한 보다 나은 이해와 그를 바탕으로 한 상호작용에 필수적이라는 가정을 공유한다. 이우영 외 공저, 『분단된 마음의 지도』 (서울: 사회평론아카데미, 2017). '평화의 마음'은 북한 '마음체계'의 일부분으로, 그 연구는 평화에 대한 정의, 평화/비평화적 현실에 대한 원인 분석, 그 궁극적 상(像) 및 실현을 위한 전략 전술 등 '평화'를 내용적으로 구성하는 요소들과 함께, 이를 가능하게 하는 행위자, 제도적 배열, 대내외 역사적, 정치적 맥락의 차원에 대한 탐색을 필요로 한다. 북한 사회의 '평화의 마음'에 대한 기존연구로는 1962년 숙청되기까지 북한 문예계를 대표한 작가 한설야가 세계평화옹호운동의 북한 대표로 활동했던 1949년을 중심으로 정부 대변인으로서, 그리고 작가로서 한설야의 복합적인 '평화의 마음'을 탐색한 연구가 존

재현을 보이고, 더불어 그러한 서로 다른 결의 재현과 관련된 행위자적 측면, 즉 문예 인텔리의 조직적 변화도 다룰 것이다. 1950년대 평화 주제를 둘러싼 문학적 재현 및 문학계의 조직에 대한 본 연구의 규명은 한국전쟁 직후 사회주의 체제형성기 북한 사회의 다양한 대안적 논리의 역학관계의 일면을 드러냄으로써 북한의 '평화의 마음'이 이 시기 어떻게 구성되었는지 보이고, 궁극적으로 남북한 '마음체계' 통합을 필요로 할 한반도에서의 현재적 '평화'의 탐색에도 유의미한 통찰을 제공할 것이다.

1950년대 북한 문학에 관한 기존연구는 '평화'가 어떻게 상상되고 재현되었는가의 문제와 연관해 보다 넓은 국제정치적 맥락의 소련과 동유럽과의 사회주의 친선을 다루지 않았다.[5] 많은 연구가 프롤레타리아 국제주의를 당시 문예계의 중요 주제로 보고 다뤄왔지만 북한 문학에 나타난 평화의 개념에 있어 소련과 동유럽에서 전개된 평화운동의 맥락이나 상호작용이 진지하게 다뤄지지는 않았다. 본 연구는 1950년대 북한에서 '평화'에 대한 재현의 논리가 어떻게 전개되었는가, 특히 그 복수성, 다양성에 초점을 맞춘다. '평화'의 다양한 재현은 무엇보다 다른 사

재한다. 구갑우, "북한 소설가 한설야의 '평화'의 마음(1), 1949년," 『현대북한연구』, 18권 3호 (2015).

5   세계적 범위의 평화옹호운동과 1950~1960년대 북한의 평화운동에 미친 영향을 다룬 최근의 역사 연구에 대해서는 다음을 참조. 김태우, "냉전 초기 사회주의 진영 내부의 전쟁·평화 담론의 충돌과 북한의 한국전쟁 인식 변화," 『역사와 현실』, 제83호 (2012); "냉전 평화론의 사생아: 소련과 북한의 한국전쟁 '북침' 시나리오 조작의 정치적 배경과 과정," 『통일인문학』, 64권 (2015); "1948~50년 사회주의진영의 평화론과 평화운동의 동아시아적 수용과 변용: 국가별 사례 비교," 『동북아문화연구』, 58집 (2019); 정용욱, "6·25전쟁 이전 북한의 평화운동," 『역사비평』, 106권 (2014a); "6.25 전쟁~1950년대 후반 북한의 평화운동," 『역사와 현실』, 91권 (2014b). 동유럽과 중국에서 전개된 세계평화옹호운동에 대해서는 각각 다음을 참조. 역사문제연구소, 『한국전쟁에 대한 11가지 시선』 (서울: 역사비평사, 2010); 청카이(程凱), "평화염원과 정치동원: 1950년의 평화서명운동," 백원담·임우경, 『'냉전' 아시아의 탄생: 신중국과 한국전쟁』 (서울: 문화과학사, 2013).

회주의 진영과 교류 소통한 평화 담론/실천 속에서 가능했고 다른 사회
주의권 담론/실천과의 상호작용을 통해 한반도적 맥락에 맞게 번역, 변
용되었다고 보는 것이다. 1960년대 후반 "당의 유일사상체계"라는 단
일한 이데올로기적 기획이 확립되기 이전,[6] 실질적인 사회경제적 변화
와 밀접한 관련을 갖는 1950년대 북한의 다양한 학문 분야에서는 격렬
한 논쟁, 갈등이 전개되었다.[7] 북한 문학계 역시 1950년대 중후반 "도식
주의 비판", "부르죠아 사상잔재 투쟁", "수정주의 비판" 과정에서 다양한
논쟁의 장을 형성했다. 본 연구의 대상인 평화의 재현과 관련해서는 당
시 소련과 동유럽 인민민주주의 국가들은 물론 탈식민 해방투쟁을 지속
하는 제3세계 혁명운동과의 상호작용에 기반한 복수의 대안들이 존재했
음을 보일 것이다.

　　본 연구는 한국전쟁 이후 1950년대 북한 문학의 주요 과제 중 하나
인 전쟁과 평화의 주제는 적어도 두 가지의 서로 다른 의미와 재현의 방
식을 가졌음을 보인다. 우선 한편으로 평화협정의 체결이 아닌 잠정적인
전투 중지의 상태인 휴전이라는 단서가 전제되기는 하지만, 평화적 사
회주의 건설을 위한 필수조건으로서 평화, 즉 모든 종류의 폭력의 중단
인 정전을 지지하고 그 중요성을 언급하는 방식이 존재했다. 다른 한편
으로 세계적 범위의 제국주의 세력에 대항해 지속적이고 진정한 평화를
수립하기 위해서 여전히 전쟁을 불사할 데 대한 결의를 감추지 않는 평
화 재현의 방식이 존재했다. 평화에 대한 전자의 재현은 폭력의 종식을

6　　1960년대 후반 "당의 유일사상체계"의 성립에 대해서는 와다 하루키, 서동만 남기정 역,
　　『북조선: 유격대국가에서 정규군국가로』 (서울: 돌베개, 2002); 이종석, 『조선로동당 연
　　구: 지도사상과 구조변화를 중심으로』 (서울: 역사비평사, 1995) 참조.
7　　체제형성기 북한의 사회주의 건설을 둘러싼 담론과 실천의 역동성, 다양한 대안들을 둘러
　　싼 경쟁과 갈등을 고찰한 연구로는 다음을 참조. 역사문제연구소 편, 『1950년대 남북한의
　　선택과 굴절』 (서울: 역사비평사, 1998).

강조하며 일시적이나마 '정의'의 문제를 보류하고 새로운 사회주의 건설로 그 방점을 변화시킴으로써 후자의 재현 방식과는 구별된다. 이는 '그들'에 대한 '우리'의 근본적인 승리를 선언한 전제 위에 성립한다는 점을 지적해야 하지만, 전자의 평화 재현은 '정의'의 문제가 미해결된 상태에서의 휴전을 언제든 희생시킬 수 있다고 보는 관점에서의 평화 재현과는 전혀 다른 결과를 가질 수 있다는 데 본질적인 차이가 있다. 반제국주의 '민족해방전쟁'이라는 북한의 관점에서 한국전쟁에서의 전쟁 목표, '정의'가 아직 성취되지 않은 과제라는 것을 고려하면, 후자의 평화 재현의 틀을 지속하는 경우에는 논리적으로 또 다른 전쟁의 부담에서 벗어날 수 없다. 후자의 평화는 전자에 가까운 비폭력의 지속적 상태라기보다 '정의'의 구현을 통해 궁극적으로 달성하는 결과, 가치의 의미를 가진다.

다음에서는 1950년대 북한의 두 '평화의 마음'을 검토한다. 우선 한국전쟁 이후 북한의 평화 담론/실천에 영향을 준 2차 세계대전 후 세계평화옹호운동의 맥락과 소련 문학에서의 평화적 재현의 측면을 살필 것이다. 다음으로 1950년대 북한 문학에서 전후 사회주의 건설을 위한 필수조건으로서의 평화에 대한 재현, 민족의 독립과 통일에 의해서만 얻을 수 있는 결과로서의 평화에 대한 재현이 공존했음을 살펴볼 것이다. 두 갈래의 평화 재현을 검토하면서 이러한 모순적인 재현들을 가능하게 한 행위자적 배경으로 문예 조직적 차원을 함께 설명한다.

II. 세계평화옹호운동과 전후 북한 문학

평화를 상상하고 실현할 데 대한 1950년대 북한 문단의 다양한 담론은 2차대전 이후 유럽과 아시아 전역에서 활발히 전개된 세계평화옹호운동의 맥락에서 펼쳐졌다. 전후 세계에서 소련과 인민민주주의 국가들이 자기 진영을 지칭하는 용어로 선점한 '평화'와 '민주'의 가치는 전쟁으로 폐허가 된 유럽은 물론 냉전기에도 전쟁이 지속한 아시아에서도 강력한 호소력을 발휘했다. 그러나 이 공통의 이상을 통해 사람들이 함의한 바는 지정학적 맥락에 따라 다양했다.[8] 전후 유럽의 평화운동이 반미, 반전, 반핵으로 요약되는 '반전평화론'의 담론/실천을 보였다면, 같은 시기 아시아는 탈식민 해방투쟁, 평화를 궁극적으로 쟁취하기 위한 폭력, 전쟁을 긍정하는 '해방전쟁론'을 보였다는 점에서 평화 담론은 다양성은 물론 분명한 내적 긴장을 포괄했다.[9] 한국전쟁 이전부터 북한 매체는 세계평화옹호운동을 대중에게 알리는 한편 이러한 국제적 운동의 맥락에 맞춰 국내 평화운동을 동원 확산하는 데 막대한 노력을 기울였다.[10] 김태우에 따르면, 스탈린이 아시아의 민족해방투쟁에 앞선 우선순위를 부여한

---

8   '제국주의 반민주주의 세력' 대 '반제국주의 민주주의 세력'의 틀로 세계를 양분한 세계평화운동은 1947년 9월 성립된 코민포름(Cominform 공산주의정보국)의 '두 진영론'의 세계 인식과 결을 같이한다. 김태우, "냉전 초기 사회주의 진영 내부의 전쟁·평화 담론의 충돌과 북한의 한국전쟁 인식 변화". 물론 전후 유럽 및 아시아를 포괄한 세계평화운동에는 소련을 중심으로 한 사회주의 블록에 한하지 않는 무당파적 세계평화운동의 측면도 존재했다. 평화운동의 폭넓은 확산은 동유럽은 물론 프랑스, 서독 등 서유럽에서도 광범한 호소력으로 전개됐고, 한국전쟁 직전까지 내전을 수행했던 중국에서도 반핵, 반전을 핵심 구호로 하는 평화서명운동이 대중적으로 진행되었다. 청카이, "평화염원과 정치동원: 1950년의 평화서명운동." 북한에서도 1950년대 후반까지 이러한 범사회주의진영에 국한되지 않는 광범한 세계평화운동의 함의를 강조하기도 했다. 북한의 평화운동 용례에 대해서는 구갑우, "북한 '핵 담론'의 원형과 마음체계, 1947~1964년," pp. 210~212.

9   범사회주의 진영 내 유럽과 아시아의 평화 담론의 충돌에 대해서는 대표적으로 전후 미국과 서방진영을 자극하지 않으려는 스탈린의 '평화공존' 제스처에 대한 2차 국공내전기 마오쩌둥의 해방전쟁론의 갈등을 참고할 수 있다. 김태우, "냉전 초기 사회주의 진영 내부의 전쟁·평화 담론의 충돌과 북한의 한국전쟁 인식 변화." 전후 유럽과 아시아 지형이 역사적으로 어떤 대비를 보였는가에 대해서는 김학재, "'냉전'과 '열전'의 지역적 기원—유럽과 동아시아 냉전의 비교 역사사회학," 『사회와역사』, 114권 (2017).

10   정용욱, "6·25전쟁 이전 북한의 평화운동".

전후 유럽의 평화옹호운동의 압력은 북한이 선뜻 이해되지 않는 북침시
나리오를 공들여 선전하지 않을 수 없었던, 무시할 수 없는 범사회주의
진영의 맥락이었다.[11] 정용욱은 세계평화옹호운동과 비교해 북한의 평화
옹호운동이 가진 특성을 강조, 북한의 평화옹호운동이 세계평화옹호운
동과 민족의 통일운동 사이에서 진동하며 후자로 귀속했음을 보였다.[12]
즉 북한은 한국전쟁 이전은 물론 전쟁기에 세계평화운동의 맥락에서 반
핵, 반전을 위한 광범한 서명운동에 인민을 동원하는 한편, 전후에도 세
계평화운동의 맥락 안에서 평화 담론/실천을 지속, 특히 분단된 한반도
적 맥락에서 "조국의 평화적 통일"운동으로 '번역'된 대중운동을 이어갔
다.[13]

　　본 연구는 세계평화운동의 북한 평화운동에 대한 영향 및 그 한반도
적 맥락에서의 통일운동으로의 변용에 대한 기존 연구성과를 토대로, 특
히 그동안 전 세계적 차원의 평화운동과의 관련 속에서 거의 검토된 바
없는 1950년대 북한 문학계를 중심으로 '평화'에 대한 다양한 재현들을
확인한다는 차별성을 가진다. 평화의 문학적 재현이 가지는 의미는 무엇
보다 당시 북한 사회의 구성원들이 당시 무엇을 읽고 그를 바탕으로 세
계를 상상하며 그러한 인식, 감정을 토대로 적과 친구, 자신들의 정체성,
역할을 확립했을지를 이해하는 데 중요한 자료가 된다는 데 있다. 『로동
신문』의 보도에 못지않게, 문예계의 대표격인 문단 조직인 조선작가동
맹의 월간 잡지 『조선문학』에 실린 시, 단편, 수필, 평론 등에 집약된 전
쟁과 평화의 재현은 독자들에게 당대 국제질서와 북조선의 위치, 미래를

11　김태우, "냉전 평화론의 사생아: 소련과 북한의 한국전쟁 '북침' 시나리오 조작의 정치적
　　배경과 과정".
12　정용욱, "6.25 전쟁~1950년대 후반 북한의 평화운동".
13　구갑우, "북한 '핵 담론'의 원형과 마음체계, 1947~1964년".

위한 현재적 요구를 인지, 감득하도록 하는 데 영향을 발휘했다.[14] 당대 사회 여론을 형성하는 데 중요한 텍스트로서 문학적 재현은 다른 한편으로 북한 사회를 구성하는 일부인 동시에 인민을 사회주의 정신으로 교양 개조하는 '인간 정신의 기사'(Инженеры человеческих душ)의 역할을 부여받은 작가집단, 문예 인텔리들이 어떤 담론을 국제적 문맥 속에서 전개했는가를 보여준다는 데 의의가 있다.[15]

'냉전 문화' 연구의 관점에서 황동하는 냉전 초기 소련의 평화운동 이 전개된 배경을 소련의 국내 상황과 국제 정세의 상호작용을 통해 분석한다.[16] 그는 스탈린의 지배가 더 이상 정점에 있지 않았던 '말기 스탈린주의 사회(High Stalinism)' 전후 1940년대 말 소련의 국내 정치에 주목하며,[17] 이 시기 평화운동, 평화담론이 막대한 피해를 감수하고 얻은,

---

14   당대 독자들의 반향에 대해서는 1950년대 『조선문학』에 비정기적이지만 꾸준히 등장하는 독자들의 편지나 독자 모임 소식 등을 통해 가늠할 수 있다. 이에 대해서는 김성수, "사회주의 교양으로서의 독서와 문예지 독자의 위상-북한 『조선문학』 독자란의 역사적 변천과 문화정치적 함의-," 『반교어문연구』, 43권(2016); 김태경, "북한 '사회주의 리얼리즘의 조선화(Koreanization)': 문학에서의 당의 유일사상체계의 역사적 형성," 서울대학교 박사학위논문 (2018), 5장.

15   스탈린은 1932년 10월 26일 고리키의 집에서 가진 소비에트 작가들과의 간담회에서 작가들의 역할을 중요성을 강조하며 "인간 영혼의 엔지니어"라는 표현을 썼다. 이 간담회는 이후 기존의 다양한 문예조직을 통폐합, 유일한 공식 작가조직으로 정립된 소련작가동맹의 발단으로 알려졌다. Piotr Fast, *Ideology, Aesthetics, Literary History: Socialist Realism and its Others* (Peter Lang: Frankfurt am Main, 1999). 북한 문학계는 스탈린의 이 표현을 "인간 정신의 기사," "정신의 기사"로 번역, 1950년대 문단에서 광범하게 사용했다.

16   냉전문화 연구란 냉전이 "정치, 군사, 이데올로기적 대립에 그치지 않고 고위정치로부터 경제, 문화 등 일상생활의 전 영역, 정치인들의 행동에서뿐만 아니라 일반 대중의 개인적 심리까지 거의 모든 인간사를 포괄"한다고 정의하는 데 근거한다. 황동하, "냉전에 대한 러시아의 반응-'평화'를 투쟁의 언어로 만들기," 『역사연구』 34호 (2018), p. 222. 냉전문화 연구의 대표적 연구에 대해서는 황동하, "냉전 초(1947~1953년) 소련 포스터에 나타난 '평화' 이미지," 『역사학보』 238호 (2018), p. 68, 각주 2 참조; 냉전문화 연구와 관련된 새로운 소련사 연구에 대해서는 노경덕, "냉전사와 소련연구," 『역사비평』 101호 (2012).

17   2차 대전 직후 소련은 테러와 통제로만 위협당한 사회라기보다는 다양하고 모순적인 양상을 보였는데, '말기 스탈린주의 사회'는 전쟁으로 파괴된 국가를 다시 건설할 필요, 전시

승전 직후 정상화된 일상에 대한 소련 인민의 기대가 냉전의 시작과 함께 급격히 좌절될 수밖에 없었던 국제 정세 변화를 바탕으로 등장, 국가를 잿더미 속에서 복구, 건설해야 했던 필요 앞에 인민을 다시 정부 정책에 단결, 순응하게 만드는 효과를 거뒀다고 설명한다. 승전 직후 소련 사회의 "자유화 효과", 즉 전후 평화와 정상화를 희망하며 모든 것이 개선되고 생활이 나아질 것이라는 낙관적 전망이 존재하다 전쟁 기간 동안 계속 지연될 뿐이었던 이러한 일상의 정상성에 대한 기대가 좌절되는 순간, 사회적 불만 표출 및 외부의 압력에 대한 우려, 전쟁 공포가 터져나왔다.[18] 미국의 핵 독점 국면에서 소련은 안보적 불균형에 따른 위협인식에서 자유로울 수 없었다. 소련인들이 평화와 정상상태를 염원했다면, 스탈린의 평화에 대한 기대는 '현상 유지', 즉 전후 질서에서 서방과의 협력이 지속하고 영토적 안전이 지켜질 데 대한 믿음이었다.[19] 그러나 스탈린의 평화적 국제질서에 대한 기대는 1947년 6월 마셜 플랜 이후 미소관계가 결정적으로 변화하면서 실현 불가능하게 되었고 양분된 냉전

대량의 사상자에 따른 인구학적 구성의 변화, 소련인의 국가에 대한 태도 및 정서 변화 등이 특징적이다. 황동하, "냉전에 대한 러시아의 반응-'평화'를 투쟁의 언어로 만들기," pp. 221~222, 특히 각주 13.

18 국부의 약 30%가 사라지고 2,660만 명의 사망자를 낸 소비에트에서 참전용사는 알려진 1,100만 명을 상회하는 것으로 평가된다. Elena Zubkova, trans. and ed., Hugh Ragsdale, *Russia After the War: Hopes, Illusions, and Disappointments, 1945~1957* (London & New York, Routledge, 1998), p. 20, 황동하, 위의 글, p. 226에서 재인용. 1946~47년 지역적으로 나타난 기근을 거쳐 배급 등 경제적 불안정이 지속되자 기대와 현실의 곤경 사이 간극에 따른 불만 및 사회적 범죄가 증가했는데, 범죄자의 68%를 귀환 병사가 차지했다. 황동하, 위의 글, p. 229. 당시 사회적 불안정을 드러내는 또 다른 주된 지표는 소련에 대한 전쟁 소문이 2차 대전 종전 직후 1945~47년 가장 두드러졌다는 것인데, 전쟁 기간부터 동맹국 미·영에 대한 불신은 이제 옛 동맹국의 침공 위험에 대한 공포로 나타났다. 황동하, 위의 글, p. 230, 233.

19 Eduard Mark, "Revolution by Degrees: Stalin's National-Front Strategy for Europe, 1941~1947," Working Paper No. 31, Cold War International History Project(February 2001), p. 42, 8, 황동하, 위의 글, p. 234에서 재인용.

질서에서 소련인들의 임무는 새로운 세계대전을 예방하고 미국, 전쟁 교
사자들의 침략을 무력화하는 것, 그를 위해 소련의 복구건설을 위한 어
떤 부담도 불사하는 것이 되었다.[20]

한편 냉전 초 평화 담론, 운동의 소련 사회에서의 기능, 즉 전후 평
화적 건설에로의 인민적 동원의 정당화 및 사회적 요구, 비판의 통제는
스탈린 사후 '해빙'을 통해 소련 문예계에서도 역사적 재평가 및 새로운
재현들이 시도되면서 반전되었다. 이를 소비에트 전쟁문학 장르적 차원
에서 살펴본다면, 1950년대 중후반 탈스탈린주의 시기 전쟁에 대한 재
현은 과거 억압, 배제되었던 역사적 사실들에 대한 조명과 성찰이 이뤄
지고 극도로 낭만화된 영웅적 형상보다 역사적 '진실성'을 확보하는 노
력이 배가되었다.[21] 흥미로운 것은 소비에트의 2차대전 문학에서 흐루쇼
프 집권기인 '해빙기', 1953~1964년에 생산된 작품들에서 보이는 경향
이 동 시기 북한의 전쟁 테마 재현에서도 일정하게 나타나는 흐름이 존
재했다는 점이다.[22] 대표적으로 전쟁 직후 1950년대 중반 『조선문학』은

---

20   황동하, 위의 글, p. 239, 241.
21   권철근, "소비에트 전쟁문학의 흐름과 사회주의 리얼리즘," 『외국문학연구』 8호(2001).
22   여기서 우선 주목할 것은 한국전쟁 이후 북한 문학이 소련과 인민민주주의 국가의 사회주
     의 리얼리즘 모델을 문예 생산을 위한 유일한 방법으로 채택하고 자체의 사회주의 리얼리
     즘을 구축하는 과정에 당대 전개된 국제 사회주의진영의 사회주의 리얼리즘 논쟁 역시 부
     분적으로 수용했다는 점이다. 사회주의 리얼리즘의 "조선화(Koreanization)"를 수행하
     는 과정에서 '선진' 사회주의 문예계의 '원형'은 과거의 문학적 관습과 언어, 고전을 재평
     가하고 내용과 형식의 새로운 방향을 확립하며 독자 대중뿐 아니라 작가 조직을 구성하는
     데 이르기까지 광범한 영향력을 발휘했다. 스탈린 사후 소련과 동유럽에서 사회주의 리얼
     리즘의 방향에 관한 당대 논쟁이 어떻게 수용되었는가의 문제는 북한 문학이 국내외 정치
     적 맥락에서 사회주의 리얼리즘을 그들의 방식으로 다변화했는지를 보여주는 좋은 사례
     다. 1954~1956년『조선문학』은 다른 사회주의, 인민민주주의 문학에 관한 뉴스를 주로 취
     급한 "세계 문학 소식" 지면에서 1954년 12월 제2차 소련작가대회를 시작으로 사회주의
     진영의 연이은 작가대회 의제와 핵심 내용을 소개했다. 2차 소련작가회의는 해빙기 변화된
     소련 문예계의 문제의식과 창작방법 관련 다양한 논쟁을 포괄했고 북한 문학계는 다른 사
     회주의, 인민민주주의 문예계와 마찬가지로 큰 틀에서 소련작가회의 정신을 공유하는 2차

전쟁 테마의 재현과 관련해 당대 소련 문예계의 전쟁문학 관련 담론을 의식하고 있었음을 보여주는 상호연관된 두 편의 번역 기사와 평론을 싣고 있다.[23] "문학에 있어서의 전쟁 쩨마"는 우선 1955년 5월 27일부터 31일까지 모스크바에서 열린 쏘베트 작가 동맹 주최 "군사-예술적 문학 발전의 제 문제를 토의하는 회의" 소식을 다루면서 특히 기존 전쟁문학에 대한 새로운 비판을 다루고 있어 특징적이다.[24] 신동철의 평론은 또한 이 비판을 수용하며 다음과 같이 부연한다.

> 작년에 쏘련에서 전 련맹 군사 문학에 관한 협의회가 있었다. 그 협의회에서 진술한 장르별 보고 요지는 이미 알려졌다. 그러나 내가 생각하고 있는 바를 강조하기 위하여 〈크고도 고상한 쩨마〉라는 보고에서 중장 싸쩰로브가 지적한 대목을 인용하겠다. ... 이상 인용문에서 해명된 바와 같이 위대한 력사적 서사시적 주제를 취급함에 있어서 사실을 외곡하여서는 안된다는 데로부터 군사 문학을 생각해야 하겠다. ... 다음으로 갈등 문제이다.

조선작가대회를 1956년 10월에 열었다. 그러나 국제 사회주의권 문예계의 '해빙' 담론/실천은 조선작가대회 및 전후 실천에 있어 "수정주의" 경향에 대한 선제적 비판을 포함해 쟁점을 선별적으로 다룬 일련의 신중한 평론들에 따라 관리되었다. 2차 조선작가대회에 대해서는 오성호, "제2차 조선작가대회와 전후 북한문학 – 한설야의 보고를 중심으로," 『배달말』, 40권 (2007); 김태경, "제2차 조선작가대회와 사회주의 리얼리즘의 "조선화(Koreanization)"의 시작," 『문화와정치』, 4권 4호 (2017).

23 저자불명, "문학에 있어서의 전쟁 쩨마," '세계문학소식,' 『조선문학』, 1955년 8월호, pp. 210~215; 신동철, "작가와 군사적 주제," 『조선문학』, 1956년 2월호.

24 "그러나 쏘베트의 일부 작가들은 전쟁 첫 시기의 난관들을 덮어버리고, 1941년의 우리의 오유들과 오산들을 함구무언하거나 적게 말하였다. 더욱이 뻬르웬쩨브의 장편 〈어린 시절로부터 있은 영광〉의 주인공들인 라구노브와 슈왈로브 장군, 부벤노브의 〈봇나무〉에 나오는 보로진 장군의 대화들 속에서는 전쟁 력사가 공공연히 외곡되었다. 군사-예술적 산문학은 또 하나의 유해한 경향을 가지고 있었는바, 그것은 원쑤들이 체통만 크고 실속 없는 그 어떤 미물인 것처럼 독자들에게 보여 주려는 태도이다. 나는 그것으로부터 어떤 손실이 나타나는지 증명할 필요가 없다고 생각한다." 저자불명, "문학에 있어서의 전쟁 쩨마," p. 214.

... 한때 어떤 동무는 갈등이 없는 작품도 있을 수 있다고까지 생각했던 것을 기억하고 있다. 이런 기우는 이미 여지없이 격파된 무갈등론의 요설의 독에 감염되었다는 것을 폭로할 따름이다.[25]

두 인용은 모두 동 시기 소련 전쟁문학에 대한 반성과 역사적 재평가를 반영한다. 전후 세계평화운동의 맥락에서 보면, 이러한 전쟁문학의 성찰로 나타나는 평화 재현에서의 변화는 전쟁 종식을 바탕으로 그 상처를 치유하고 건설에 초점을 맞춰야 할 필요에 부응하고 지난 전쟁의 기록, 기억이 지나치게 이념적 정당화에 매몰된 데 대한 균형을 맞추는 노력을 보여주며, 특히 소련 문예계에서는 탈스탈린주의적 '해빙'을 통해 금기시되던 역사적 재조명이 가능했다는 의미가 있다.[26] 북한 문예계에서의 이러한 소련 해빙기 문예계 담론의 수용은 1950년대 후반 한반도적 맥락에서 통일운동과 해방투쟁을 강조하면서 약화된다.[27] 다음 장들에서는 사회주의 건설의 전제조건으로 정전으로서의 평화를 그리며, 평화적 사회주의 건설과 이를 위한 사회주의 친선을 강조하는 재현, 다른한편으로 폭력의 일시적 중지상태보다 궁극적 문제해결의 결과, 즉 탈식민 해방과 통일의 성취를 통한 평화를 강조하는 재현의 두 스펙트럼을

---

25 신동철, "작가와 군사적 주제," pp. 166~167.
26 2차 조선작가대회에서 한효에 대한 비판에 참전용사 출신 군인 작가들의 활약이 두드러진다는 점은 특히 눈길은 끈다. 이 점은 소비에트 전쟁문학사와 비교해서 주목할 만한데, 특히 권철근이 지적한 3기에 해당하는 '해빙기'의 역사적 재평가 및 성찰이 이들 참전군인들의 직접적 작품창작과 연관이 있었다는 점이 비교적 시각에서 흥미롭다. 추가적 연구가 필요하지만, 이 단계에서는 다음을 지적할 수 있다. 한효에 대한 비판에서 참전군인들의 역할은 이중적이다. 군인-작가들은 '해빙기' 소련에서처럼 직접 체험에 근거해 도식주의적 창작에 대한 비판을 수행하면서도 전쟁 직후 상황에서 전쟁 경험 및 영웅의 혁명적 낭만주의적 재현, 이데올로기적 입장을 강조했다.
27 권철근의 분류상 소비에트 전쟁문학 1-2기(내전 문학, 2차대전 문학)에 특징적인 사회주의 리얼리즘의 원칙적 명제, 혁명과 전쟁의 정당화로 회귀하는 것이다.

살펴본다.

III. 정전으로서 평화: 사회주의 친선과 평화적 사회주의 건설

한국전쟁 이후 북한 문학계는 전쟁의 역사적 경험을 정당화하는 호전적인 전쟁기 창작에서부터 다른 사회주의진영 국가들과 공유한 '국제평화옹호운동'의 깃발 아래 진행한 담론과 실천, 전후 평화적 사회주의 건설에 대한 희망적 비전과 사회주의 친선을 노래한 작품들에 이르기까지 '평화'에 대한 다양한 아이디어가 전개된 공간이었다. 평화 재현을 둘러싼 복합성은 북한의 전후 사회주의 건설이 위치한 복잡한 국제정치적 맥락, 북한이 이를 배경으로 점진적으로 발전시킨 외부적 변화에 대한 대응과정과 관련된다.[28]

1. 근대인이 공유하는 역사적 경험으로서 전쟁: 세계사적 맥락에 한국전쟁 위치짓기

한국전쟁 이후 북한 문학에서 평화는 어떻게 서술되고 표현되었는가? "평화"는 1950년대 번역 문학과 그에 연계된 평론들에서 일관되게 등장한 가장 중요한 주제였다. 국제평화옹호운동의 확산과 심화를 국가적 차

---

28 북한의 평화 담론/실천의 복수성을 드러내는 데 앞서 그 원형, 맥락이 되는 소련의 평화 담론/실천 자체가 가지는 다양성에 대해서 지적할 필요가 있다. II 절에서 지적한 '해빙기' 소련 전쟁문학에서의 역사적 재평가 사례에서 보듯 소련의 평화 재현의 역사적 변화와 다양성에 주목할 필요가 있다. 한국전쟁 직후 북한의 평화 재현의 복합성을 고려하는 본 연구의 범위상 여기서는 특히 1950년대 중반 이후 소련의 평화 재현의 담론적 맥락에서 북한의 평화 재현들이 보이는 수렴/분기에 초점을 맞춘다.

원에서 적극적으로 수용한 1950년대의 북한에서 생활한 독자라면, 전쟁 기간 연일 『로동신문』에 보도된 국제 평화상과 그 수상자들의 활동들을 익히 알고 있었을 것이다. 한국전쟁 전, 전쟁기 세계평화운동 수용의 연장선상에서 『조선문학』은 1954~1955년 지속해서 스탈린평화상 수상자, 세계평화이사회가 수여하는 국제평화상 수상자에 대한 편집부의 소개와 더불어 이들의 주요 작품 일부를 번역 출판했다.[29] 편집부의 소개와 번역을 통해 북한 독자들은 국제적으로 저명한 작가의 작품과 삶을 함께 즐길 수 있었다.[30] 평화상 수상자들의 국적은 소련에 국한되지 않고 서유럽과 동유럽, 심지어 미국도 포함되었다. 국제평화상 수상자들에 대한 일련의 소개와 번역 노력은 작가동맹의 주도하에 "평화"의 주제가 진지하게 다뤄졌음을 명백히 보여준다.

또한 1950년대 『조선문학』은 한국전쟁과 전후 재건에 관한 다른 사회주의 국가 작가들의 수필이나 시들을 다수 게재했다. 이와 함께 북한 작가들이 다른 사회주의, 인민민주주의 국가들을 방문하고 그 경험에 기초해 창작한 사회주의 친선에 대한 작품들을 출판했다. 북한의 작가들과 그들의 사회주의 형제 작가들의 논의들은 전쟁과 평화의 주제가 1950년대 북한 문학에서 어떻게 이해되고 재현되었는지를 생생하게 보여준다. 이들의 평화 재현에서 첫 번째로 관심을 끄는 특징은 세계대전의 경험과 서사에서 형언할 수 없는 난관에 끈질기게 대항하는 인간들의 영웅적인

---

29 『조선문학』에 소개된 국제 평화상 수상자들은 요하네스 베허(Johannes Becher), 궈모루(Guo Moruo), 조르주 아마도(Jorge Amado), 하워드 파스트(Howard Fast), 파블로 네루다(Pablo Neruda), 안나 제거스(Anna Seghers), 레온 크루츠콥스키(Leon Kruczkowski), 일리야 에렌부르그(Ilya Ehrenburg)를 포괄했다.

30 『조선문학』에 작품이 일부 번역 소개된 평화상 수상자들은 물크 라지 아난드(Mulk Raj Anand), 나짐 히크메트(Nazim Hikmet), 궈모루, 하워드 파스트, 파블로 네루다, 안나 제거스, 일리야 에렌부르그, 모니카 펠튼(Monica Felton), 마이클 골드(Michael Gold)가 있다.

투쟁이 보여주었듯, 평화란 유럽과 아시아를 포괄하는 모든 인류가 공유하는 개념이라는 것이 지속적으로 지적되었다는 점이다. 전쟁의 비극은 근대인이 공유하는 공통된 역사적 경험이며, 그러한 비극을 극복하는 부단한 과정에서 새로운 승리의 역사가 기록되어왔다는 논리가 전후 문학의 기본 주장으로 확인된다.

전쟁의 주제는 여전히 전쟁 경험이 생생한 상황에서 이를 치유하는 한편 한국전쟁에 대한 권위적 공식 서사의 구축을 통해 복구 건설에 집중해야 했던 당대 맥락에서 전후 북한 문학에서 매우 중요했다. 전시 경험과 영웅적 투쟁에 관한 내용은 전쟁에 따른 희생과 고통을 반영하는 한편 과거에 대한 평가를 기반으로 미래에 대한 방향을 찾아야 했다는 점에서 높은 수요가 존재했다. 전쟁 경험의 재현과 평가에서 소비에트 사회주의 리얼리즘의 기본틀은 중요한 역할을 했다. 전쟁문학의 기본틀, 즉 "조국수호전쟁" 시기 소비에트 문학의 체계는 북한 전쟁문학에도 큰 영향을 미쳤다.[31] 소비에트 사회주의 리얼리즘에 기반한 공통의 문예 창작 방법론은 이를 공유하는 소련 사회주의 문학계는 물론 동유럽의 다른 인민민주주의 국가 문학계와의 적극적인 상호작용을 가능하게 했다.

『조선문학』에 등장한 이 시기 한국전쟁 관련 논의에 따르면, 한국전쟁에서 치른 대가는 북한 주민들만의 고통이 아니라 평화를 사랑하는 모든 인류의 공통된 역경이 되었다. 이러한 관점에서 북한은 높은 이상으로 무장한 평화 애호 인민의 최전선이었다. 북한 인민들과 평화와 민주주의를 사랑하는 다른 인민들은 인류에 대한 폭력에 대항해 역사적인 연대를 구축한 것이다. 이러한 서사는 북한을 방문해 전쟁 이후 재건의 현

---

31 윤세평, "인민군대의 형상화를 위하여," 『조선문학』, 1955년 2월호; 저자불명, "문학에 있어서의 전쟁 쩨마"; 신동철, "작가와 군사적 주제"; 엄호석, "인민군대와 우리 문학," 『조선문학』, 1958년 2월호.

장을 본 다른 사회주의 국가 작가들과 북한 작가들의 작품에서 공통적으로 나타났다.[32] 한국전쟁의 재현은 국내외를 막론하고 프롤레타리아 국제주의의 대의에 모순되지 않게 전개되었다.

2. 전후 평화적 사회주의 건설과 사회주의 친선

1950년대에 북한 작가들이 가장 활발히 다룬 주제 중 하나는 사회주의 친선과 이에 기반한 전후 북한 사회주의 건설의 주제였다. 한국전쟁은 제국주의 미국과 자본주의 동맹국들에 대항하는 세계 평화수호의 최전선으로 그려졌고, 한국전쟁 이후 평화적 복구 건설에서 사회주의 우방의 다양한 원조가 이어졌다. 3년간의 전투가 중단되고 제대군인들이 고향으로 돌아오면서 파괴된 조국의 평화적 재건 프로젝트가 국가의 우선 과제가 되었다. 사회주의권이 제공한 원조, 지원은 1950년대 북한 언론에서 광범하게 다뤄졌다. 『조선문학』에는 전후 사회주의 건설의 선행 경험을 가진 동구권 인민민주주의 국가들을 방문한 북한 작가들과 복구 중인 북한을 방문한 소련과 동구권 작가들에 의해 다양한 여행기, 시, 단편 소설, 수필이 출판되었다.[33] 유라시아를 넘나든 이러한 작가 집단들의 친선

32　브. 포름바큐(V. Porumbacu), "이야기", 『조선문학』, 1954년 4월호, 니콜라 바푸싸로브 (Nikola Vaptsarov), "력사", 『조선문학』, 1954년 9월호, 이완 밀체브(Ewan Milchev), "조선 사람아, 손을 다오!", 『조선문학』, 1955년 1월호. 루마니아 친선방문에 근거한 정하천의 "조선의 마음" 외 시초, 체코슬로바키아 기행에 기초한 한명천의 "체코슬로바키야 시초"는 특히 한국전쟁의 비극을 양차대전을 겪은 유럽의 전쟁 기억과 동질의 근대적 경험으로 서술하는 당대 북한 작가들의 인식을 대표적으로 드러낸다. 김태경, "1950년대 북한의 전쟁과 평화 재현," 북한연구학회 춘계학술회의 발표논문집, (2019) 참조.

33　1955년 『조선문학』에 실린 막스 짐메링(Max Zimmering)과 조령출의 수필과 시는 이러한 전후 북한과 사회주의 친선 국가 사이의 관계를 단적으로 보여준다. 마치 최근 강한 유대 관계를 맺은 친구들 사이의 대화로 읽히는 두 인민민주주의 작가들의 시는 전후 사회주의 건설을 구성하는 하나의 틀이 존재했음을 시사한다. 이에 대해서는 김태경, "1950년대

교류에 기반한 작품들을 통해 전후 재건의 시급한 과제와 직접적으로 관련된 사회주의 친선의 맥락에서 당시 평화의 주제가 어떻게 재현되었는지를 확인할 수 있다.

북한 작가들과 그들의 사회주의 형제들에 의한 여행기 문학에서 우선 확인 가능한 것은 공유된 소련 사회주의 건설의 기본 원형에 기초해 재건이 진행되었다는 점이다. 공장, 협동농장 등 경제부문, 평양 도심의 경관복구, 심지어 문화 영역의 재건에 이르기까지 소비에트 모델의 역할은 방대했다. 그러나 소비에트 원형의 존재가 북한의 상황에 대한 적용 과정에서 독자적인 변용이 없었다는 것을 의미하지는 않는다. 소비에트 원형은 서로 다른 나라의 인민들 간의 의사소통을 원활하게 하는 공통분모로 작용했다. 3년간의 전쟁 후 재건 기간 동안 소비에트 사회주의와 인민민주주의 건설의 일반적 문법은 북한 인민들과 사회주의 우방의 인민들이 적극적으로 교류하고 배울 수 있는 토대가 되었다. 하나의 공유된 문법은 당대 '평화의 마음'을 드러내는 한편 동시에 구성했을 친선방문 작가들의 기행문학, 다양한 형태의 번역문학, 또 국제 정세에 민감하게 반응하며 정치적 교양을 제공하는 평론문학에 이르기까지 그 틀이 발견된다.

1958년 3월호 『조선문학』에 실린 번역작가 박영근의 정론 "력사의 종'소리"는 사회주의권에 공유되는 보편적 언어가 어떻게 북조선의 문예계 토양에 안정적으로 뿌리내렸는지를 대표적으로 보여준다.[34] 시작과 끝을 새로운 '력사'의 시간대를 살고 있음을 상징하는 협동조합의 종소리로 열고 맺는 이 정론은 그 종소리에 다시 뜨락또르 소리를 겹치며 "모든 것이 평화의 음향"이라고 평화=건설의 테마를 강조한다. 정론은 전

북한의 전쟁과 평화 재현."
34 박영근, "력사의 종'소리," 『조선문학』, 1958년 3월호.

년도인 1957년 11월, 러시아의 10월 혁명 40주년을 기념한 각국 공산
당들의 "모쓰크바 회의 선언"을 중요하게 다루며 이 현재적 선언의 계보
로, 한 세기 이전 1848년 "공산당 선언", 1917년 혁명 승리 후 레닌이 서
명한 "평화 선언"을 위치시킨다. 동시에 모스크바 회의 선언을 "현대 전
쟁의 가장 가혹한 시련을 겪고 뒤이어 거창한 평화 건설에 일어선 조선
인민"이 얼마나 높은 긍지감과 자부심으로 바라보는가 제시하며 "조선적
맥락"에 '평화적 로력', '애국적 건설'이라는 국제주의적으로 공유된 틀을
안착시킨다.[35] 박영근의 정론은 문예 조직적 측면에서 볼 때, '해빙기' 소
련 문예계의 변화된 담론을 상대적으로 열린 틀에서 수용한 일련의 흐름
과 맞닿아 있다. 박영근 자신이 2차 조선작가대회에서 번역창작의 질적
강화를 강조한 번역문학의 중진이었고, 한국전쟁 직후 문단에 대한 독자
요청 중 "좋은 번역시들"에 대한 요구가 살아 있었다는 점은 평화=건설,
평화적 건설을 뒷받침하는 사회주의적 친선, 프롤레타리아 국제주의에
대한 믿음이 뚜렷한 '평화의 마음'을 가능하게 했던 1950년대 문학계의
조건이었다.[36]

35 "공산주의자들은 자기 나라의 가장 열렬한 애국자로서 민족의 독립과 해방을 위하여 침략
    자를 반대하는 투쟁에 제일 많은 피를 흘렸다."는 박영근의 사회주의 애국주의적 인식에서
    2차 대전시 총살당한 불란서 공산주의자, 백두의 밀림에서 민족해방을 위해 싸운 조선 공
    산주의자, 조국해방전쟁에 적 화구를 막은 "박 원진 영웅," 체코 인민의 아들이자 공산당원
    작가 "율리우스 푸치크"는 모두 하나의 '력사'의 길에 서 있다.
36 박영근, "번역 문학의 발전을 위한 제 문제," 『제2차 조선 작가 대회 문헌집』 (평양: 조선
    작가동맹출판사, 1956); "외국 문학의 출판 사업 개선을 위하여," 『조선문학』, 1956년 9월
    호; 김정숙, "좋은 번역시들을!," 편집부에 온 독자의 편지, 『조선문학』, 1954년 5월호, p.
    152.

IV. 탈식민 해방투쟁의 지속으로서 평화: 통일투쟁과 제3세계 해방

1958~1959년은 "사회주의 리얼리즘의 조선화", 즉 북한 문학계에서의 사회주의 리얼리즘 원형의 토착화에 있어 매우 핵심적인 시기였다. 이 기간 문학예술 분야에서 일어난 중요한 정치적 사건은 "부르죠아 사상 잔재에 대한 투쟁"이다.[37] 1958년 김일성의 연설을 계기로 부르주아 잔재를 청산할 데 대한 동원이 강조되고 문예계도 혁명적 열정과 사회주의 애국주의로 스스로를 재무장해야 했다.[38] 조선작가동맹의 조직적인 지도로 모든 장르의 문학 작품에 대한 비판이 제기되었다. 부르주아 사상잔재 투쟁의 관점에서 기존 작품과 공연을 검열하고, 문예 조직적 차원에서도 새로운 조치들이 취해졌다. 예를 들어,『조선문학』편집위원회와 관련해, 잡지 각 호 맨 마지막에 편집위원장을 포함한 편집위원회 위원들의 명단을 공개했던 기존의 관습에서 "조선 문학 편집위원회"라는 하나

---

37 1950년대 후반 조선로동당 내 갈등은 1956년 "8월 전원회의 사건"을 계기로 기존의 정파 연합, 권력분점적 구도에서 연안계, 소련계를 배제하는 김일성 중심의 만주파, 갑산파 독점 구도로 변화했다. 당내 권력투쟁의 결과가 지방 당 대열 및 지방 인민위원회에 이르는 각급 단위의 인적 재편에 이르는 과정은 1959년 말까지 진행되었다. 서동만,『북조선 사회주의 체제 성립사 1945-1961』(서울: 선인, 2005), pp. 767~782, 875~887. 국내정치적 변화는 1958년 한국 내 미국 전술핵무기 배치 등 미국 동아시아 전략의 진전과 함께 중소 균열의 심화라는 대외정치적 맥락과 맞물려 있었다. 북한은 흐루쇼프의 '수정주의'에 대항하는 중국의 주변국, 아시아 사회주의 연대를 실현하는 데서 전략적 중요성을 가졌다. 1958년 3단계에 걸쳐 진행된 중국인민지원군 철수를 전후로 북한은 중국과의 '반수정주의' 이념적 연대, 자력갱생과 대중동원을 강조하는 경제적 교류협력을 심화했다. 최명해, "북중 동맹조약 체결에 관한 소고,"『한국정치학회보』, 42집 4호 (2008); 이상숙, "1958년 북한주둔 중국인민지원군 철수의 원인과 영향: 북한의 대중국 협력 확대와 대중동원 경제노선 강화를 중심으로,"『북한연구학회보』, 13권 1호 (2013).

38 김재용,『북한문학의 역사적 이해』(서울: 문학과지성사, 1994); 김재용,『분단구조와 북한 문학』(서울: 소명출판, 2000).

의 집단적 명의만 내는 것으로 대체하는 두드러진 변화가 있었다.[39] 이는
창작 및 편집에 대한 집단주의적 경향이 강화된 새로운 흐름을 상징적으
로 보여준다.

혁명적 경각심과 사회주의 애국주의를 요구하는 이 변화하는 맥락
에서, 평화를 주제로 한 재현 또한 새로운 방식으로 나타났다. 이 다른
방식은 물론 완전히 새로운 의미의 전혀 다른 경로라기보다 "조선화된"
사회주의 리얼리즘의 또 다른 방식이었다. 이러한 재현들은 적극적으로
제국주의 투쟁을 수행하는 탈식민 국가들의 광범한 연대를 우선순위로
주장했다. 여기서 우리는 1950년대 후반 평화 만들기(peacemaking)에
대한 서로 다른 두 가지 논리의 공존을 보게 된다. 한편으로 평화는 정전
을 배경으로 전후 사회주의 재건과 일치했다. 이 서술에서 전후 사회주
의 건설사업은 국가의 최우선과제로서 강조되고 위에서 보듯 재건사업
을 추진하는 데 있어 중요한 역할을 한 외부의 지원, 사회주의 친선이 중
심적 위치를 차지했다. 다른 한편으로 평화는 민족해방과 통일 임무를
완수하는 투쟁이 궁극적으로 쟁취하게 될 가치였다. 이러한 평화의 재현
에서 국제주의적 연대의 방향은 아시아와 아프리카에서의 탈식민 국가
들을 포괄하는 이른바 "제3세계"로 전환되었다. 또한 평화에 대한 수사
에서 민족의 해방, 독립과 함께 통일의 의제가 동일 선상에서 중요하게
제기되면서, 한반도의 분단에 대해서는 미국의 "식민지 통치하" 남반부
의 해방과 통일의 과제가 강조되었다.

---

39 『조선문학』 1958년 9월호까지는 편집위원회 밑에 주필, 편집위원의 성명을 제시하던 관례
가 존재했다. 1958년 9월호는 주필 박웅걸, 편집위원 김순석 김승구 서만일 신구현 전재경
(부주필) 조령출을 표시했지만 10월호에서는 편집위원회만 등장한다. 편집위원회의 변화
에 대한 기존 연구로는 김성수, "선전과 개인숭배: 북한『조선문학』의 편집 주체와 특집의
역사적 변모,"『한국근대문학연구』 32집 (2015) 참고.

1. 한반도적 맥락에서의 평화로서 통일: "조선을 생각하는 마음"

1950년대 북한의 두 '평화의 마음'이 공존할 수 있던 연결고리는 분단
된 남반부의 탈식민 해방과 통일의 인민적 염원이었다. 반드시 주목해야
할 사실은 Ⅲ절에서 살핀 정전과 사회주의 친선에 기반한 평화적 건설
을 노래한 재현들이 분명히 프롤레타리아 국제주의의 보편적 문법을 공
유하면서 한반도적 맥락에 이르러 해방과 통일의 사명을 결코 빠뜨림 없
이 강조한다는 점이다. 정하천과 한명천의 기행 시초, 조령출과 찜메링
그의 서로의 수도를 그린 시, 뻬르웬쩨브의 조선 인상기와 박영근의 정
론에 이르기까지 모든 재현이 반도 남단의 미제국주의 점령으로부터 해
방과 통일 독립국가 수립의 현재적 과제를 노래한다. 시 "조선의 마음"에
서 두나이강 철교로 루마니아-불가리아 국경을 넘으면서도 "어디를 가도
한 시인들 잊을 수 없음은/조선을 생각하는 마음"이라 노래한 것은 정하
천 시인의 심정만이 아니라 1950년대 조선 사람들의 '평화의 마음'이었
던 것이다.[40] 또한 이는 조선을 생각하는 조선 바깥에 존재하는 범사회주
의권 사람들의 마음이기도 했다. 이렇게 공통된 "조선을 생각하는 마음"
을 가능하게 한 지반은 바로 세계평화운동은 물론 그 평화운동의 한반도
적 '번역'인 통일운동의 주체로 호명된 인민이었다. 인민은 "제국주의",
"반민주주의" 진영의 전쟁 책동과 압제로부터 평화와 민주를 염원하고
그 수호에 하나같이 일어서는 주체로, 세계평화옹호운동과 통일운동 사
이의 괴리를 사실상 없게 하는 공통의 지반이었다.[41]

---

40   정하천, "조선의 마음," 『조선문학』, 1957년 4월호.
41   1950년대 북한 문학에서의 인민-독자 형성에 대해서는 Tae-Kyung Kim, "The Making
      of the "Reader-people" in the 1950-1960s North Korean Socialist Literature," Asian
      Perspective, vol. 43, no. 4.

조선로동당 제3차 대회에서 김일성 주석의 조국의 평화적 통일을 위한 연설이 있었고, 이 연설은 평화적 통일을 위한 "선언"으로서 『조선문학』에서도 다양한 작품, 평론에서 다뤄지며 당시 북한 사회의 열렬한 반향을 전했다. "조선 민족은 하나이다!"를 천명한 이 "선언"에서 호명한 민족은 곧 인민의 얼굴을 한 이들이다.

아, 이 믿음, 이 부름 앞에
어찌 물과 불이 있으랴, 장벽이 있으랴,
그로하여 우리는 백전 백승의 전사들이며
그로하여 크낙한 앞날을 가진 인민이어니,

황금빛 쇳물이 폭포수로 내리는 용광로 앞에서나,
뜨락또르 달리는 전야, 풍어기 날리는 바다에서나,
피에 젖은 부두, 항거의 불길 높은 거리에서나,
산악 같이 일어선 임진의 후예, 3.1의 아들딸들은,

3천만의 억세인 팔뚝으로 적어 넣으리,
조국의 력사 금빛 노을 비끼인 페지 우에,
겨레의 사무친 소원이 이루어지는 그 날자,
우리 조국이 통일되는 그 날자를!

그리하여 우리의 귀한 후손들에게
가장 값높은 유산 물려 주리,
하나로 이어진 인민 조국,
꽃피여 무르익는 3천리 강토를!

오늘 3차 당 대회 선언을 받들고

다시 한번 3천만의 의지와 념원으로 말하노니,

아득한 옛날부터 조선 민족은 하나였고

영원한 미래까지 조선 민족은 하나이리라![42]

3차 당대회의 선언에 고무된 박산운의 시 "어머니에게"에서도 "-조선은 조선 사람에게!/조국의 통일을 방해하는 원쑤들로 하여금/인민의 이 참된 목소리를 듣지 않을 수 없게 하라./조국의 자유와 영예를 위하여 일어나라./"는 김일성 광장에 운집한 목소리를 자신의 어머니와 "당신의 어진 이웃과 이웃들에게/어머니를 가진 아들 딸들에게,/남조선에 사는 모든 형제들에게!" 전한다.[43] 한반도적 맥락에서 인민의 '평화'의 바람이 곧 해방과 통일을 통해 성취되는 것이었다면, 1950년대 후반 북한의 '평화' 재현에서 평화애호 인민의 목소리는 다음에서 확인할 더 큰 국제주의적 연대, 탈식민 해방투쟁에 결속된 모든 피압박 민족들의 연대로 확장된다.

2. 제3세계 탈식민 해방투쟁의 국제주의 연대로서 평화

1950년대 중후반부터 친선 방문, 기행 문학은 기존 사회주의 및 인민민주주의 국가들에서 "제3세계"의 탈식민 국가와의 상호작용을 중요하게 다루는 방식으로 그 범위가 확대되었다. 관심의 초점은 점진적이지만 확

---

42   홍종린, "조선민족은 하나이다!-조선로동당 제3차 대회 선언을 받들고-," 『조선문학』, 1956년 5월호, p. 5.

43   박산운, "어머니에게," 『조선문학』, 1956년 7월호.

실하게 소련과 동유럽 형제국들로부터 아시아와 아프리카의 신생 독립
국가들과의 국제주의적 연대로 이동했다. 1954~1955년에 『조선문학』
에 나타난 사회주의 친선, 프롤레타리아 국제주의에 대한 강조는 이제
베트남과 같이 민족해방을 위해 제국주의 세력과 고군분투하는 나라들
과의 연대에 대한 재현으로 다양화되었다. 1960년대 초중반 국가의 독
립과 번영을 위한 반제해방투쟁은 국제주의적 연대를 형성하고 공고화
하는 데 최우선 목표로 강조되었다. 그러나 1950년대 후반에는 아직 소
련 및 동구권과의 친선과 이에 기반한 평화적 건설, 그리고 제3세계를
아우르는 기치로서 민족해방투쟁을 통한 진정한 평화의 성취라는 상충
되는 방식의 재현이 공존하는 양상을 볼 수 있다. 이 시기 북한 작가들의
재현은 동시대인들과 이러한 두 가지 평화의 개념을 소통하는 재현들의
다양한 스펙트럼을 보여준다.

1958년 7월호 『조선문학』에 실린 정하천의 "인터나쇼날-제4차 세계
직맹 대회에서-" 외 4편의 시는 이제 사회주의 친선과 건설의 '평화'에
한정되지 않는, 탈식민 민족해방투쟁에 복무하는 제3세계 인민들의 '평
화'를 노래한다.

소련이여도 좋았다.

조선에서 왔거나,

혹은 아프리카에서 왔거나,

또 혹은 부라질의 부두에서 왔거나,

우리는 불렀다. 〈동무!〉라고

그러면 그것은 인사를 대신하는 말.[44]

---

44   정하천, "동무!," 『조선문학』, 1958년 7월호, p. 49.

인민이 자기 나라의 해방투쟁을 수행하는 곳이면 그 어디든 이제 해방투쟁＝평화 재현의 공간이 되었다. 4차 세계 직맹 대회 방문을 다룬 정하천의 시들은 "무엇 때문에 이런 일이 있어야 하는가?/식민주의자들이여, 돌려 내라! 나의 마치를/돌려 내라! 모든 잃은 것을, 나의 삶을," 외치는 아프리카의 한 대표의 토론, 헌병의 포격에 쓰러진 시체들을 넘어 "거리도 광장도 뒤흔들리게/가슴 뜨거운 노래 부르며." 행진, 투쟁한 '인터나쇼날'의 기억에 대한 큐바 대표의 토론, 빼앗긴 "알제리야" 인민들이 불란서 압제자들을 "피눈물로 땅바닥을 적신/그대 선조들의 이름으로/그대 아버지와 어머니의 이름으로/기쁨을 모르고 자란/그대 아이들의 이름으로/그리고 또한 평화와/그대 자신들의 이름으로." 심판하고 새로운 미래를 열고 말리라는 알제리 대표의 토론을 형상화했다. 연시의 마지막에 다다르면, "모쓰크바에서 온 형제", "북경 친우", "루마니아와 체코의 벗들", "불란서의 기관사", "피라밑과 수에즈의 주인", "영웅의 땅 알제리야의 형제", "얼굴 검은 케니야의 친우", "멕시코와 부라질의 벗들"이 모두 함께 만난다. 그리고 이 모든 평화애호 인민과 같은 위치에 있음에도 불구하고 만날 수 없는 유일한 얼굴을 생각한다.

> 만나서 우리는 이야기했다
> 한동네에 사는 이웃들처럼,
> 시국들에 대하여 고향에 대하여,
> 서로의 마음 하나임에 대하여,
> 나라도 말도 다를지언정
> 그 마음 평화이며 자유임에 대하여
> 그러나 그만은 오지 못했구나!
> 그만은 여기에 없구나!

오매에도 잊지 못할 얼굴

눈앞에 그림처럼 선한데

만날 수 없구나 나의 겨레

내 나라 남쪽에 살고 있는 그만은.

…

더 무엇을 말할 것이냐!

그대를 이미 알고 있거니

그 이름 조선 오직 하나이여도

남북으로 헤여져 만날 수 없는 조선

하여 나는 소리 높이 웨친다,

조선에서 멀고먼 이 도시에서도

억누를 수 없이 설레이는 마음

세찬 파도가 되여

아메리카여!

조선에서 물러가라고.[45]

정하천의 "아메리카여! 조선에서 물러가라고"라는 외침은 1950년
대 후반 북한의 '평화 문학'이 탈식민 해방전쟁의 관점에서 평화에 대
한 질문을 어떤 방식으로 다루고 있는가를 잘 드러낸다. 엄호석의 1957
년 상반기 서정 시초 평론에 따르면, 그가 한명천, 정하천 등의 우방 방
문 기행 시초들에 대한 평가에서 지적한, "두 개의 시대", "두 개의 세계,
즉 사회주의와 평화의 진영, 제국주의와 전쟁의 진영"의 대립이라는 "우

---

45   정하천, "조선에서 멀고먼 이 도시에서도-라이프치히에서-," 『조선문학』, 1958년 7월호,
      pp. 53~54.

리 시대"의 특징이 평화 담론과 실천을 점차 정전 이후 건설로서의 평화보다 민족해방투쟁의 지속을 통해 쟁취하는 평화에로 추동했다고 볼 수 있다.[46] 엄호석은 정하천의 "조선의 마음" 시초에 대해 백인준의 "얼굴을 붉히라 아메리카여"의 계보에 속하는 "평화 옹호 투사"의 정론시라고 평하면서 "조선 문제에 대하여 쓰면서 동시에 인류의 운명 문제에 대하여 쓰라. 국제 무대의 중심에 서서 우리 시로부터 전쟁을 반대하는 평화 옹호 투사의 정론적 빠포쓰가 더욱 힘차게 울려 나오게 하라"고 요구한다.[47] 이어 '평화'가 전 인류, 전 인민이 주체가 되는 탈식민 해방투쟁, 제3세계의 국제주의적 연대의 문제로 되는 중요한 연결고리로, 모든 평화 문제의 공통 대상으로서 "제국주의 미국"에 대한 비판이 지적된다.[48] 엄호석의 평론은 III절에서 살펴본 정전을 강조하고 전후 평화적 사회주의 건설과 그를 지지하는 사회주의 친선의 평화에 대한 모티브를 다룬 정하천, 한명천 등의 시초를 다루는 한편으로 이 평화가 궁극적으로 IV절에서 검토한 "미제"에 대한 저항을 공통분모로 하는 탈식민 민족해방투쟁의 과제, 그 실현을 위한 제3세계 연대로 확장, 전환되는 기초를 보여준다는 점에서 의미가 있다. 1950년대 후반 북한의 '평화의 마음'은 전후 평화적 건설로서의 평화와 탈식민 민족해방투쟁의 지속으로서의 평화, 두 가지 재현의 공존을 반영하는 한편, 점차 미완의 민족해방투쟁 실현을 위한 제3세계 인민들의 국제주의 연대와 한반도 맥락에서의 통일투쟁을 강조하는 '평화'가 정전과 전후 건설에 기반한 일시적 '평화'에 우선

---

46 엄호석, "시대와 서정 시인," 『조선문학』, 1957년 7월호, p. 137.

47 엄호석, 위의 글, p. 138.

48 "미제는 열병적으로 전쟁을 준비하면서 핵무기를 휘둘러 대며 그것을 서부 독일, 대만, 류뀨와 함께 남조선에도 반입할 것을 기도하고 있다. 원쑤들이 기도하는 새로운 전쟁은 몇 개의 국경이 침범되는 것을 의미하는 것이 아니라 전 인류의 운명과 관련되어 있다." 엄호석, 위의 글, p. 138.

하는 전환을 보여준다.

V. 결론을 대신하여

1950년대 후반 북한의 '평화의 마음'은 국가의 독립과 통일을 향한 정의로운 투쟁을 지지하면서 보다 호전적인 함의를 가지게 되었다. 한국전쟁을 진정한 평화를 위한 전쟁으로 인정한 전제 위에서 전후 평화적 사회주의 건설에 초점을 맞춘 폭력의 종식으로서 '평화'를 추구하던 데서, 미해결 과제로서의 통일 투쟁을 포괄하는 민족해방투쟁의 이상을 강조하는 '평화'에로 논의의 흐름이 전환된 것이다. 이러한 1950년대 두 개의 평화 개념의 공존, 나아가 후자로의 점진적 전환은 사회주의 친선에 대한 기존 입장에서 '제3세계'의 탈식민 민족해방투쟁을 강조하는 방향으로 국제주의를 확장하려는 북한의 대외적 태도와 밀접하게 관련된다. 두 '평화의 마음'은 동시기 공존하는 서로 다른 풍경을 접하는 동시에 자기 재현을 통해 구성하는, 문학계 행위자들의 조직적 진화 과정과 맞물려 이해해야 한다. 1950년대 두 개의 평화 재현은 그 재현을 담당한 '인간 정신의 기사' 집단으로서 사회주의 문학계가 형성되는 과정 자체와 함께 전개되었다는 점에서 '사상 개조'에 임하는 행위자들의 조직적 진화에 대한 이해는 당대의 '마음체계'에 대한 파악에 필수적이다.

　　1950년대 『조선문학』에 나타난 평화의 재현 방식에 대한 탐색은 과거에 존재했던 다양했던 대안적 논리들을 다시 보여줌으로써 현재 진행되는 한반도 평화프로세스에 유의미한 새로운 평화에 대한 상상을 확장하는 데 좋은 성찰을 제공한다. 특히 북한의 문학사에 존재했던 평화에 대한 재현들은 1960년대 후반 '당의 유일사상체계'가 확립되며 전쟁과 평화에 대한 특정한 방식의 수사가 고정되기 이전의 북한에서 진행된 보다 다양한 논의를 보인다는 점에서, 북한 자신의 지성사적 유산에 바탕해 북한과 대화 가능한 새로운 평화 담론을 고민하는 데 이바지할 것이다. 이와 함께 북한 외부에 대해서도 고정된 단일한 실체로서 북한을 상정하고 그 내부의 다양성과 변화의 가능성을 보지 못하는 한계에서 벗어나, 역사적으로 존재했던 가능성을 섬세하게 읽는 과정에서 평화를 생각하고 믿는 기존의 다양한 방식을 재구성하는 한편 보다 균형적인 평화를 고민, 실천하는 데 도움이 될 것이다.

제2장

결핍에 대한 북한 주민의 마음 변화:
『조선신보』를 중심으로

엄현숙(북한대학원대학교)

I. 서론

이 글에서는 북한이 『조선신보』[1]를 통해 결핍을 이야기하고 있다는 점
에 주목한다. 북한은 해외에 있는 제3자에게 자신의 결핍을 알리기 위해
『조선신보』를 활용하고 있다. 『조선신보』는 북한의 대외 언론매체이다.

　　『조선신보』의 특징을 살펴보면 다음과 같다. 우선, 『조선신보』의 주
공급원은 '조선중앙통신'[2]이다. 총련의 기관지인 『조선신보』는 『로동신
문』 기사를 단순히 해외에 전달하는 역할도 하지만, 동시에 북한에 대한

1　　총련중앙상임위원회 기관지, 『조선신보』는 1945년 10월 10일 일본에서 『민중신문』이라는
　　제호로 창간, 이후 1955년 5월 재일본조선인총련합회(이하 총련) 결성을 계기로 1957년
　　『해방신문』으로부터 『조선민보』로, 1961년 1월 1일부터 현재의 제호로 발간된 일간지이
　　다. 『조선신보』는 총련을 주체사상화 하며 재일동포들의 민주주의적 민족권리를 굳건히 지
　　키고, 이익과 의사의 대변자, 집단적인 선전자, 교양자, 조직자로서의 역할을 수행한다(삼
　　일포정보센터, 2005).
2　　『조선신보』의 발전을 위해 북한은 국문통신을 비롯한 대외통신, 전송사진, 『로동신문』을
　　비롯한 북한의 출판물 및 국문활자 자모까지 보냈다(삼일포정보센터, 2005).

지지와 응원, 원조를 이끌어내기 위한 소통창구로서의 성격도 가지고 있다. 또한, 『조선신보』는 북한이 아닌 제3국, 도쿄에 있는 '조선신보사'에서 발행된다. 이로써 『조선신보』는 일본 내 재일교포를 주요 독자로 하여 국제사회에 북한 소식을 전달하고 있다. 이러한 점에서 『조선신보』는 제3자 또는 국제사회에 대한 북한의 관심과 행보를 엿볼 수 있게 도와준다. 다음으로, 『조선신보』에 소개된 칼럼, 기획취재는 북한의 변화 및 흐름을 이해하는 데 유용하다. 『조선신보』를 통해 사실을 확인하고 조치의 시행 여부 및 의도를 파악할 수 있기 때문이다. 무엇보다 중요한 점은 하나의 정보가 『로동신문』에서 『조선신보』로 재맥락화되는 상황을 이해할 수 있게 해준다. 이는 어떠한 정책이나 특정 사안에 대한 북한의 초기 입장과 그 변화를 이해할 수 있게 한다. 나아가 북한의 입장 변화를 추동한 변수를 파악할 수 있다. 그럼에도 불구하고 지금까지 대부분의 연구들은 북한의 변화를 이해하는 데 있어 주로 『로동신문』에 주목했고, 상대적으로 『조선신보』에는 관심을 덜 기울였다.

이 글에서는 『조선신보』를 통해 드러나는 북한의 변화를 논의하고자 한다. 특히 결핍이라는 관점에서 북한의 변화를 살펴본다. 이를 위해 기사의 분량, 내용, 위치, 주제의 발생 빈도 등 여러 측면 중에서 기사의 내용에 초점을 맞춰 분석을 한다.[3] 분석 시기는 '고난의 행군' 시기인 1994년부터 2002년까지로 한다. 주지하는 바와 같이 '고난의 행군' 시기 북한의 주민 생활은 매우 피폐해졌다. 이 시기 『조선신보』는 북한 주민의 생활 등 결핍 문제를 직접적으로 언급하고 있었다.[4] 이 글은 결핍

---

3   일반적으로 신문은 사실 지향적 뉴스와 의견 중심적 뉴스로 분류할 수 있다. 전자에는 스트레이트 뉴스, 단신, 뉴스 해설, 스케치, 통계자료, 성명서와 판결문, 여론조사 결과 등이 있고, 후자에는 칼럼, 좌담, 방담, 기획취재 등이 있다(강명구, 1994: 70).

4   이 연구는 내재적 접근을 취하고 있다. 이에 인용된 문구들에 한하여 북한식 표현을 그대로 옮겼다.

을 통해 북한의 변화를 볼 수 있는 통찰력을 제공해준다. 그러나 한계는
명확하다. 자료 접근에 대한 한계성으로 인해 평양이라는 한정된 공간의
제한적 사례들을 살펴본다는 점에서 보편성과 객관성에 한계가 발생한
다. 그럼에도 불구하고 북한의 또 다른 대외 커뮤니케이션 수단인 『조선
신보』를 통해 북한을 이해할 수 있는 단초를 제공해준다는 장점이 존재
한다.[5] 이에 다음 절에서는 커뮤니케이션 이론에 따른 매체의 메시지 기
능을 살핀 후 이 메시지에 결핍이 어떻게 담겨 있는가를 살펴볼 것이다.

II. 『조선신보』 메시지의 기능과 결핍의 징후성

1. 메시지의 기능

언어는 마음의 도구이다.[6] 마음을 이해하게 하고, 행위를 설명하는 것
이 언어이다. 그러한 점에서 이 글에서는 로만 야콥슨이 제시한 언어의 6
가지 측면에 주목한다. 야콥슨은 그의 언어학적 배경을 바탕으로 언어적
커뮤니케이션을 구성하는 여섯 개의 요소를 제시하고, 이들 커뮤니케이
션 요소들이 각각 수행하는 커뮤니케이션 기능을 설명하였다. 6가지 요
소 중 어느 요소가 강조되느냐에 따라 언어는 그 기능이 분화된다.[7, 8] 즉

5 　북한을 이해할 수 있는 자료가 극히 제한된 상황에서 이러한 접근은 변화를 짐작할 수 있
　　는 징후적 읽기가 가능하게 만든다.
6 　이우영·구갑우, "남북한 접촉지대와 마음의 통합이론: '마음의 지질학' 시론," 이우영 외,
　　『분단된 마음 잇기: 남북의 접촉지대』(서울: 사회평론, 2016), p. 19.
7 　권재일, 『일반언어학이론』(서울: 民音社, 1989), p. 263.
8 　그 외 '시적 기능'은 메시지에 초점을 맞춘 것으로 메시지 자체에서 만들어지는 기능이다.
　　또한 '교감적 기능'은 송신자와 수신자 사이의 물리적 심리적 연계가 반드시 존재해야 하는
　　접촉을 의미한다. 마지막으로 '상위 언어적 기능'이 있는데, 이것은 어휘의 뜻에 대한 정보

지배적 기능이 무엇인가에 따라서 소위 전달 중심인지, 의미 중심인지를 나눌 수 있다. 이를 『조선신보』에 적용하면 커뮤니케이션 과정의 하나로서 기능별 특징이 나타난다.

취재원과 기사 쓰기 방식을 통해 『조선신보』의 기능적 특징을 구분할 수 있다. 우선, 『조선신보』는 매주 월, 수, 금 주 3회 발행되며 조선어 4면과 일본어 4면으로 구성된다. 기본적으로 1면에서 4면을 차지하는 조선어 면에서 1, 2면은 조국·정세 편, 3, 4면은 조국·문화, 교육, 특집, 동포·생활 위주로 편집되어 있다. 1, 2면은 사회주의 북한의 정치·경제 및 인민생활 소식, 한국 소식, 시사 해설을, 그 외 지면은 일본 지역의 주요 뉴스 및 스포츠, 생활, 동네 소식 등 일반적 뉴스를 싣고 있다. 기사 쓰기란 일차적으로 관찰하거나 목격한 사건을 사람들이 읽어서 이해할 수 있는 형태로 재구성하는 과정과 방식이다. 구체적으로 1면에는 '조선중앙통신'[9]의 내용을 위주로 편집되어 있다. 이 경우 '우리' 또는 '조선중앙통신에 의하면', '조선중앙텔레비죤에서는'으로 시작된다. 2면에는 '조선중앙통신' 및 평양지국 내 특파원의 현지 취재 및 인물취재, 탐방기 등의 내용이 다수 실려 있다. 이 내용들은 '조선에서는' 또는 '평양발'로 시작된다. 이때의 커뮤니케이션은 하나 이상의 유기체가 다른 유기체들과 지식, 정보, 의견, 신념, 감정 등을 공유하는 행동을 의미한다. 상대방에게 말을 건다는 것은 독백이 아닌 대화를 의미하며 이는 청자의 근접성을 전제로 한다. 그리고 의사소통하고자 하는 대상을 향해 방향 전환을 요청하기도 한다. 『조선신보』에 대하여 재일교포 출신 탈북민은 "조국의 소식을 알려주

를 전달하는 기능이다.

9 "'조선중앙통신'은 조선로동당과 공화국정부의 립장을 대변하는 조선민주주의인민공화국의 국가통신이다."(조선백과사전편찬위원회, 2011: 656)

는 유일한 소식지"이며 북한의 『로동신문』과 같은 역할을 총련 안에서
한다는 점을 강조한다. 그에 의하면, 총련의 슬로건은 "나라를 도와야
한다"며 나라를 돕기 위해서라도 북한의 내부 소식을 미화되긴 했지만
더욱 정확히 전달하려는 측면이 있다. 북한에 의하면 『조선신보』는 "해
외의 어려운 조건에서도 적극적인 보도활동을 벌려 사회주의 조국을
견결히 옹호하고 재일동포들의 민주주의적 민족권리를 튼튼히" 지키
는 것에 이바지하는 신문이다.

　또한, 『조선신보』에 실린 기사들을 보면 김지영이라는 특파 기자
의 역할이 주목된다. 그는 북한 현지에서 수많은 주민들을 직접 만나 상
대방에게 말을 건네는데, 이는 독백이 아닌 대화적인 형태를 띠고 있다.
즉, 권위적인 말씀이나 행동을 일방적으로 전달 및 추구하는 것이 아닌
기사로부터 독자의 공감을 얻어내기 위한 대화적 관계를 취하고 있는 것
이다. 북한이 『조선신보』를 매개로 북한 주민과 제3자의 대화적 관계 구
성을 시도하고 있는 점을 잘 나타낸다. 여기에 북한의 기타 언론을 통해
서는 볼 수 없었던 『조선신보』만의 유의미한 가치가 있다. 그러한 점에
서 이 글은 『조선신보』를 통해 북한의 대외 커뮤니케이션 방식인 메시지
의 지시적, 표현적, 행동 촉구적 기능에 주목한다.

2. 결핍

이 절에서는 결핍이라는 관점에서 『조선신보』를 살펴봄으로써 북한 주
민의 사고방식과 생활 변화를 이해하고자 한다. 굶주림은 "결핍의 궁극
적인 형태"[10]이다. 북한이 『조선신보』를 통하여 굶주림을 겪었던 '고난의

10　쎈딜 멀레이너선(Sendhil Mullainathan)·엘다 샤퍼(Eldar Shafir), 이경식 역, 『결핍의
　　경제학』(서울: RHK, 2014), p. 15.

행군'을 이야기하고 그에 따른 결핍을 말하고 있다는 점은 주요한 관전 포인트이다. 『조선신보』는 결핍이 북한 주민의 의식과 행동을 어떻게 변화시켰는지를 잘 보여준다. 즉 『조선신보』는 사회적 결핍으로 인한 북한 주민의 욕망과 이에 따른 의식 및 행동 변화를 나타내고 있다.

결핍은 "심리적으로 만족을 기대했음에도 그것이 채워지지 않을 때 또는 물질적 욕구보다 그것을 충족시켜주는 물적 수단의 공급이 상대적으로 부족한 경우",[11] "자연스러운 제반 기본 욕구가 단지 부족하게 충족될 때 이로 인해 긴장, 노여움, 불만, 불안의 상태가 야기"[12]됨을 의미한다. 사회주의 체제의 본질적 특징으로 코르나이(Kornai)는 소비재 생산이 부족한 부족 경제(shortage economy)를 논한다.[13] 이는 개혁 이전 사회주의 국가들의 특징이기도 하다. 사회주의 국가에서 효과적인 생산이나 경쟁력, 서비스 같은 개념들은 경시되었고 무분별한 인간의 욕망을 통제하기 위해, 또는 나라의 발전을 위해 한정된 자원을 관리하고 평등하게 이용하기 위한 기능적인 것으로 포장되었다. 이러한 결과 공급자의 위치는 곧 권력이 되었고, 소비자인 주민은 그 공급에 의존해야만 하였다. 이에 결핍은 공급자와 소비자의 관계를 이루는 북한의 배급(공급)제를 주목하게 한다.

이 글은 '충족할 수 없는 결핍 때문에 생기는 욕망이 어떤 결과를 만들어내는가?', '그 욕망이 언어로 어떻게 표현되고 말하여지는가?', '시장적 요소가 들어오면서 사람들에게 제공되는 공식/비공식적 활동으로서 사회적 서비스는 어떠한 형태를 띠고 있는가?' 등의 질문을 통해 결

---

11   김경호, "결핍과 치유: 관계성에 대한 성찰," 『인문과학연구』, 28호(2010), p. 341.

12   한스-요하임 마즈(Hans-Joachim Maaz), 송동준 역, 『사이코의 섬: 감정정체, 분단체제의 사회심리』(서울: 민음사, 1994), p. 71.

13   Janos Kornai, *The Socialist Sistem: The Politlcal Economy of Communism* (Princeton: Princeton University Press, 1992), p. 233.

핍이 북한 주민의 사고방식과 생활에 영향을 미치고 삶의 형태에 지금까지와는 다른 변화를 가져오고 있음을 밝히고자 한다.

III. 결핍의 징후적 읽기

1. 결핍에 따른 변화

『조선신보』는 충족할 수 없는 결핍 때문에 생기는 북한 주민의 삶의 욕망이 어떤 결과를 야기하는가를 잘 보여준다. 그리고 이는 북한주민들의 심리적 불안과 시장에 대한 의존성을 잘 이해할 수 있게 해준다.

　　『조선신보』는 '고난의 행군' 시기 북한의 식량 사정과 관련된 주민의 심경에 대해 적극적으로 이야기하고 있으며, 동시에 결핍 해소의 공간으로서 시장에 주목하고 있다. 『조선신보』에 의하면, 식량 사정이 어려워진 이유는 "수해에 의한 식량난으로 시기적, 지역적 공급체계가 무너졌기"[14] 때문이다. 그리고 이러한 불안의 상태는 해마다 되풀이되는 자연재해와 이상기후 현상, 부족한 비료를 그 원인으로 지목한다. "류례없는 이상기후 현상이 조선의 인민경제 여러 분야에 큰 영향을 미치고 있다. (중략) 특히 7, 8월에 결실을 맺게 되는 올강냉이를 비롯한 밭작물의 수확고는 전혀 기대할 수 없게 되어 주민들의 식량형편을 더 어렵게 해주고 있다."[15]와 "앞으로 비료가 보장되여나가면 수확이 많고 질좋은 품종들을 뿌려나갈 것이다."[16]라는 내용에 잘 드러난다.

14　"농사작황은 좋지만 긴장상태는 계속된다." 『조선신보』, 1997년 9월 20일.
15　"심각한 상태에 이른 가물피해." 『조선신보』, 1997년 7월 28일.
16　"농사작황은 좋지만 긴장상태는 계속된다." 『조선신보』, 1997년 9월 20일.

　　식량에서 시작된 결핍은 또 다른 유형의 경제적 결핍을 내포하고 있었다. 『조선신보』에 의하면 시장은 북한 주민이 살아가기 위해 멀리할 수 없는, 월급(로임)으로는 도저히 감당이 안 되는 주민 생활의 어려움이 표출되는 곳이다. 문제는 국가로부터 받는 월급만으로는 시장가격을 감당할 수 없다는 사실이다. 이는 또 다른 근심거리를 제공하는 것으로 끊임없이 식량과 관련된 불안을 갖게 한다. '7.1 경제관리조치' 이전의 식량 상황에 대하여 『조선신보』의 김지영 기자가 평양 주민 김규란과 주고받은 대화를 살펴보면 알 수 있다.

　　"나라가 주민들에게 쌀을 제대로 공급하지 못하였고 상점에도 식료품이 얼마 없었다. 살아 가자면 그래도 물자가 있는 농민시장에 의거할수밖에 없었다. 당시 송호영씨와 김규란씨가 받은 로임은 합해도 200원을 넘지 못하였다. 국정가격보다 높은 가격으로 상품이 거래되는 장마당에서는 그 돈을 가지고 쌀 몇키로를 사는 것이 고작이였다."[17, 18]

　　위의 인용은 2002년 7월 1일 이전에는 국정가격과 시장가격이 상이했음을 시인한 것이다. 뿐만 아니라 '고난의 행군'의 여파로 지역적 공급체계가 유명무실해지면서 식량 결핍에 내몰린 북한 주민과 시장에 대한 의존도를 보여준다.

　　북한은 2002년 7월 1일 이후 사회주의 경제관리의 개선 작업을 단행하였고, 생활비 및 전반적 가격의 조정을 실행하였다. 『조선신보』는

17　"나라가 허리를 펴면 우리 생활도 풀리겠죠." 『조선신보』, 2002년 10월 9일.
18　당시 쌀은 1kg에 8전이었다. 2002년 7월 1일부터는 생활비 및 전반가격의 조정이 실시되었는데, 쌀의 국정가격은 1kg에 46원, 그 대신 근로자들의 생활비를 대폭 인상하였다. 지금 송호영씨와 김규란씨 받는 로임은 합해서 5,000원 수준이다.

이 시기에 대해 "국정가격과 장마당가격의 격차가 해소"되고 물자의 유통도 정상이 되고 있는 것으로 평가한다. 그러나 북한의 주장과는 달리 '7.1 경제관리조치'는 "모든 것을 돈으로 계산하고 평가하는 체계를 확립"[19]한 계기로 되었다.

기본적으로 북한은 공식 채널을 통해 결핍을 이야기하지 않는다. 모든 기사는 언제나 미래에 대한 희망으로 가득 차 있다. 지금의 위기는 당과 수령의 영도를 통해 현명하게 극복하고 있음을 강조한다. 반면에 『조선신보』는 북한의 결핍을 노출하고 있다. 이러한 상황은 어떻게 이해하여야 할 것인가? 북한은 결핍의 물리적인 원인을 자연재해와 이상기후, 비료의 부족 등으로 돌렸다. 그러나 『조선신보』는 이를 "사실 어려움은 한두 가지가 아닙니다. 그러나 우리에게는 국가와 당이 있습니다. 나라의 덕택으로 우리는 가장 어려운 고비를 넘겼습니다."[20]라고 표현했다. 단순히 피해를 알리는 것에 머무른 것이 아닌, 가장 어려운 고비를 넘겼다는 점을 그리고 먹는 문제는 반드시 해결된다는 의지를 표출하고 있다. 믿음을 주고 불안을 해소해준 것은 역시 국가이며 당이라는 식으로 마무리가 된다. 이는 국가와 당이 있어 모든 결핍에서 해방될 수 있다는 왜곡된 인식을 주는 사례라고 할 수 있다.

하지만 해가 갈수록 식량부족 상태는 나아질 기미를 보이지 않았다. 시간이 갈수록 "국정가격보다 높은 가격의 상품이 거래되는" 시장은 주민의 삶을 더욱 힘들게 만들었다. 시장 의존도는 북한 주민의 생활에 영향을 미치고 그들의 삶을 변형시키는 한 부분으로 자리 잡고 있다. 이념과 실리 사이의 심화되어가는 괴리를 극복하려는 노력은 여전히 희생과 헌신을 요구하고 비생산적인 생산 구조로 되돌아가려는 움직임을 보이

---

19   양문수, 『북한경제의 시장화: 양태·성격·매커니즘·함의』(파주: 한울, 2010), p. 75.
20   "우리는 가장 어려운 고비를 넘겼다," 『조선신보』, 1997년 6월 26일.

고 있다. 그것은 사상교양의 후퇴에 대한 염려로부터 주민들의 정신력을
최대한 발동시키기 위한 국가적 시도를 통해 나타난다. 구체적으로 "당
에서는 생산자 대중의 열의를 높여주기 위한 사상교양사업을 첫자리에
놓는 것이 중요하다고 강조하고 있는데"[21] 당 위원회가 당의 방침을 사
상적으로 접수하지 않고 있다는 지적이 눈에 띈다. 또한 이미 전개되고
있는 시장화의 상황을 좀 더 지연시켜 보려는 비현실적인 희망 정책의
성격을 띠고 있을 뿐으로 해석된다.

2. 북한의 대응

2002년은 "사회주의 이론을 재정립하는 작업"[22]으로 표현되는 일련의
이론적 변용이 눈에 띄게 나타난 해이다. 2002년 북한에서 새로운 경제
개선조치가 이루어졌는데, 실제 『조선신보』를 통해서도 이 시기의 언급
이 중요한 비중을 차지한다. 이때 대표적인 이론의 재정립 작업이 이루
어졌고 특히 '실리주의', '분배 원칙', '자력갱생'의 세 가지 이론이 주목
된다. 이 절에서 이 세 가지에 주목하는 이유는 북한이 2000년대 초 기
존 사회주의 이론 중 새롭게 정립한 대표적인 것이기 때문이다. 충족할
수 없는 결핍 때문에 생기는 욕망이 사회주의 이론의 재정립을 불러왔
다.

1) '실리주의'

'고난의 행군' 이후 의심할 여지없이 북한은 새로운 문제들에 당면하였

---

21 "김정은원수님께서 1월 18일 기계종합공장을 현지지도," 『조선신보』, 2013년 6월 26일.
22 "집단의 힘으로 일어섰다," 『조선신보』, 2002년 11월 22일a.

다. 생존이 불가능할 정도의 생산력 파괴를 경험한 북한은 '살아남는 문제'를 전면에 내세울 수밖에 없었다. 계획경제의 규제를 받으면서도 원자재의 구입은 시장에 내맡기게 된 국영기업과 '실리주의'로 표현되는 새로운 사고는 '새로운 시대'를 예고하였다. 이는 새로운 사고를 위한 관점의 전환을 요구했고, 다양한 발상들을 촉구하였다. 그 새로운 사고는 '실리주의'로 대변되었다. '실리주의'에 대한 이해는 다음과 같은 특파원의 기사를 통해 확인할 수 있다.

> "올해부터 공장, 기업소 등 모든 경제단위에서는 번 수입에 의한 평가가 실시되고 일한 것만큼 분배를 받는 원칙이 관철되도록 조치가 취해졌다. (중략) 최대한의 실리보장, 그를 위해 아랫단위의 창발성 그리고 모든 것을 돈으로 계산하고 평가하는 체계의 확립, 얼핏 보기에 종전의 사회주의와 다른 것 같다."[23]

북한에 의하면, '실리주의'는 "남의 것 가운데서 좋은 것, 앞선 것은 받아들이되 그것을 기계적으로 모방하거나 기본으로 내세우지 않는"[24] 원칙에 기초한다. '실리주의'는 경제부문에서 먼저 언급되고 이후 모든 부문에 적용이 언급된다. '실리'는 '실제적인 리익'의 줄임말이다. 북한에서 실리가 반복적으로 쓰이기 시작한 시점은 '고난의 행군' 시기가 끝나가는 1998년부터이며 이는 경제사업 부문에서 두드러졌다.[25] 이후 1999년과 2000년 『로동신문』 신년사에서는 연거푸 경제적

---

23   "집단의 힘으로 일어섰다," 『조선신보』, 2002년 11월 22일a.
24   "오늘의 초점," 『조선신보』, 1997년 10월 31일b.
25   『조선신보』의 해설에 의하면, '실리사회주의'의 이론적 맹아는 김정일의 "대학시절 집필한 여러 논문 속에 벌써" 있었던 것이다(조선신보, 2002/11/22b).

타산을 앞세우고 '자력갱생'의 원칙에서 '실리'를 철저히 보장할 것을
주문하였다.

『로동신문』, 『근로자』 공동논설(1998)
"경제사업에서 실제적인 리익이 나게 하여야 한다. (중략) 변화된 환경과
조건에 맞게 경제사업을 신축성있게 조직전개하는것도 실제적인 리익을
실현하는 방도이다."[26]

'신년사'(1999)
"(중략) 경제에 대한 중앙집권적 통일적 지도를 더욱 강화하며 경제사업
에서 실리를 보장하고 규률과 질서를 철저히 세워야 한다."[27]

'신년사'(2000)
"남을 쳐다볼것이 아니라 자력갱생의 원칙에서 피땀으로 이루어놓은 우
리의 자립적민족경제를 하나씩 추켜세워야 한다. 모든 부문에서 실리를
철저히 보장하는것이 중요하다. 경제적타산을 앞세우고 절약투쟁을 강화
하며 생산물과 건설물의 질을 높여야 한다."[28]

『로동신문』, 『근로자』 공동논설(1998)에서 언급된 "변화된 환경과
조건"을 주목할 수 있다. 앞서 '실리'가 경제적인 이익을 추구하는 것으
로 나온 만큼 변화된 환경과 조건은 시장을 염두에 둔 것으로 풀이된다.

---

26 "자립적민족경제건설로선을 끝까지 견지하자," 『로동신문』, 1998년 9월 17일.
27 "올해를 강성대국건설의 위대한 전환의 해로 빛내이자," 『로동신문』, 1999년 1월 1일.
28 "당창건 55돐을 맞는 올해를 천리마대고조의 불길속에 자랑찬 승리의 해로 빛내이자," 『로
   동신문』, 2000년 1월 1일.

개인이 시장에 의존하는 만큼, 북한도 경제적 결핍을 해소하기 위한 대안으로 시장에 주목하고 있었다. 북한에 의하면, '실리'는 '이윤'이라는 자본의 용어가 아닌 '경제적 효과성'이다.[29]

　북한에서 '실리주의'는 중대한 이론적 변용이자 결핍에 대한 인정이며 주민 의식의 변화를 추구한다. '실리주의'가 여전히 '사회주의'란 범주 속에서 논의되지만, 북한의 일반적인 상황이 사회주의 이론과 관점에서 벗어나고 이완되어 있다는 것은 분명하다. '실리 사회주의'는 현재의 상황을 적절하게 반영하면서 새로운 북한식 '사회주의'를 만들어가는 과정이기도 하였다.

　2) '분배원칙'

북한에서 주민에 대한 식량 공급은 대표적인 사회주의적 정책 중 하나이다. 이 공급 원칙이 2002년 "식량을 국가가 책임지고 인민들에게 공급하는 체계는 허물지 않고 식량을 제값으로 팔아주기로 한 것"으로 바뀌었다.

　"사회주의분배원칙이란것은 로동의 량과 질에 따라 분배하는것인데 쉽게 말하면 일한것만큼 번것만큼 분배하여 주는것입니다."[30] 이때 노동의 양은 노동시간에 의하여, 노동의 질은 사상의식 수준과 기술문화 수준, 숙련 정도에 따른 것이었다. 북한 정권은 생활비 수준에서의 차이가 점차 줄어드는 것을 노동에 의한 분배가 발전되는 과정의 중요한 특징으로 보았다. 과거 김일성은 "힘든 일을 하는 사람에게는 대우를 높여주고

29　"해설, ≪실리사회주의≫리론의 맹아," 『조선신보』, 2002년 11월 22일b.
30　김일성, 『김일성저작집 14권』(평양: 조선로동당출판사, 1981a) p. 68.

일을 많이 하는 사람에게는 보수를 더"[31] 주고, "일하지 않은자는 먹지말
라는 원칙"[32]이며 "일하지 않는 건달군에게는 분배를 하지 않는 것"[33]을
'사회주의 분배원칙'으로 제시한 바 있다.

'분배원칙'에서 변화된 내용은 식량을 공급받는 것에서 "나라에서
공급하는 쌀을 사먹는다"[34]로 바뀌었다. 이는 "식량을 국가가 책임지고
인민들에게 공급하는 체계는 허물지 않고 식량을 제값으로 팔아주기로
한것입니다."[35]라는 『조선신보』의 기사를 통해 확인할 수 있다. 2002년
북한은 가격과 생활비를 조정하면서 사회주의 분배원칙으로 "결근 없
이 다니는 노동자, 사무원들이 기준량을 다 살 수 있는 것"으로 제시하였
다. 이와 관련하여 좀 더 논의하면, 첫째는 과거 일의 양과 질을 따졌다
면, 지금은 일의 양과 질 외에도 직접 번 것만큼이라는 새로운 단위가 추
가된 것이다. 즉, 나라가 주민의 먹는 문제를 책임진다는 것은 결코 쉬
운 일이 아니라는 점을 인정하는 것이자 식량이 정상 공급된다는 소식에
"액면 그대로 받아들일 수 없다."는 주민의 국가에 대한 불신에 따른 조
치로 풀이된다. 둘째는 과거 생산자와 소비자 간 발생된 차액을 국가가
부담하던 것에서 철저히 소비자의 몫으로 돌려놓았다는 데 있다. 이는
과거에는 싫든 좋든 국가가 부여한 일만을 해야 하던 것에서 언제든 벗
어날 수 있게 된 것이며, 과거의 국가적 책임을 단위의 책임으로 떠넘길
수 있게 되었다.

결과적으로 "나라의 재정부담으로 모든 생활이 보장된 과거는 이제

---

31   위의 책, p. 36.

32   김일성, 『김일성저작집 15권』(평양: 조선로동당출판사, 1981b) p. 35.

33   김일성, 『김일성저작집 20권』(평양: 조선로동당출판사, 1982) p. 38.

34   "변혁의 현장에서: 두몫, 세몫 일해야 보람," 『조선신보』, 2003년 6월 28일.

35   "식량공급정상화는 전반경제개선의 징표: 수매량정성 처장이 강조, 종합시장에서는 쌀판
      매 없어져," 『조선신보』, 2005년 10월 31일.

는 먼 옛날의 일로 간주"[36] 되었다. 과거에는 아무리 일을 해도 국가가 일률적으로 정한 생활비가 차려졌지만, '7.1 경제관리조치' 이후에는 벌어들인 만큼, 일한 것만큼 분배받을 수 있게 되었다.

3) '자력갱생'

북한은 경제 분야에서 취해진 일련의 조치를 사회주의란 틀 속에서 정당화한다. 물론 현재 일어나고 있는 변화는 인정한다. 이는 북한이 현재의 변화를 인정하고 있다는 것을 나타낸다. 그 때문에 북한은 변화된 환경을 '새로운 조건과 환경'으로 설명했다. 이와 관련하여 북한의 한 경제학자는 "변화는 있어도 혼란은 없다"며 '실리' 사회주의를 강조했다.[37] 이처럼 북한의 실리 사회주의는 "대담한 시도로, 되돌릴 수 없는 흐름으로 정착"[38]된 것으로 규정되었다.[39]

북한에서 '자력갱생'은 변함없는 전략이다. 이는 1950년대부터 지속된 것으로 이른바 사회주의 건설을 자체의 힘으로 완성하겠다는 강력한 의지의 표현이다. 그리고 북한의 '자력갱생' 목표는 "나라의 자원과 설비들을 최대한으로 동원리용함으로써 속도전의 불길을 더욱 높이고 사회주의경제건설에서 새로운 대고조를 일으"키기 위함이었다.[40]

하지만, 이러한 '자력갱생'의 의미가 21세기에 들어서면서 다르게 표현되기 시작했다. 즉, 『조선신보』는 과거의 '자력갱생'은 "있는것보다 없는것이 더 많았던 시기"의 관점이 우선되었다면, 현재의 '자력갱생'은

---

36   "변혁의 현장에서: 검증되는 개선조치의 생활력,"『조선신보』, 2003년 12월 22일.
37   "집단의 힘으로 일어섰다."『조선신보』, 2002년 11월 22일a.
38   "변혁의 현장에서: 검증되는 개선조치의 생활력,"『조선신보』, 2003년 12월 22일.
39   그뿐만 아니라 현재의 변화는 과거에 대한 부정이 아닌 체제의 재구축으로 보고 있다.
40   김일성, 『김일성저작집 32권』(평양: 조선로동당출판사, 1986b) p. 544.

"〈량〉보다 〈질〉을 중시"[41]하는 것으로 설명하고 있다. 또한,『조선신보』는 '자력갱생'을 "외국의것도 자기의것으로 만들고 활용하면 그것도 자력갱생으로 된다"와 같은 의미로 설명했다. 그러면서『조선신보』는 이를 최고 영도자에 의하여 '전면적으로 해명'된 것이며 경제의 '세계화', '일체화'에 대응하는 견해와 관점으로 풀이했다. 그런데 이러한 해석은 북한의 개방 문제(소위 서방식 경제발전)와 관련된다. 이에『조선신보』는 "그것은 아니다. 경애하는 장군님께서는 혁명과 건설을 전진시키고 사회를 발전시키는데서 언제나 우리 식의 방법과 방도를 찾고 그에 의거해야 한다고 지적하시었다. 남의것가운데서 좋은것, 앞선것은 받아들여야 하지만 그것을 기계적으로 모방하거나 기본으로 내세우지 말아야 한다고 하시었다."로 밝히고 있었다.[42]

질에 대한 중시는 "생산공정의 현대화를 실현해야 제품의 질이 제고되고 제품의 질이 높아야 수익을 더 늘일수 있다"[43]는 것으로 접근된다. 또한, 외화를 벌수만 있다면 과거에 전혀 해보지 못했던 새로운 업종도 개척[44]할 수 있는 가능성의 제시이기도 하였다.

3. 주민의 가치관 변화

의식은 위로부터 주어지는 공식 규범과 아래로부터 형성된 현실 인식의 결합으로 나타난다. 이에 의식은 위로부터의 규범에 강한 영향을 받기도 하지만, 아래로부터의 일탈된 측면도 보인다. 이때 규범은 공동체가 사

---

41   "≪세계속의 조선≫, 경제의 선택은 ≪자력갱생≫,"『조선신보』, 2008년 1월 16일a.

42   "공화국의 경제정책은 어떤 방향으로 나아갈것인가?,"『조선신보』, 1997년 10월 31일a.

43   "변혁의 현장에서: 미래를 위한 선행투자,"『조선신보』, 2003년 10월 24일.

44   "변혁의 현장에서: 봉사부문회사가 시작하는 단추생산, 합영으로 새 업종 진출,"『조선신보』, 2004년 8월 13일.

회 구성원들에게 부과한 것이자 실현하고 지켜야 할 가치이기도 하다.
북한은 전통적인 가치관에 더하여 사회주의 국가로서의 가치관을 추구
하는바 그 가운데서 집단주의적 가치관을 더욱 중시한다. 아래에 북한이
지키고자 하는 가치관에 대해 보기가 나와 있다.

> "집단주의생활에 익숙된 정성민학생은 ≪개인주의가 지배하는 환경≫속
> 에서 항상 기분이 나빴다. (중략) ≪하루하루를 그저 유쾌하게 보내는것
> 이 제일이라는 가치관, 그들은 사회나 집단을 위하여 유익한 일을 하겠다
> 는 포부를 가질 필요성을 느끼지 않은것 같았어요.≫"[45]

1960년대 ≪하나는 전체를 위하여, 전체는 하나를 위하여≫[46]라는
구호에도 나타나 있는 것처럼 북한 사회주의 본질은 집단주의이다. 따라
서 북한에서 집단의 우월성 문제는 언제나 반복되는 규범적 담론이다.
이로부터 "우리는 그저 장군님께서 하라는대로 한것뿐" 이며 "못해낼 일
이 없습니다."[47]라는 대답에서 의식의 강고함마저 느낄 수 있었다. 하지
만, 변화되는 현실은 이러한 불변의 의식에도 새로운 사고의 전환을 요
청했다. 지금까지는 당에서 하라고 하는 일은 열백 밤을 새워서라도 기
어이 완수하여야 한다는 굳은 의지가 필요하였다. 하지만 『조선신보』는
변화된 현실을 "자기가 사고하고 판단하는 행동이 돋보이는"[48] 시대로

45   "남을 따르는 '세계화'는 필요없어요," 『조선신보』, 2000년 2월 28일.
46   "'공산주의교양'에서 중요한 문제는 낡은 사회에서 물려받은 개인주의와 리기주의를 배격
     하고 근로자들을 나라와 사회의 리익을 귀중히 여기며 서로 돕고 이끌어주는 집단주의로
     교양하는 것입니다. 우리는 ≪하나는 전체를 위하여, 전체는 하나를 위하여≫라는 구호를 더
     욱 높이 들고 공화국북반부를 붉은 일색으로 만들며 우리의 온 사회를 화목하고 단합된 하
     나의 대가정으로 만들기 위하여 투쟁하여야 하겠습니다(김일성, 1981: 290)."
47   "김정일시대를 빛내이는 사람들," 『조선신보』, 1998년 2월 23일.
48   "실행단계에 들어선 조선의 새 세기전략," 『조선신보』, 2002년 12월 25일.

규정하고 있었다.

『조선신보』가 설명하고 있는 변화된 시대 속 북한 주민의 가치관 변화는 세 가지 측면에서 확인할 수 있다. 첫째, 북한 주민의 경제 의식의 변화이다. 과거 사회주의 시장이 존재하였을 때에는 물물교환 방식의 무역 활동이 가능했지만, 지금은 자본주의 시장에 적극적으로 진출하여 상품을 팔아야 하는 현실이다. 그런가 하면 지난 시기는 무역 활동을 전문 기관만이 담당하였다면, 현재는 "개별적인 공장·기업소들도 필요에 따라 무역활동을 벌릴 수 있게"[49] 되었다. 『조선신보』는 "평양의 상점들에는 두 개 공장에서 나온 제품이 나란히 진열되는 경우가 있다. 나라의 가격정책에 의하여 비누와 치약의 가격은 비슷하게 설정되어 있기 때문에 결국은 제품의 질이 구매자들의 판단의 기준이 된다."[50]는 기사를 통해 경쟁에 관한 주민들의 의식도 변화를 나타내고 있었다. 나아가 '실리'를 위해서라면 과거에는 생각도 못했던 일들이 긍정적인 현상으로 소개되는데, 아래의 인용에 나와 있다. 『조선신보』는 아래의 내용과 같이 실리라는 관점에서 최근의 변화를 긍정적으로 평가하고 있다.

"인기의 리유는 상품의 간이성만이 아니다. 매상을 안받침하는 또 하나의 리유는 상점이 24시간 년중무휴로 운영되고 있는데 있다. 조선에서 주야간 봉사를 실시하는 상점은 흔치않다."[51]

이는 2003년 시장에 대한 인식의 변화에서도 잘 드러났다. "시장에

---

49 "변혁의 현장에서: 성황을 이룬 평양국제상품전람회," 『조선신보』, 2003년 8월 25일.
50 "변혁의 현장에서: 평양·신의주 '화장품 질 경쟁'," 『조선신보』, 2003년 9월 23일.
51 "속성랭면 하루매상 1,000그릇: 삼일포특산물상점, 년중무휴 24시간 봉사," 『조선신보』,
    2009년 7월 29일.

나오는 상품도 인민들의 수요를 충족시키는것이니 넓은 의미에서는 사회적재부이며 국영상점망과 시장은 대치되는것이 아니라 서로 보완하는 관계에 있다."[52]는 내용이 그것이다. 둘째, 북한 주민의 외적 가치의 지향이다. 특히 시장은 외적 가치와 상품에 대한 물질적 결핍과 내적 궁핍에서 벗어날 수 있게 하는 욕구를 실현해줄 수 있는 창구로 작용하였다. 과거 공식적 상품 구매 창구에 의해 줄을 서고 기다려야 했던 것에서 현재는 기대를 충족시킬 수 있는 새로운 시장이 열린 것이다. 구매자들의 기호에 맞는 상품을 생산하고 있는 여러 단위에 대한 소개는 변화된 의식의 양상을 보여주기에 충분하다.

> "편의기술준비소는 의복에 대한 세계적추세, 현대류행, 사람들의 기호와 감성에 맞게 새 형태의 데자인을 착상하여 평양시민들에게 새 바람을 불어넣고 있다. (중략) 최근경향은 ≪옷선이 몸에 붙어서 몸매를 곱게 살리는 형태의 데자인≫이다. 한마디로 말하여 ≪겉보기중시≫라고 한다."[53]

2008년 3세대 이동통신 봉사 '고려링크'의 사업 시작[54]과 더불어 휴대폰의 보급은 소유에 대한 욕구도 나타나는바, 각지 농장들에서도 손전화가 많이 보급[55]되고 있었다. 이는 농장의 자율적 운영에 따른 결과로 풀이된다. 셋째, 북한 주민이 소비의 주체로 부상한 것이다. 이는 사회 곳곳에서 찾아볼 수 있다. 우선, 『평양신문』은 국내 유일의 광고를 게재하는 신문으로 2002년 경제관리 개선 이후 신문광고의 효과성은 눈

---

52 "변혁의 현장에서: 두몫, 세몫 일해야 보람," 『조선신보』, 2003년 6월 28일.
53 "≪겉보기중시≫, 평양의복추세," 『조선신보』, 2006년 2월 27일.
54 "이동통신망 확대, 년내에 리용자 60여만명," 『조선신보』, 2010년 4월 21일.
55 "농장원들의 높은 생산열의 최고 2.4t의 분배도," 『조선신보』, 2013년 4월 19일.

에 띄게 나타났다. 신문 지상에 소개된 상품의 판매량이 대폭 늘고 광고 게재에 대한 요구가 늘어난 것이 그 예이다.[56] 이에 『평양신문』은 웹사이트를 자체로 운영, 광고를 효과적으로 모집하기 위한 통로를 마련하기에 이른다. 다음으로, 평양 볼링관의 경우 문화생활에 사람들이 얼마나 지출할 수 있을까에 대한 충분한 고려가 없이 가격을 산출한 것에 대한 비판[57]이 실리는가 하면, 또한 손전화기가 보급되면서 '옥류' 홈페이지를 통한 각종 요리와 식료품, 화장품과 의약품, 신발류와 가방류를 비롯한 국내 생산 제품에 대한 판매 및 홍보에 대한 기사도 주목할 수 있다. 여기에 원자재 구매를 위한 자금의 지속적 보장을 위해 정상적 판매의 중요성이 강조되고 있다. 또한, 백화점과 크고 작은 상점에서 잘 팔리는 ≪철쭉≫ 상표 양말 구입[58] 증대는 소비자로서의 주민에 대한 의식이 격상되고 있음을 보여주는 사례가 된다. 그런가 하면 국가 공급소의 경우 "배추, 무를 비롯한 대중남새만 공급하면 되는 시대는 지났"으며, "다른 나라의 이름난 영양남새들도 요구하는 주민들"[59]을 배려하여 도매 계획을 세우기에 이르렀다. 그런가 하면, 대동강맥주 공장에서는 "도수가 낮은 맥주도 내놓음으로써 맥주의 다종화를 실현" 하는 이유로 "폭넓은 소비자들의 수요를 충족시키기 위"[60]함이라는 점을 강조하고 있다. 나아가 국내뿐만이 아니라 세계의 맥주 애호가들도 즐겨 찾는 맥주로의 발전이라는 구상도 같이 밝히고 있다. 마지막으로 수요에 맞게 다종 다양화를 실현하는 품목에는 '8.3 인민소비품'도 자리한다. '8.3 인민소비품'은

---

56 "변혁의 현장에서: 『평양신문』경제실리추구와 전자매체의 창간-'신문쟁이'의 기개를 떨치다." 『조선신보』, 2005년 2월 28일.
57 "변혁의 현장에서: 한 경기 100원, 늘어나는 볼링인구," 『조선신보』, 2004년 4월 19일.
58 "≪증산-판매-증산≫의 선순환," 『조선신보』, 2016년 11월 7일.
59 "생활향상에 맞게 다양화, 고도화," 『조선신보』, 2016년 11월 29일.
60 "제품의 다종화를 위한 노력," 『조선신보』, 2017년 3월 17일.

"새로운 투자를 하지 않고 생산과정에 나오는 부산물이나 폐기물, 유휴 자재 등을 효과적으로 리용하여 생산한 제품"[61]이다. '8.3 인민소비품'은 생산에서 과거 공장 생산의 부족한 몫을 보충하고 일용품에 대한 수요를 충족시키기 위한 대중운동으로 출발하였다. 최근에는 인민들의 취향과 요구를 재빨리 포착하여, 대량생산이 아닌 호평을 받는 상품으로 제때에 개발, 생산되고 있음을 강조하고 있었다.

　결과적으로 북한 주민의 마음의 변화는 결핍에서 비롯된 새로운 욕구에 기인한다. "북한 주민이 어떤 미래를 만들어갈지는 사실상 이들의 마음(가짐)에 달려 있다."[62] 결핍에서 비롯된 새로운 사고와 도전의 기회로서의 개인의 성향이 실질적으로 나타난다는 점은 북한의 변화를 충분히 감지 및 분석할 수 있게 한다.

IV. 결론

이 글의 목적은 『조선신보』 기사를 통해 노출되는 결핍의 층위를 살펴봄으로써 그들이 무엇을 욕망하고, 어떻게 채워나가는가를 분석하는 데 있다. 그러한 점에서 이 글은 『조선신보』 기사를 통해 북한의 결핍 문제를 설명하였고, 주민의 욕망과 이에 대한 충족이 어떻게 변화되었는지를 살펴보았다. 중요하게는 북한이 결핍을 이야기하되 해외에 있는 제3자에게 이야기하고 있으며, 그 중요한 매체가 『조선신보』이다. 그리고 이를 통해 북한이 『조선신보』라는 대외 커뮤니케이션 수단을 통해 자신의 결

61　　"수요에 맞게 다종다양화," 『조선신보』, 2017년 9월 1일.
62　　김성경, "북한 주민의 일상과 방법으로서의 마음," 이우영 외. 『분단된 마음의 지도』(서울: 사회평론, 2017), p. 320.

핍을 국제사회에 간접적으로 호소하고 있음을 알 수 있었다. 물론 동시에 북한이 변화하고자 하는 속내를 드러내놓고 있음도 확인할 수 있었다.

이 글은 『조선신보』 기사의 분량, 내용, 위치, 주제의 발생 빈도 등 여러 측면 중에서 기사의 내용에 초점을 맞춰 분석을 하였다. 분석 시기는 '고난의 행군' 시기인 1994년부터 2002년까지이다. 연구는 먼저 커뮤니케이션 이론에 따른 매체의 메시지 기능을 살핀 후 이 메시지에 결핍이 어떻게 담겨 있는가를 살펴보았다.

『조선신보』는 '고난의 행군' 시기 극단적 결핍이 어떻게 북한 주민의 마음을 바꾸어놓았는지를 잘 보여주었다. 극단적 결핍이 경제난과 식량난에서 비롯되었다는 점에서 장마당에 대한 북한 주민의 의존성은 심화되었고, 이는 의식과 태도의 변화를 추동하였다. 주목해서 살펴본 내용은 국가의 대응에 관한 부분으로서 사회주의 이론의 재정립이다. 이 글은 '실리주의', '분배원칙', '자력갱생'의 세 가지 이론에 주목하였다. '살아남는 문제'를 전면에 내세운 북한은 새로운 사고를 요구하게 되었고 이는 '실리주의'로 대변되었다. 과거 국가로부터 식량을 공급받아온 북한 주민은 2002년부터 나라에서 공급하는 쌀을 사 먹게 되었다. 나라가 인민들의 먹는 문제를 책임지던 것에서 소비자가 스스로 해결해야 하는 것으로 상황이 변한 것이다. 북한은 변화된 조건과 환경을 전제로 양보다 질을 중시하는 것으로, 외국의 것도 자기의 것으로 만들고 활용하면 그것 역시도 자력갱생이라는 새로운 의미를 부가하였다. 변화된 시대 속 북한 주민의 가치관도 변화하기 시작하여 경제 의식이 바뀌고 외적 가치를 지향할 뿐만 아니라 소비의 주체로 자리하게 되었다.

우리는 『조선신보』를 통해 북한의 변화상을 간접적으로나마 읽을 수 있다. 이에 결핍에 따른 변화, 국가적 대응, 가치관의 변화로 본 의식의 변화와 겉보기 중시 등은 기존의 북한과의 다름을 나타내는 중요한 맥락이다. 수령이 명령하면 한다고 했지만 실질적으로 개인적 성향이 나타난다는 것은 분명히 마음에 있어서 중요한 변화를 나타낸 것이다.

제2부 국가 틀 밖의 상상력

제3장

북·중 접경지역의 국경 형성과 '조선인'의 혼종성: 식민시기와 냉전시기를 중심으로

I. 들어가며

초국경 종족 집단의 정체성에 대한 연구는 글로벌 이주의 맥락에서 혼종성이라는 성격에 주목해 왔다. 오늘날 국가 간의 국경을 넘나드는 초국적 이동(transnational mobility)은 초국경 종족 집단(transborder ethnic group) 간의 연결과 유대를 증대시켰지만, 북한과 중국을 가로지르는 조선인 집단을 논의함에 있어 초국적 이주의 관점으로만으로 접근하는 것은 적절하지 않을 수 있다. 북·중 접경지역의 조선인 집단 간의 연결은 1990년대 이후 본격화된 초국적 현상이기도 하지만, 그 흐름의 저변에는 근대 국가 성립 이전으로 거슬러 올라가는 사회 연결망이 존재하기 때문이다. 같은 맥락에서 글로벌 이주/이동으로 발생한 초국경 종족의 정체성은 문화적 요소의 혼합이라는 '혼종성'이라는 단어로 수렴되는 경향이 있다. 이 글은 조선인의 혼종성을 글로벌 이주의 결과나 두 문화의 섞임이 아니라 지역의 거시적 사회·정치적 컨텍스트의 변화에 따라 일상에서 실천되어온 면면을 살펴보고자 한다. 다시 말해, 이 연구는 식민시기 만주로 이주한 '조선인' 집단의 성격이 국가 건설과 맞물린 냉전시기의 동아시아 지정학적 국면에서 어떻게 (재)구성되었는지에 주목한다. 이 글에서 '조선인'은 일본 식민시기 한반도에서 만주로 이주한 인구와 그들의 후손을 지칭하며, 중국 연고가 있는 북한주민과 한반도 북부지역에 뿌리를 둔 조선족을 주요 연구 대상으로 한다.[1]

식민시기 만주의 조선인 집단은 북한과 중국이 성립되면서 두만강과 압록강을 사이에 두고 중국연고자와 조선족 두 집단으로 새롭게 범주화되었다.[2] 국경의 생성은 근대 민족 (국가) 형성과 직결되며, 근대 국가는 '국경 만들기(bordering process)'라는 헤게모니 실천을 통해 강화된다. 또한 국가의 구성원은 비공식 사회적 관계, 명문화된 규정이나 불문율을 통해 국가에 적합한 구성원으로서 집단 정체성을 재생산한다. 이러한 점에서 오늘날의 노동 이주와는 달리, 북·중 접경지역의 근대 국가 생성으로 발생한 이산은 '국경이 거주민을 가로지른' 양상으로 설명될 수 있다. 다른 한편, 북한-중국 간의 관계는 냉전이라는 새로운 구도와 맞물리며 '혈맹' 관계로 발전하였다. 이러한 북·중 관계의 특수성과 국가적 경계 작동의 얽힘은 접경지역의 조선인이 북한 또는 중국의 공민으로 소속되는 과정에 영향을 미쳤을 가능성이 있다. 이러한 맥락에서 이

---

1   19세기 말 기근을 피해, 그리고 식민시기 이주로 인해 만주로 이주한 조선인 그룹으로는 중국에서 북한으로 이주한 중국연고자(북한 주민), 중국 조선족, 북한 국적을 지니고 중국에서 거주해온 조선교민이 있다. 이 그룹들은 북·중 접경지역의 지정학적 변화와 이동의 결과로 발생하였다.

2   북한에서 '중국연고자'는 "중국에 연고(친척)가 있는 사람", "중국에서 온 사람과 그들의 후손"의 의미로 통용된다. 해방 이후 중화인민공화국이 성립되면서 만주 지역의 조선인은 중국 국적을 부여받은 중국 공민이자 중국 소수민족의 일원으로서 '조선족'으로 재편성되었다. 이 글에서는 중국의 민족 식별 작업(1950~1953년)을 기준으로 조선인과 조선족의 명칭을 구분하고자 한다.

글은 조선인의 혼종적 성격을 동아시아 지형 전환이 교차하는 북·중 접
경지역의 거시적 역사 전환과 그러한 국면에 배태된 행위 주체의 미시적
일상의 연결이라는 차원에서 살펴보고자 한다.[3]

이 글은 자료적 제약을 극복하기 위해 수기집[4]의 구술과 연변 지역
지식인의 회고록[5]에 담긴 증언을 활용하였다. 북·중 간 조선인의 (비)공
식적 이동을 추적하기 위해 중국 당안(檔案) 문건을 영어로 번역한 우드
로 윌슨 디지털 아카이브(Woodrow Wilson Digital Archive)의 외교문
서를 분석하였다.[6] 덧붙여 2014년 6월부터 2018년 2월까지 한국과 중국
에서 중국 연고를 지닌 북한이탈주민 13명과 북한에 친척이 있는 중국
조선족 6명을 심층 면접한 결과 중, 5명의 북한이탈주민과 2명의 조선족
과의 인터뷰 내용을 활용하였다.[7] 면접은 반구조화된(semi-structured)
일대일 방식으로 이루어졌으며, 면접 참여자가 본인의 경험에 대해 먼저
구술한 후 연구자가 구체적인 질문을 하는 방식으로 진행되었다.[8]

---

3   이 글에서 북·중 접경지역의 '거시적 역사 전환'은 만주국 시기에서 탈식민 시기로의 전환,
     북한과 중국의 건국으로 상정한다. 거시 역사가 제도, 질서, 규범 등 사회구조의 측면이라
     면, '미시 일상'은 행위 주체에 의해 실제 생활 세계에서 경험되고 실천되는 주관적 측면이
     라고 할 수 있다. 따라서 일상은 구조가 재생산되는 공간이자, 동시에 구조를 변화시키는
     가능성이 공존하는 공간이다.
4   중국조선족청년학회 수집 · 정리, 『중국조선족 이민실록』(연길: 연변인민출판사, 1992).
     『중국조선족 이민실록』의 내용은 윤휘탁(2011, 2012)에서 재인용하였다.
5   정판룡, 『내가 살아온 중화인민공화국』(서울: 웅진출판사, 1994); 刘俊秀, "在朝鮮族人民
     中间," 『延边党史资料通讯』, 第1期 (1987).
6   이 아카이브는 해방 전후와 한국전쟁 시기 전후의 북·중 접경지역 조선인의 (비)공식 이
     동, 1960~70년대 연변 조선족의 북한으로의 불법 월경과 중국의 조치, 양국의 국경 관련
     합의 사항 등의 내용을 포함한다.
7   심층 면접 참여자는 눈덩이 표집법(snowball sampling)으로 모집하였으며 개인당 많게
     는 세 차례까지 인터뷰를 진행하였다. 이 글에서는 인터뷰 참여자 가운데 비교적 높은 연
     령대(1930~1940년대 출생)인 3명과 부모로부터 들은 옛날이야기의 기억을 구술한 4명의
     사례를 활용하였다.
8   기본적으로 면접 내용은 면접 참여자의 동의를 구한 후 녹음하였다. 연변 조선족과의 면접

표 1. 면접 참여자 기본 정보

구분	사례	출생연도	고향	거주지 변화	면접시기
북한이탈주민 (중국연고자)	강씨	1945년	연변 연길	연길-길주- 도문-서울	2015.12, 2016.4
〃	이씨	1960년대 후반	함남 고원	고원-연변 지역-성남	2014. 6, 2015. 12, 2016. 4
〃	최씨	1960년대 중반	함남 함흥	함흥-연변 지역-장춘- 서울	2015. 11
〃	조씨	1940년대 후반	함북 어랑	어랑-연변 지역-서울	2015. 11
〃	양씨	1970년대 초반	평양	평양-연변 지역-서울	2014. 12, 2015. 6
중국 조선족	류씨	1936년	연변 용정	용정-장춘-연길	2017.10, 11
〃	박씨	1963년	연변 용정	용정-연길-서울-연길	2017. 11

II. 국경의 형성과 초국경 종족 집단

1. 초국경 종족 집단

초국경 종족 집단 연구는 대체로 세계화 시대 글로벌 이주의 결과로 환원되는 경향이 있다. 초국경 종족 집단 연구는 국경을 가로지르면서 유지되는 사회, 문화, 정치, 경제적 관계에 주목하며, 이러한 관계는 기원지의 '사람(들)'이나 '장소(들)'에 대한 감정 및 애착과 같은 심리학적 요소를 포함한다.[9] "여기"와 "저기"에 동시적으로 존재하는 하나 이상의 국

에서는 녹음기를 사용하지 않았다.

9   마이클 새머스, 이명민 외 역, 『이주』(서울: 푸른길, 2013), p. 143.

가 또는 종족 집단에 대한 귀속감은 초국적 소속감으로 재구축된다.[10] 하지만 이러한 초국적주의 관점에서 바라보는 초국경 종족 집단에 대한 연구는 기원국과 정착국의 구분이라는 이분법에 기초하며, 초국적 이주자들의 정체성은 주로 문화·언어적 특성이 연결되는 '기원지'에 근거를 둔다는 것을 가정하기도 한다.[11] 북·중 접경지역 (비)이동성의 지형은 북한과 중국 중 어느 한 국가를 송출국 또는 이입국으로 규정하는 이분법에서 벗어나 장기적인 관점에서의 지역적 컨텍스트를 살펴볼 필요가 있다.

민족(nation)이 국가 주권이 미치는 공동체를 지칭한다면, 종족 집단(ethnic group)은 정치체(political entity)를 형성하지 못한 사회·문화적 공동체 상태를 가리킨다. 따라서 민족의 범주는 '종족 집단'을 포함하는데 이때 민족은 다수의 종족 집단의 조합이 될 수 있다.[12] 즉 종족은 민족의 개념과 중첩되는데, 민족은 18세기 이후 근대 민족국가(nation-state)의 출현과 궤를 함께하는 공동체이자 근대적 산물이라면, 종족은

---

10   R. Waldinger, 2008. "Between "Here" and "There": Immigrant Cross-Border Activities and Loyalties," *International Migration Review*, Vol. 42, No. 1.

11   '초국적(transnational)' 개념은 국가 또는 국적으로 나누어지지 않는 '민족(nation)'의 존재로 인해 문제가 된다. 또한 '초국적' 개념은 근대 국가 형성 이전까지 포괄하기에는 제한적이다. 일제 식민시기의 이동과 같이 '제국 내적(internal)' 현상으로 보는 것이 적절한 시기가 있으므로, '초국적' 개념은 적절하지 않다. 따라서 이 글에서는 오늘날 북한과 중국이라는 근대 국가 경계를 전제로 하는 방법론적 국가주의(methodological nationalism)를 극복하기 위해 '초국경'이라는 개념을 사용한다. 또한 '초국적(transnational)' 프레임은 근대 국가 형성 이전 시기까지 포괄하기에는 한계가 있으므로 '초국경(transborder)' 개념으로 국가 또는 국적으로 나누어지지 않는 종족 집단의 성격을 분석할 뿐만 아니라 식민과 냉전의 경계가 교차하는 북·중 접경지역 조선인의 동학을 포착하고자 한다. Vertovec, S. 2001. "Transnationalism and Identity," *Journal of Ethnic and Migration Studies*, Vol. 27, No. 4.

12   민족(nation)과 종족 공동체(ethnic community, 또는 ethnie)의 관계에 대해서 스미스(Smith)는 '네이션'의 개념이 두 가지 특징을 포함한다고 보았다. 그 특징 중 하나는 '공민적(civil)', '영토적(territorial)'이고, 다른 하나는 종족적(ethnic)이고 가계족보적(genealogical)이라는 것이다(Smith 1986, 1995).

근대 국가를 형성하지 못한 상태로 볼 수 있다.[13] 한국적 맥락에서 '민족' 개념은 네이션, 종족, 인종 개념이 뒤섞여 있으며 뚜렷한 구분 없이 혼용되는 경향이 있다(Shin et al. 2008).[14] 또한 한(韓)민족의 개념 속에는 국가적인 것, 종족적인 것, 남북공동체 지향인 것이라는 세 차원의 의미망이 상호 연결되어 있다.[15] 즉 '한민족'은 인종적 또는 민족적으로 단일하다는 믿음으로 가족의 확대된 이미지로 상상된 반식민주의적 민족주의의 생산물이기도 한 것이다.[16] 따라서 '한민족'이라는 개념으로 근대 국가 성립 이전부터 존재해온 집단을 분석하는 것은 적절하지 않을 것이다. 또한 '종족'은 타종족의 존재뿐만이 아니라 접촉과 상호연관성을 내포하며 고립이 아닌 접촉을 통한 타집단 구성원과의 관계 안에서 정의된다.[17] 이 글에서는 '조선인'을 '종족 집단(ethnic group)'이라는 개념으로 범주화하고자 한다.

2. 국경의 형성

식민시기에서 국가 건설 시기로의 국면 전환 과정에서 북·중 접경지역 조선인의 정체성에 영향을 끼친 국가의 실천(state practice)은 북한과 중국 간의 '국경'의 생성이라고 할 수 있다. 즉 북한과 중국이라는 근대 국가 생성과 궤를 같이하는 '국경 형성 과정(bordering process)'은 글

---

13   한국문화인류학회, 『처음 만나는 문화인류학』(서울: 일조각, 2003), p.127.

14   G. W. Shin, J. Freda, & G. Yi. "The Politics of Ethnic Nationalism in Divided Korea," *Nations and Nationalism*, Vol. 5, No. 4 (1999).

15   박명규, "네이션과 민족: 개념사로 본 의미의 간격," 『동방학지』, 147권(2009).

16   H. Koo, ed, *State and Society in Contemporary Korea* (Ithaca ·NY: Cornell University Press, 1993); Shin, G. W, *Ethnic Nationalism in Korea: Genealogy, Politics, and Legacy* (Stanford: Stanford University Press, 2006).

17   T. H. Eriksen, *Ethnicity and Nationalism* (London: Pluto Press, 1993), p. 14.

로벌에서 국가적 층위까지, 그리고 지역의 미시적 일상을 토대로 한 개인의 삶에 영향을 미친다.[18] 따라서 국경은 이주자뿐만이 아니라 정주자의 일상에서도 물리적 그리고 은유적으로 작동하게 된다. 다시 말해 '국경'은 국가와 국가 간의 영역을 구획하는 영토적(또는 법적) 경계이자 정치·문화적 공동체를 가로지르는 경계이기도 한 것이다.

　현대 사회에서 국경은 단일하고 일원적이라기보다 다층적이고 다공질적(porous)이며, 또한 역동적 성격을 지니는 것으로 이해된다.[19] 경제가 탈정치화되고 정치가 경제화되는 세계화의 영향력 가운데, 국가는 이미 오늘날 국경 없는 세계(borderless world)에서 유의미한 단위로서의 역할을 상실했다는 주장까지 나왔다.[20] 그러나 근대 민족국가는 여전히 익숙한 영토적 국경에 의해 정의되는 자주권에 뿌리내리고 있으며, 이주자들 역시 동일한 국경에서 멈춰서고, 초국적 연결들은 여전히 독립 국가의 힘에 의해 붕괴될 가능성이 있다.[21] 이와 같이 국경은 영토 내의 인구를 관리하고 통제한다는 점에서 국가 권력의 재현이자 척도로서 국가의 역동적 양상이며, 이는 민족국가의 출현에서만 발견된다.[22] 공간적 정체성에 대한 헤게모니 재현으로서의 민족국가는 탈근대의 세계에서도

18　1990년대 후반부터 국경 연구는 국경 그 자체보다는 정치적, 역사적 그리고 국경 만들기 과정에 대한 이해를 시도하기 시작하였다. D. Newman & A. Passi. "Fences and Neighbours in the Postmodern World: Boundary Narratives in Political Geography," *Progress in Human Geography*, Vol. 22. No. 2 (1998).

19　C. Rumford, "Theorizing Borders," *European Journal of Social Theory*, Vol. 9, No. 2 (2006); Passi, A, "Boundaries as social processes: Territoriality in the world of flows," *Geopolitics* (1998).

20　K. Ohmae, *The end of Nation State* (New York: Free Press, 1995), p. 11.

21　Anderson, J, "The Exaggerated Death of the Nation-State," in J. Anderson, C. Brook and A. Cochrane, ed, *A Global World? Re-ordering Global Space* (Oxford: Open University, 1995), p. 67.

22　A. Giddens, *The Nation-State and Violence: Volume two of contemporary critique of historical materialism* (Cambridge: Polity Press, 1985), pp. 49–50.

여전히 기반이 된다.[23]

　이러한 맥락에서 국경에 대한 다학제적 접근은 국가적 경계와 정체성의 관계에 다양한 함의를 시사한다.[24] 국경은 민족국가(nation-sate)의 핵심 기제이자, 근대 국가의 정치적 경계이기 때문이다. 민족국가 시스템에서 모든 주체들은 한 국가에 소속되어야 되고, 국가 정체성을 지니고, 또한 한 국가의 시민권을 취득해야 한다. 다시 말해 국가에 의한 신원확인으로 새로운 집단이 발생하기도 하는데 이러한 점에서 정체성의 역사는 '신원식별의 역사(history of identification)'이기도 하다.[25] 시민권 또는 국적의 개념은 일반적으로 한 국가 안에서 구성원을 정의하는 법적 신분, 넓게는 권리와 의무에 대한 국가와의 계약으로 이해되며, 이는 근대 국가 시스템에 기초를 둔다. 국가에 소속된 시민권자들은 하나의 공민이자 민족으로, 법적으로 묶이게 된 단순한 집합체 이상의 결속력 있는 그 무엇으로 파악하게 된다.[26] 그리고 이러한 공민 또는 민족에 대한 문화적 상상은 타자에 대한 폭력과 그들이 살아갈 권리의 부정으로 드러나기도 한다.[27]

23　A. Gupta, "The Song of the Nonaligned World: Transnational Identities and the Reinscription of Space in Late Capitalism," *Current Anthropology*, Vol 7, No. 1 (1992).

24　A. Passi, "Boundaries as social processes: Territoriality in the world of flows," *Geopolitics* (1998); Newman, D, "The lines that continue to separate us: borders in our 'borderless' world, Progress," *Human geography*, Vol. 30, No. 2 (2006).

25　중국의 경우, 국가 성립과 함께 56개의 '민족'이라는 새로운 범주가 생겨났다. J. Caplan & J. Torpey, *Documenting Individual Identity: The Development of State Practices in the Modern World* (Princeton: Princeton University Press, 2001).

26　R. Brubaker, *Citizenship and Nationhood in France and Germany* (Cambridge: Harvard University Press, 1998).

27　아감벤, 박진우 역, 『호모 사케르』(서울: 새물결, 2008).

3. 혼종성

혼종성의 개념은 문화의 순수성과 진정성을 강조하는 본질주의에 대항하여 "서로 다른 문화가 뒤섞이면서 생기는 정체성의 이중성, 경계성, 중간성"을 강조한다.[28] 이문화 사회에서 소수집단의 정체성 변화와 관련된 기존의 논의들은 전통을 보존하고 재생산하는 '순수한' 정체성, 기원국의 정체성과 현재 거주국 두 세계를 나란히 놓는 하이픈으로 연결된(hyphenated) 정체성, 또는 섞임을 인정하는 혼종적 정체성 등으로 정리될 수 있다.[29]

혼종성 개념은 탈식민 연구에서도 등장한다. 호미 바바(H. Bhabha)는 탈식민 사회에서 피식민지인이 식민지배자를 흉내내는 모방을 서구에 의한 일방적인 이식이 아니라 서구 문명과 교섭하는 혼종성의 과정으로 보았다. 모방은 온전히 같을 수 없음을 내포하는 의미로 "거의 같지만 상당히 다른" 대상으로서 피지배자는 부분적 모방인 '흉내내기(mimicry)'를 통해 양가성(ambivalence)을 지니게 된다는 것이다.[30] 이러한 맥락에서 모든 혼종성을 두 문화 사이 또는 섞임으로 일괄하는 것이 아니라 행위 주체들이 "여전히 특정 공간이나 정치 상황과 특수한 역사적 맥락 내에서 계층화, 인종화, 젠더화된다는 사실"을 간과해서는 안된다.[31] 따라서 북·중 접경지역의 지정학적 국면 전환과 맞물린 조선인 혼종성의 특징을 맥락화할 필요가 있다. 또한 북·중 접경지역 조선인의 혼종적

---

28   김수정, "동아시아 대중문화물의 수용과 혼종성의 이해," 『한국언론학보』, 50권 1호 (2006).

29   T. H. Eriksen, *Ethnicity and Nationalism* (London: Pluto Press, 1993), p. 207.

30   H. K. Bhabha, *The Location of Culture* (London & New York: Routledge, 1994), p. 122.

31   마이클 새머스, 이명민 외 역, 『이주』(서울: 푸른길, 2013), p. 145.

존재 방식은 국가적 실천과 일상적 실천이 경합하는 현장이 될 수 있다.

III. 식민시기 조선인의 혼종성

1. '접경지역' 만주의 조선인

오늘날의 북·중 접경지역은 일반적으로 한국에서 '간도(間島)'와 '연해주(沿海州)', 중국에서 '동북(東北)' 또는 '동북삼성(東北三省)'으로 불리는 지역을 지칭한다.[32] 만주는 중국의 변방으로서 존재했다기보다 혼종문화(hybrid culture)를 이어나가며 중국과 교류했다.[33] 19세기 중반에서 20세기 중반에 이르기까지 열강들의 경쟁 무대가 되었던 만주 지역의 효율적인 국가 권력의 부재는 지방 자율성, 자치, 반정부 저항의 공간을 허락했다.[34] 1930년 초 일본은 만주의 통제를 강화하기 시작하였고, 1932년 만주국이 세워지면서 만주는 일본의 '비공식적 제국(informal empire)'이 되었다.[35] 그 결과 조선인의 본격적인 만주로의 이동은 일본의 제국주의적 확장 흐름과 궤를 같이하게 되었다.[36]

---

32 일본이 만주를 중국 본토와 별개의 문화적 공동체를 지닌 지역으로 보고 만주국을 수립하였기 때문에 중국에서는 '만주'라는 지명은 식민주의의 유산이라는 인식이 있으며, 다른 한편으로 이민족의 나라를 연상하게 하기도 한다. 간도는 주로 오늘날의 연변조선족자치주 지역이다.

33 P. Duara, *Sovereignty and Authenticity: Manchukuo and the East Asian Modern* (Boulder: Roman and Lefflefield, 2003), p. 43.

34 Armstrong, C, *The North Korean Revolution, 1945-1950* (Ithaca: Cornell University Press, 2004), p. 19.

35 P. Duus, Myers, R. H., & Peattie, M. R, *The Japanese informal empire in China, 1895-1937* (Princeton: Princeton University Press, 1989).

36 1910년 20만 명에 불과하던 만주 지역의 조선인 인구는 1940년에는 약 145만 명으로 약 7

　　이러한 이동의 흐름은 일본의 만주침략정책과 그에 따른 노동력의 수요 증가, 열악한 조선의 경제상황 등이 맞물리면서 나타난 현상이었다.[37] 당시 조선총독부는 조선인의 초기 이주 행렬을 사실상 방관했는데, 일본은 이러한 이동의 흐름이 한반도의 인구 과잉을 만주로 안전하게 배출하고 만주로 진출하는 도관이 될 수 있었다고 보았기 때문이다.[38] 이후 일본제국은 공식적으로 개척민을 모집하였는데 1937년 중일전쟁 발발과 전시동원체제로의 이행, 즉 만주를 중국 대륙 식민화를 위한 식량 기지화 하려는 목적에서 일본은 조선 남부지방에서 집단 이민을 조직하였다. 조선의 남쪽 농업지역을 기원지로 하는 이들은 함경도 출신들로 이미 포화상태가 된 연변에서 북쪽으로 올라가 다른 지역으로 향했다.[39] 1930년대 일본에 의한 집단 이주자들은 연변보다 상대적으로 인구가 적고 개발이 거의 되지 않았던 왕청과 안도에 배치되었고, 간도 북부 내륙지역으로 몰리면서 만주 지역의 대략적인 조선인의 출신지 분포는 한반도의 지도를 거꾸로 놓은 형태가 된다.[40] 당시 만주국은 조선에 비해 상대적으로 일본의 통제로부터 자율성과 독립성을 가지고 있었으며 만주로의 조선인의 대거 유입은 오늘날의 국제 이민처럼 취급되지는 않았

　　배 증가하였으며, 특히 1931년 만주사변 발발과 이듬해 만주국 설립을 기점으로 조선인의 만주 이주가 대폭 증가하였다.

37　1920년대 말 시작되었던 세계경제대공황으로 일본도 크게 영향을 받았고, 만주사변 이후 일본내 실업문제는 완화되었지만, 이 문제는 다시 식민 조선에 이전되는 추세였다.

38　H. O. Park, *Two dreams in one bed: Empire, social life, and the origins of the North Korean revolution in Manchuria* (Durham & London: Duke University Press, 2005).

39　한상복·권태환, 『중국 연변의 조선족: 사회의 구조와 변화』(서울: 서울대학교출판부, 1993), p. 35.

40　두만강 접경과 압록강 접경 지역에는 각각 함경도와 평안도 출신들이 먼저 삶의 터전을 잡았다. 이후 길림성 북부지역과 흑룡강성에는 전라도, 경상도 마을이 있는 등 한반도 남부 출신들은 만주 북부 지역에 자리에 거주하게 되었다(국립민속박물관 1996; 국립민속박물관 1997; 한국문화인류학회 1998).

다.[41]

당시 자유 이민자들은 주로 가족, 친척, 친구, 지인, 고향사람 등 연고자의 주선으로 이동 행렬에 가담하였는데, 이들의 이민 생활 수기에도 드러나듯, 이들 중 상당수는 처음부터 만주에 정착할 생각이 있었던 것은 아니었다. "만주에 가 돈이나 좀 벌어보자"는 생각에 남들을 따라갔고, "만주에 가서 한 10년 벌어가지고 다시 조선으로 나오자"는 생각으로 이주했던 가족도 있었다.[42] "조선 땅이 저렇게 눈앞에 바라보여선지 우리 때는 '간도땅 간도땅' 하면서 자주 드나들기도"했다.[43]

해방 무렵 용정과 회령을 자주 다녔던, 현재 연길에 거주하는 류씨에 따르면, 당시 두만강을 건너는 것은 그렇게 어려운 일이 아니었으며, "조선 여자들이 여기(연변)로 시집오는" 경우도 많았다. 이를 미루어 볼 때, 북·중 접경지역은 비교적 자유로운 이동이 허락된 공간이었으며 "강 건너 이웃 마을"로 가는 수준의 이동이었다는 점을 보여준다. 식민제국 건설이 초래한 결과로 제국 영역 내에서 이동했다는 점에서 당시 조선인들의 이동은 '제국 내적(internal)' 이동의 성격을 띠었다고 할 수 있다.[44] 뿐만 아니라, 당시 만주와 조선의 경계는 국가 대 국가를 분할하는 선(線)으로서의 국경으로 작동하지 않았으며, 비교적 자유로운 이동이 가능한 연결과 교류의 접경지역(borderland)으로서 존재했다고 할 수 있다.[45] 고향을 등지고 먼 길을 떠나온 한반도 남부 지방에서 이주를 감행

41   J. Kim, "The making and unmaking of a 'transborder nation' : South Korea during and after the Cold War," *Theory and Society*, Vol. 38, No. 2 (2009), p. 143.

42   중국조선족청년학회 수집·정리, 『중국조선족 이민실록』(연길: 연변인민출판사, 1992); 윤휘탁, "'뿌리 뽑힌 자들의 放浪地!' : 조선인에게 비쳐진 滿洲國 社會相," 『한국민족운동사연구』, 66권(2011)에서 재인용.

43   류씨(조선족, 1936년생)와의 인터뷰

44   Kim, op. cit., p. 149.

45   G. E. Anzaldúa, *Borderlands/La Fronter*, 2nd ed (San Francisco: Aunt Lute Books,

한 조선인에 비해 함경도 지역에서 넘어온 조선인들에게 간도행은 "옆동네"로의 이동에 지나지 않았다. 일본의 식민지 확장 과정에서 자발적 이동과 강제적 이동이 혼재하는 가운데 조선과 만주국 간의 물리적 경계는 투과성이 높은 상태를 유지했다고 할 수 있다.

2. 해방 이후 귀환과 잔류

당시 만주의 조선인들 중 민족주의 계열은 조선의 독립에 더 관심이 있었으며, 이들의 가장 큰 바람은 조선의 독립으로 연변을 떠나 조선으로 귀환하는 것이었다.[46] 만주국, 특히 도시 거주 조선인 가운데서는 만주 정착 의지가 약한 사람들이 많았는데, 이에 대해『만선일보』는 다음과 같이 비판하기도 했다.[47]

> 만주의 조선사람은 크게 두 범주로 나눌 수 있을 것이다. 하나는 순전히 만주에 정착하고 명실히 함께 만주국의 선계 국민으로서 미래 영원히 만주국의 일익을 이을 사람이고, 하나는 출가기분을 청산하지 못하고 결국에는 조선 내지로 돌아갈 사람이다.[48]

> 만주 백만의 동포가 이주 영농하거니와 우리는 그들의 입에서 언제나 "돈을 모아 고향 가겠다"라는 말을 가끔 듣는다. "돈푼이나 벌면 고향가지…"

1999).

46   B. V. Olivier, *The implementation of China's nationality policy in the Northeastern provinces* (San Francisco: Mellen Research University Press, 1991), p. 42.

47   윤휘탁, "〈滿洲國〉의 '2等 國(公)民', 그 實像과 虛像,"『역사학보』, 169호(2001), p. 164.

48   『滿鮮日報』, 1940년 3월 20일, 2면.

하는 하루살이 생각을 버리자.[49]

이는 만주국 시기 재만조선인들의 '만주땅'에 대한 귀속감은 유동적이었다는 사실을 시사하며 한반도로의 귀환 비율은 연변 지역보다 이주 역사가 상대적으로 짧은 타지역들에서 높게 나타났다.[50] 그 결과, 한반도로 대거 귀환 직후인 1947년 무렵에는 130~140만의 조선인들이 만주에 잔류했던 것으로 추정된다.

인터뷰 참여자 중 연변에서 태어난 이씨(중국연고자, 1960년대 후반 출생)와 조씨(중국연고자, 1940년대 후반 출생)의 부모 경우, 해방 직후 함경도로 귀향했는데, 당시 "(중국사람들이) 일제 때 공부했던 사람들을 처단한대서" 빨리 나올 수밖에 없었다고 한다. 이렇듯, 중국인들의 만주국 경험에 근거한 '반일' 정서는 일본 식민지배 아래 상대적으로 특혜를 받은 조선인들에게로도 향해 있었다. 한편, 귀향길에 올랐던 사람들 중 다시 연변으로 돌아오는 사람들도 있었다. "낯선 고장이고 친척도 없는 데다가 동북 생각이 나서" 다시 두만강을 건너온 가족도 있었는데 오랜 기간 간도에 거주해온 사람들에게는 연변이 "제2의 고향처럼" 자리 잡게 되었다. 2차 대전 이후 귀환 이동은 탈식민 시기 일반적인 이주 패턴이었는데, 전체적으로 만주 지역이나 중국에서 한반도로의 귀환 인구는 일본에서의 귀환보다 상대적으로 낮은 비율이었다. 이는 상대적으로 긴 시간의 이주 역사와 농업 정착에서 기인한 것으로 볼 수 있다.

중국에 잔류할 경우, 만주에서 생존하는 길 중 하나는 중국공산당

49　『滿鮮日報』, 1940년 3월 29일, 1면.

50　해방 직후 70~80만 명의 재만 조선인이 한반도로 귀환한 것으로 추정되며, 조선귀환자는 간도지역에서 25%에 조금 못미치는 15만, 다른 지역에서는 50%가 넘는 55만 명 정도로 추정된다(한상복·권태환 1993, pp. 35-36).

에 입당하는 것이었다. 당시 연변의 중국인들이 대체로 국민당을 지지했던 반면, 조선인들 대부분은 공산당을 지지했다.[51] 국민당 계열의 무장집단은 조선인에게 부정적으로 각인되었지만, 국공내전에 승리한 공산당은 토지개혁 과정에서 조선인에게도 토지를 분배했다.[52] 국공내전에서 공산당의 승리와 토지분배는 조선인들의 삶을 안정시켰고, 이로 인해 많은 조선인들이 연변에 정착하게 되었다. 이러한 중국공산당의 토지정책은 중국 동북지역 조선인들의 중국공산당에 대한 지지를 공고히 했는데, 1948년 말 연변지역의 공산당원 중 81%는 조선인이었다는 사실이 이를 뒷받침한다.[53] 대부분이 한반도 북부에 뿌리를 두고 있었던 연변 주민들에게 연변 땅은 새로운 '고향'이 되어갔다.

3. 만주 조선인의 혼종성

만주국은 일본이 직접 통치했던 식민지 조선과는 달리, 상대적으로 일본의 통제로부터 자율성과 독립성을 가지고 있었다. 만주국 3천만 인구 중 일본인의 비율이 1% 남짓한 상황에서 만주국은 다종족 사회를 효율적으로 통치하기 위해 공식적으로 '민족협화(民族協和)'를 주창할 수밖에 없었으며 다양한 종족들을 통합시켜 만주국에 마치 '하나의 민족이라는 외양'을 부여하고자 했다.[54] 이때 한족, 만주족, 몽골족은 만주국인으로 분

---

51 염인호, "中國 延邊의 '反奸淸算鬪爭과 土地改革(1946)- 朝·中 民族 關係를 中心으로," 『역사교육』, 99호(2006), p. 209.
52 국민당은 해방 직후 재만 조선인을 일괄적으로 일본인과 함께 본국으로 귀환시키고자 했으며, 실제로 1946년에서 1947년 사이 두 차례에 걸쳐 국민당 점령지구 조선인들을 한반도로 귀환시키기도 했다(손춘일 2008, p. 183).
53 Olivier, op. cit., pp. 50-51.
54 '민족협화'란 만주국에 거주하는 자는 종족적인 우열을 초월해서 모두 평등하다는 전제하에 한족, 만족, 몽족, 조선민족, 일본민족이라는 '오족(五族)'이 일률적으로 공존공영을 도

류되었고, 일본인과 조선인은 내지인으로 구분되었다.[55] 이는 일본인의
하위범주로서 조선인이 존재했던 방식이 갖는 유동성을 시사한다.[56]

일본제국의 민족협화는 정치적 레토릭일 뿐 사실상 일본인을 우위
로 한 민족분리정책, 분할통치, 계급분열 등 분열정책으로 운영되었으
며, 조선인은 일본인 다음 서열에 놓이게 되었다. 조선인은 일본인과 동
일한 법적 지위를 부여받았지만, 정착지원금이나 토지 분배 등에 있어
일본인과 동등한 권리를 누리지는 못했다.[57] 만주국에서 피식민지 출신
인 이주 조선인에 대한 '이등국(공)민'[58]과 같은 표현은 중국인과 일본인
의 세력 다툼 사이에 '끼인(in-between)' 집단으로 일본인과 같은 '일본
제국의 신민'이면서, 내부적으로도 중국계 그룹들과 융합하기 어려웠던
주변적 위치를 짐작하게 한다.[59]

물론 만주에는 중국인들과 협력하여 항일투쟁에 적극적이었던 조선
인들이 다수 존재했지만, 만주에서 중국인들은 조선인을 일본인(東洋鬼
子, 동양 왜놈) 그다음 가는 위치로 "얼궤이즈(二鬼子, 제2의 왜놈)" 또는

모해나간다는 이념으로 손중산의 중화민국 건국이념인 '오족공화(五族共和)'에서 빌린 개
념이었다. Duara, op. cit.

55 M. A. Tamanoi, "Knowledge, Power, and Racial Classification: The "Japanese" in "
    Manchuria"," *The Journal of Asian Studies*, Vol. 59, No. 2 (2000).
56 인구 센서스에서 언급되는 '만주국인'이라는 분류는 만주국 정부 자체의 국적법이 제정된
    적이 없기 때문에 사실상 빈 범주(empty category)였다고 할 수 있다. 한석정, "만주국의
    민족형성과 외래 거류민의 사회적 위치에 관한 연구: 조선인과 일본인의 경우," 『한국사회
    학』, 제31집(1997).
57 법적으로 '일본 신민'인 조선인은 중국인보다 식량 배급상의 우선권 지녔다는 점에서 중국
    인보다는 나은 위치였다는 견해가 있다. 그러나 그 자체만으로 만주국에서 조선인의 종족
    적 위상이 중국인보다 우월했다고 평가할 수는 없는데, 중국인들은 쌀보다는 고량미나 소
    미 등을 주식으로 한 식생활 조건을 고려한 조치에서 비롯된 측면이 강했기 때문이다(김경
    일 외 2003, 24).
58 한석정·노기식, 『만주: 동아시아 융합의 공간』(서울: 소명출판, 2008).
59 일본인 식민개척자 대(對) 조선인 피식민자의 관계는 때로 일본인과 조선인 대(對) 만주의
    다른 거류민의 다른 이항대립으로 옮겨가기도 했다.

"르번궤이즈(日本鬼子, 일본 왜놈)"로 불리워졌다.[60] 항일투사와 친일파 구
분을 떠나서, 조선인 전체에게 붙여진 '일본놈'이라는 별칭은 일본 앞잡
이라는 조선인에 대한 중국인의 반감이 일상화되었다는 것을 보여준다.
이와 같이 만주의 조선인은 일본의 피식민지인이었지만, 역설적으로 식
민주의에 동원되는 과정에서 중국인에게는 '식민세력'으로 비추어졌다.
민생단 사건(1932-1935)에서도 볼 수 있듯, 조선과 중국 간의 종족적 생
활 습관, 역사, 문화적 전통과 혁명 투쟁사의 간극은 공동 신념을 가진
집단 내부에서도 드러났다.

　식민시기 만주의 이주 조선인과 토착 원주민인 중국인 간의 갈등
의 근원에는 일본의 토지분배라는 '자원 경쟁'이 있었다. 라티모어(Lat-
timore)는 "중국 농촌 사람들이 조선인을 싫어하는데, 어떠한 농업 공동
체도 경제적으로 경쟁하는 이웃이 있는 것을 좋아하지 않기 때문"이라
고 언급하기도 했다.[61] 이주 초기 만주로 이주한 대부분의 조선인은 중국
인 지주의 소작지에 소작농으로 들어가 논농사를 지었다. 그러나 만주국
수립 후, 일본이 이민용지라는 명목으로 토착 거주민(한족, 만주족, 조선
인 일부 포함) 농민의 토지를 헐값으로 매수하고 그들을 추방한 후 개척
단(일본인과 일부 조선인)에 입식시키고, 잉여 토지를 중국인이나 조선인
농민에게 소작지로 대부하여 운용하게 되었다.[62] 이 과정에서 중국인들
사이에서는 조선인 농민들이 중국인들로부터 토지를 약탈해간다는 인식

60　A. Cathcart, "Nationalism and Ethnic Identity in the Sino-Korean Border Region of
　　Yanbian, 1945-1950," *Korean Studies*, Vol. 34 (2010), p. 32.

61　O. Lattimore, *Manchuria: Cradle of Conflict* (New York: The Macmillan Co, 1932),
　　pp. 239-243.

62　C. Kraus & A. Cathcart, "Nation, ethnicity, and the post-Manchukuo order in the Si-
　　No-Korean Border region," A. Jackson ed., Key papers on Korea: Essays Celebrat-
　　ing 25 years of the centre of Korean Studies, SOAS, University of London (Boston:
　　Global Oriental, 2014).

이 퍼지게 되었고, 조선인과 중국인 간의 종족 감정은 악화되었다. 만주국의 식민주의적 질서는 만주 사회의 기존 계층 체계를 역전시켰고, 그 과정에서 갈등과 충돌은 지역의 종족 동학이 교차하면서 발생되었다. 일본의 토지분배와 소작관계가 초래한 조선인-중국인 간의 갈등은 일본의 만주 식민화 과정에서 생산된 것이었다.

만주 조선인은 국가나 민족을 위한 저항과 생존을 위한 방어 사이에 위치했다. 간도 정착 경험이 드러낸 안수길의 소설 『북간도』는 "이름만 만주일 뿐, 간도일 뿐, 조선 내지와 다를 것이 없었"던 당시 간도 지역 조선인의 삶의 가치와 행위 지향을 다음과 같이 묘사하였다.[63]

"글쎄 할 주으 알았네. 난들 좋아서 일본법으 따르자구 하겠능가? 국권이 절반 이상이나 일본에 넘어가구 있는 이 마당에서 말이네, 그러나 그래두 숨으 쉴 수 있는 데가 여기네. 일본 아이들이 영사관이라고 해서 저어 나라 깃발으 높이 달구 있지마는 그기 무슨 상관이 있능가? 가아들이 우리르 보호해준다문, 그러라구 해두잔 말이네. 그거를 되비(오히려) 이용해 보자능길세."[64]

주인공 가족인 이씨 일가와의 논쟁에서 장씨 일가의 선택은 "그래도 숨을 쉴 수 있는" 간도에서 일본제국 권력과 중국인, 그 어디에도 동화되지 않고 이 둘을 잘 이용하면서 살아가는 모습을 보여준다. 청인들의 변발 요구에는 아예 머리를 서양식으로 잘라버림으로써 청나라의 억압을 넘어서고, 일본을 이용함으로써 식민지배에 대한 저항이라는 민족주의

---

63   안수길, 『북간도(상, 하)』(서울: 삼중당, 1982), p. 303.
64   안수길, 『북간도(상, 하)』, p. 304.

적 강박을 뛰어넘는 생존 논리를 엿볼 수 있다.[65] 이러한 조선인의 혼종
적 존재 방식은 친일이나 저항을 넘어 인구의 다수가 중국계로 이루어진
지역의 일본제국에 의한 식민화 상황에서 보다 안전한 사회적 신분을 획
득하는 과정에서 얻어진 결과였다고 할 수 있다.

IV. 냉전시기 조선인의 혼종성

1. 북·중 '혈맹'과 조선인

냉전시기 북한과 중국의 경계 형성 과정은 제국 내 공간(internal space)
이 외부적인 국경(external border)으로 변화되는 과정이었다고 할 수
있다. 접경지역 만주에 북한과 중국이라는 근대 국가 성립 과정 가운데
서도 냉전의 새로운 국면이 맞물리며 북·중 간의 유대는 국가적 경계로
구획되었지만, 동시에 '사회주의 형제국' 관계가 중첩되는 독특한 범주
를 만들어갔다. 이러한 북·중의 '혈맹' 관계는 식민시기로 거슬러 올라
가며 항일무장 투쟁은 북한과 중국이 서로를 '혈연적 동맹 관계'로 인식
하는 배경의 첫 장이 된다. 당시 김일성은 "조중 인민의 공동의 원쑤 일
본제국주의자"에 투쟁하고 중국인들, 특히 중국공산주의자들과 "친밀
히 련합"하여 "단결을 끊임없이 강화"하고 "조중반일통일전선을 형성"하
여 만주국을 전복할 것을 강조하였다.[66] 지금까지도 북한은 이러한 만주

---

65   김재용, "안수길의 만주체험과 재현의 정치학: 국민국가체제 내에서의 디아스포라적 상상
     력," 『만주연구』, 제12집(2011), pp. 15-17.

66   김일성, "일제를 반대하는 무장투쟁을 조직전개할데 대하여: 연길현 명월구에서 진행된 당
     및공청간부회의에서 한 연설(1931년 12월 16일)," 『김일성저작집 1권』(평양: 조선로동당
     출판사, 1979); 김일성, "조국광복회창립선언(1936년 5월 5일)," 『김일성저작집 1권』(평

를 무대로 한 김일성의 만주 유격 활동을 체제 정통성의 뿌리로 삼고 있다.[67]

　북한의 공산주의자들과 중국공산당은 항일투쟁에 이어 해방 직후 중국의 국공내전 과정에서 긴밀한 협력 관계를 구축했다.[68] 해방 직후, 조선인들의 중심 거주지인 동북지역은 중국 내전의 중요한 격전지가 되었고 조선인민혁명군의 간부들도 "해방된 조국으로가 아니라 또다시 싸움터인 중국 동북지방"으로 나가게 되었다.[69] 동북지역에는 일제(日帝)가 빠져나간 자리에 '미제(美帝)'를 등에 업은 장제스(蔣介石)의 국민당 군대가 동북지역으로 올라오면서 동북은 공산당과 국민당 간의 대결장이 되었다.[70] 중국 내전에 참여했던 북한의 군간부들 중 항일유격대 출신들이 있었고, 식민시기 만주의 조선인 무장조직이 재정비되어 투입되었다. 특히 연변지역의 조선인들은 지역 실정에 밝았고, 항일유격대의 활약상을 동경하여 군정대학에 진학하기도 했으며, 중학교를 중퇴하고 총대를 맨 대원들도 있었다.[71]

　1948년 북한의 정권 수립과 함께 만주 조선인들의 조국 건설을 위한 귀환 행렬은 줄을 이었다. 민간에서의 자발적인 '귀환'과 더불어 1950

　　　양: 조선로동당출판사, 1979); 김일성, "조선공산주의자들의 임무: 조선인민혁명군 대내기관지 〈서광〉에 발표한 론문(1937년 11월 10일)," 『김일성저작집 1권』(평양: 조선로동당출판사, 1979).

67　와다 하루끼, 남기정 역, 『와다하루끼의 북한 현대사』(서울: 창비, 2014).

68　김일성, "프로레타리아국제주의와 조선인민의 투쟁(1952년 4월 25일)," 『김일성 저작집 7권』. (평양: 조선로동당출판사, 1980).

69　길재준·리상전, 『중국 동북해방전쟁을 도와』(평양: 외국문출판사, 2016), p. 5.

70　북한은 동북 지역의 내전을 미국의 "제국주의적 〈동방정책〉의 산물"이며 "장개석도당의 반쏘만공정책과 매국배족적인 대미추종정책"의 연장이라고 보았다(길재준·리상전 2016, 150).

71　조선로동당출판사, 『중국동북해방전쟁참가자들의 회상기 1』(평양: 조선로동당출판사, 2011); 조선로동당출판사, 『중국동북해방전쟁참가자들의 회상기 2』(평양: 조선로동당출판사, 2012).

년에는 국공내전에 참전하였던 중국인민해방군 산하의 조선인 부대의
대규모 입북이 시작되었다.[72] 중국의 북한 지원은 사회주의 진영을 보호
해야 하는 대의도 있었지만, 국공내전시기 북한의 협력과 지원에 대한
보답이기도 했다.[73] 중국은 재만 조선인 청년 중 의사, 간호사, 운전병,
광공업 엔지니어 등을 모집하였다. 해방 직후 중국은 접경지역 조선인의
북한 귀환을 관대하게 처리했지만, 한국 전쟁 발발 이후 중국 정부는 개
인적 귀향의 문을 닫았던 반면, 조선인들을 조직하고 동원하여 북한군을
지원하도록 했다.[74]

　　북한은 한국전쟁 이후 심각한 노동력 부족에 처해 있었고 해외에 거
주하는 조선인들의 귀국 문제에 눈을 돌리게 되었다. 북한은 이 시기 조
선인을 북한으로 이주시켜 북한의 경제 건설에 참여하게 하도록 중국 정
부에 공식 요청하였다.[75] 이에 중국 정부는 1959년 1월 길림성, 흑룡강
성, 요녕성, 내몽골자치구 등지에서 중국적을 지닌 조선족들과 북한적을
유지하였던 조선교민들을 조직하여 북한의 경제건설에 동원할 것을 지
시하였다.[76] 북한은 재중동포 귀환에 대해 선전하지는 않았지만, 중국에

72　국공내전 과정에서 중공 계열로 참군한 조선족 병사 6만 3천 명 중 전사자와 중상자를 제
　　외한 대부분이 북한에 들어와 한국전쟁에 참전하게 되었다. 이종석, 『북한-중국관계 1945-
　　2000』(서울: 중심, 2000).

73　손춘일, "한국전쟁 발발 후 북한난민에 대한 중국정부의 정책," 『국가전략』, 제21권 3호
　　(2015).

74　1950년 7월 중국 외교부 문건에서는 중국 외교부는 조선인의 본국 송환 문제를 일단 미루
　　고, 조선인들이 문제를 제기할 경우, "(진행 중인 한국) 전쟁을 구실로 완곡하게 거절한다"
　　는 방침을 제시하였다(History and Public Policy Program Digital Archive 1950).

75　션즈화, 김동길 외 역, 『최후의 천조(天朝)』(서울: 선인, 2017), p. 676; 이종석, op. cit., p.
　　202.

76　"Chinese Foreign Ministry, 'Summary Report on Organizing Ethnic Koreans and
　　Mobilizing Korean Immigrants to go to Korea to Take Part in Construction'," De-
　　cember 10, 1959, History and Public Policy Program Digital Archive, PRC FMA
　　118-00777-01, 43-48. Translated by Jeffrey Wang and Charles Kraus. https://digital-

서 건너간 "조선족들에게 일자리를 안배해주고, 좋은 대우"를 해줌으로써 북한은 '귀국 동포'를 경제 건설이라는 국가적 기획 속으로 포섭했다. 1960년대 초까지 북한은 미혼인 한족 남자 월경자들은 돌려보냈지만, 가구 단위로 넘어올 경우, 농업협동조합에 정착하도록 했으며 배급과 정착 보조금을 지급하는 등 중국에서 넘어온 정착민들에게 일자리, 집, 식량 등의 인센티브를 제공했다.[77]

이 시기 북한으로 귀환한 사람들은 사회주의 조국 건설의 사명에 헌신한 북한 사람도, 중화민족 대가정의 일원으로서의 조선족의 전형도 아니었다. 다양한 형편에 처한 많은 사람들이 떠나기 전 남을 것인가 떠날 것인가를 놓고 고민했다. 중국의 미래에 대한 의심으로 북한으로 나온 사람도 많았지만, 그렇게 들어온 사람들이 다시 중국으로 돌아가는 경우도 많았다. 이러한 상황으로 미루어 볼 때, 60년대 초중반까지 북한과 중국 간에는 불법적인 월경과 이주가 빈번했고 도강 또한 비교적 자유로운 편이었다고 볼 수 있다.

2. 국경의 형성

1) 물리적 국경의 형성

북·중 접경지역에서 물리적(영토적 또는 법적) 그리고 정치·문화적 국경이 생성되는 과정은 국경 조약 체결을 통한 이동의 제도화와 신원식별을 통한 공민 만들기로 요약될 수 있다.[78] 1956년에서 1960년 사이 북한

---

archive.wilsoncenter.org/document/114177.

77 H. Smith, "Explaining North Korean Migration to China. In NKIDP e-Dossier," Woodrow Wilson Center (2012), p. 2.

78 국경은 영토적 모호성을 지우고 접경지역에서의 결속된 질서를 만들기 위해 형성된다.

과 중국은 양국 간의 영토적 경계를 규정하는 국경과 관련된 일련의 협정과 의정서를 체결하였다.[79] 60년대 초 중국 조선족의 월경 규모가 커지면서 중국 정부는 북·중 접경지역의 사회 질서와 다른 접경지역 소수민족 지역에 부정적 영향을 미칠 수 있다고 판단하였을 뿐만 아니라 북한 입장에서도 사회 혼란을 막기 위해 합법적인 왕래에 대한 협의가 필요하다고 보았다.[80] 1962년 체결된 '조중변계조약(朝中邊界條約)'은 양국의 주향(走向)을 명확히 규정했으며, 1964년 '조중변계의정서(朝中邊界議定書)'는 이를 기준으로 경계하천의 섬과 사주에 대한 세부적 귀속을 규정함으로써 북한과 중국 간의 근대 국경이 생성되었다. 의정서 체결 후 진행된 후속 회의에서는 과거 불법 월경자들에 대해 비교적 관대했던 조치들이 다소 강화되었다.[81]

1960년대 일련의 국경조약으로 북한과 중국 사이에 공식적인 국경

---

79   1956년 1월 '압록강과 두만강 유역 목재 운송에 관한 의정서', 1957년 10월 '조중 두만강 유역 치수공사에 관한 합의', 1958년 12월 '조중 양국 변경지역 상품 교역에 관한 의정서', 1960년 5월 '국경 하천 운항 협조에 관현 협정' 등을 체결하였다.

80   "Telegram from the Ministries of Foreign Affairs and Public Security to the Chinese Embassy in North Korea on Illegal Border Crossing among Ethnic Koreans," May, 1961a, History and Public Policy Program Digital Archive, PRC FMA 118-01026-03, 82-83. Obtained by Shen Zhihua and translated by Jeffrey Wang and Charles Kraus. https://digitalarchive.wilsoncenter.org/document/115321; "Report from the Ministry of Public Security on Illegal Border Crossings of Ethnic Koreans from Liaoning," May 10, 1961b, History and Public Policy Program Digital Archive, PRC FMA 118-01026-03, 69-70. Obtained by Shen Zhihua and translated by Jeffrey Wang and Charles Kraus. https://digitalarchive.wilsoncenter.org/document/115323.

81   "Protocol between the PRC Ministry of Public Security and the DPRK Social Safety Ministry for Mutual Cooperation in Safeguarding National Security and Social Order in Border Areas," June 09, 1964, History and Public Policy Program Digital Archive, PRC FMA 106-01434-04, 59-72. Obtained by Shen Zhihua and translated by Jeffrey Wang and Charles Kraus. https://digitalarchive.wilsoncenter.org/document/115328.

이 만들어지면서 북·중관계는 사회주의 '혈맹'이라는 특수 관계에서 서서히 보통 국가 관계로 이행하는 과정 가운데 있었다. 그럼에도 지역 차원에서 "역사적으로 되풀이된 습관(historical habit)"으로서의 도강은 끊이지 않았다.[82] 1960년대 중국의 대약진 운동 실패와 3년(1960-1962) 간의 가뭄으로 북중접경지역 중국에서 북한으로의 이주와 여행을 포함하는 월경은 뚜렷한 증가 추세에 있었다.

강씨(중국연고자, 1945년생)의 경우, 1961년 "교원질을 하던" 둘째 오빠가 "내리먹은" 탓에 어머니와 함께 먼저 북한으로 이주했다. 강씨는 조부모님과 생활하였는데, 공안이었던 첫째 오빠의 월급만으로는 생활이 어렵고 "배가 고파서" 두만강을 건넜다. 그는 중국의 부족한 배급량과 인민공사에서 "김치를 할 때 고작 몇 포기밖에 하지 않았던" 중국 생활에 대한 불만을 토로하기도 했다.[83] 귀환운동 시기 일본 귀환자들은 북한 생활 수준에 실망했던 반면, 중국 귀국민들에게 당시 북한 사정은 중국과 비교하면 오히려 풍요로운 편이었다. 당시 김일성은 중국에서 북한으로 들어오는 사람들을 포섭했는데, 북한은 노동력이 필요했고 중국 조선족들은 궁핍에서 벗어나 삶의 터전을 옮기고자 했다.

불법 월경자들은 여전히 북한으로 올 수 없는 가족이 중국에 있거나

---

82 중국측 통계에 따르면, 한국전쟁 말에서 1957년 9월까지 296명의 한족을 포함한 연변자치 주민이 북한으로 불법 월경하였고, 1959년까지 불법 월경자는 연변자치주에서만 357명으로 늘어났다(延边朝鲜自治州地方志编纂委员会 1996, 547); "Telegram from the Ministry of Foreign Affairs and the Ministry of Public Security on the Issue of Ethnic Koreans Crossing the Border to Korea," March 24, 1962, History and Public Policy Program Digital Archive, PRC FMA 118-01025-02, 4-6. Obtained by Shen Zhihua and translated by Jeffrey Wang and Charles Kraus. https://digitalarchive.wilsoncenter.org/document/115325.

83 1958년부터 전개된 대약진운동은 개인의 생활양식과 민족 관습을 고려하지 않는 사회적으로 표준화를 요구했으며, 민족적 고유의 특성보다는 집단생활의 전체주의적 성격을 강조했다(Olivier 1991, pp. 103-123).

중국에 남겨둔 재산이 있는 사람들이 대부분이었다. 중국은 통혼 문제, 조선족들의 출입국 수속 처리, 중국에서 북한 또는 북한에서 중국으로의 불법 월경 문제를 다루는 데 있어 "관대하고 신중하게", "심사를 완화하되 방임하지 않는" 방침을 정하였는데,[84] '엄격한 조약'에 비해 지역 수준에서는 '관대한 시행'이 이루어질 수밖에 없었다. 이러한 모순된 표현에서 국경을 구획하고 월경을 제도화하는 과정에서도 오랜 기간 역사적 습관으로 굳어진 '지역화된 이동성'을 고려할 수밖에 없었던 것으로 보인다. 영토적 국경 '선(線)'이 강화되는 가운데서도, 도강이라는 일상의 실천은 국가의 실천과 끊임없이 경합하였다.

2) 북한과 중국의 신원식별

국경 만들기는 물리적 국경의 강화와 함께 국가에 의한 신원확인 작업도 병행되었다. 북한은 정권 수립 직후 국가제도가 정비되면서 간부로 등용하는 사람들에 대한 조사를 진행하였다. 각 지역의 보위부에서 신원조사를 진행하였는데, 신원조회보고서는 성명, 본적, 출생, 주소, 출신, 성분, 소속정당, 신앙을 비롯하여 부모의 직업, 부모의 토지 개혁 관계 및 친척 관계 사항을 포함하였다.

1950년대 말에 들어서 북한은 전후복구 사업을 마치고 사회주의 제도 개혁의 일환으로 전체 주민을 대상으로 한 성분 조사를 실시하게 된다. 북한의 성분 조사 사업은 가족의 배경과 사회적 활동을 조사함으로써 주민들의 성향을 파악하고 효과적으로 관리·통제하기 위한 기제였다.[85] 한국전쟁으로 인해 새롭게 등장한 그룹, 전사자와 그 가족들에게는

---

84   H. Smith, op. cit.
85   통일교육원, 『2016 북한이해』(서울: 통일부, 2016), p. 288.

보훈정책을 추진하며 사회주의 체제 유지를 공고히 할 필요가 있었다. 반면 월남자, 군대기피자, 치안대 등 '복잡한' 군중과 가족에 대해서는 정치적·사회적 제재를 가함으로써 북한은 새로운 사회 질서를 구축해갔다.[86]

북한이 계급 정책을 공식 수립한 것은 1958년 전체 주민에 대한 성분을 조사하고, 출신성분에 따라 주민을 분류하기 시작하면서부터이다. 중앙당 집중지도 사업(1956-1960)에서 불순분자를 색출하여 처단하였고, 주민재등록사업(1964-1968)에서는 직계 3대, 외가 6촌까지 내사하여 주민 성분 분류를 실시하였으며, 3계층 51개 부류 구분사업(1967-1970)을 실시하여 북한 계층구조의 기본틀을 완성하였다. 이후에도 주민요해 사업(1972-1974), 주민증 검열 사업(1980) 등 계기가 있을 때마다 성분 조사를 지속적으로 실시하였다.[87]

북한에서 성분을 결정짓는 요인들은 주로 주민들의 계급적 토대, 주민들의 사회정치생활 경위를 비롯하여 주민들의 가족과 친척이다. 부모의 사회정치생활 경위, 본인이 자라나서 사회에 진출할 때까지의 내용, 본인의 출생성장 과정, 부모와 가족, 친척, 친우들로부터 받은 영향 관계 등이 계급적 토대가 된다. 이러한 국가적 규정은 직계 가족은 물론 먼 친척의 출신 배경과 신상에 의해 영향을 받으며, 거주 지역, 교육의 기회, 직장 배치 등 각종 분배에 특혜와 제한이 존재해왔다. 즉 성분은 개인을 넘어서서 가족, 친척들과 연동되고 세습되는 형태로 존재하며, 성분을 통해 개인에 대한 1차적인 평가가 이루어진다고 할 수 있다. 중국에 연고, 즉 가족 또는 친척이 있는 북한주민에 대한 성분정책이 어떻게 변화

---

86 김병로, "북한의 시장화와 계층구조의 변화," 『현대북한연구』, 제16권 1호(2013), pp. 182-183.

87 통일연구원, 『2016 북한이해』, p. 288.

해왔는지는 불분명하지만, 북한의 제도화된 성분 정책은 특정 종족 그룹에 대해 (비)제도적 영역에서도 암묵적으로 작동하였다.[88]

한편, 중국 건국 이후 동북의 조선인이 공식적으로 중국 공민으로 신원확인이 된 시점에 대해서는 대체로 1952년 9월 자치구(이후 '자치주'로 개칭)가 신설되면서 일률적으로 중국 국적이 부여되었다는 견해가 일반적이다.[89] 또한 중국공산당이 연변의 조선인을 중화민족(中華民族)의 일원으로서의 조선족으로 재편성하기까지는 상당한 시간이 걸렸다.[90] '조선족'은 1950년대 중국의 민족 식별 과정 중에 획득한 명칭이었으며, 이 시기 민족 등록을 통해 자발적으로 민족 성분을 규정하게 되었다.[91] 중국 조선인에 대한 '민족 성분'이라는 신분 부여는 중국 소수민족이라는 이름으로 특별한 통치 대상이 되는 것과 동시에 '중화대가정(中華大家庭)'의 구성원이 되는 것을 의미했다.

중국 지방정부 차원에서의 조선족에 대한 장악은 1950년대 말 민족 정풍운동, 반우파 운동과 맞물리면서 한층 강화되었다. 1957년 5월 말, 길림성 공산당위원회에 의해 조직된 연길에서 열린 민족문제 회의에서 중국 동북 조선족의 '민족적' 정서가 논의되었다. 당시 중국공산당은 북한사람과 연변의 조선족은 동일한 언어, 문화, 관습, 심리, 및 민족 기원

---

88   초기 귀환자들은 핵심, 동요, 적대 계층 중 동요계층으로 구분되었다는 견해가 있다(박종철 2012).

89   중국내 조선인 국적 부여 과정에 대한 공식적 자료는 없지만, 산해관 밖, 즉 동북에 거주하는 조선인들에게 중국 국적을 부여한 반면, 산해관내 조선인들에게는 북한 국적을 유지하도록 했다. 산해관은 중국 만리장성 동쪽 끝에 있는 요새로 하북성과 요녕성의 경계이다. 문화적으로 중원과 대륙의 기준점이라는 의미가 있으며, 동북 지방의 관문이다.

90   중화인민공화국 성립 이후, 민족 식별 작업은 1950-1953년에 진행되었다. T. S. Mullaney, *Coming to Terms with the Nation: Ethnic Classification in Modern China* (Berkeley: University of California press, 2011).

91   중국정부의 민족 식별조사에서 '민족'으로 신청했던 종족 그룹은 모두 400여 개를 넘었고, 그 가운데 한족을 제외한 55개의 그룹만이 '민족'으로 국가에 의해 인정되었다.

을 공유하고 있으므로, 중국이 '조국(祖国)'으로, 북한이 '민족조국(民族 祖国)' 또는 '모국(母国)'이 되어야 한다고 보았다. 연변조선족자치구 초 대 서기인 주덕해는 후에 "동북 거주 조선족 중, 중국이 그들의 조국이 아니라고 하는 사람은 거의 없었지만 내면으로부터 중국을 모국으로 여 기지 않았다"고 회고하기도 했다.[92] 이와 같은 '지역 민족주의'는 1957 년 말 반우파 운동 기간 비판 대상이 되었고, 이 운동은 소수민족 지구에 서 중국유일조국관 확산운동과 결합되었다.[93] 반우파 운동은 1958년 봄 부터 지방 민족주의를 겨냥한 민족정풍운동으로 전개되어 소수민족들의 종족적 특성을 크게 위축시켰다.[94]

1950년대 중반부터 중국공산당이 편찬한 조선족들의 민족 문제를 다룬 민족 정책 관련 문헌에서는 중국공산당의 연변 조선인들에 대한 '민족' 정체성 만들기 시도가 잘 드러난다. 중국의 소수민족이 한족과의 화합에 있어 소수민족 인민들, 특히 소수민족 당원들과 간부들이 "한족 의 혁명 투쟁 경험과 생산 건설 경험을 참답게 학습"하게 하고 "한족의 우량한 력사 문화를 흡수"하게 하며 "한문과 한어를 학습"하도록 할 것 을 강조하였다.[95] 또한 "인구가 많을 뿐만 아니라 정치, 경제, 문화 등 방 면에서 모두 보다 발전한 민족"이자 "사회주의 건설 사업에 있어 골간이 고 주체"가 되는 '선진적인' 민족인 한족을 중심으로 민족 동화를 추구

92   Z. Shen, & Y. Xia, "Chinese-North Korean Relations and China's Policy toward Ko-rean Cross-Border Migration, 1950-1962," *Journal of Cold War Studies*, Vol. 16, No. 4 (2014), p. 143.

93   염인호, "재만조선인 항일투쟁사 서술: 국공내전·한국전쟁기에 진행된 선전 및 서술을 중 심으로," 『한국학논총』, 제45호(2016), p. 13.

94   중공연변조선족자치주위통일전선공작휘 편, 『민족 문제 학습 자료1』(연변: 연변인민출판 사, 1958), pp. 78-79.

95   중공연변조선족자치주위통일전선공작휘 편, 『민족 문제 학습 자료1』.

하는 방향으로 '민족 통합'이 이루어져야 된다고 보았다.[96] 이러한 중국의 민족정책은 '하나의 중국'이라는 기치 아래 복잡한 역사, 문화, 정치를 충분히 고려하지 않은 한족 중심적 정부에 의한 소수민족의 주변화를 초래하였다.[97] 중국 성립 이후 국가 건설기 소수민족에 대한 강압적인 동화 정책과 종족 집단 간의 대립은 문화혁명 시기 더욱 심화되었다.[98]

3. 중국연고자와 조선족의 혼종성

연변 사회의 조선인들은 중국공산당에 포섭되는 중이었지만, 중국인들과는 분명 다른 위치에 놓여 있었다.[99] 중국공산당에 참여했던 연변 조선인들에게는 중국혁명보다 '조국 독립 지향'이 나타났으며 특히 북한 정부 수립 직후 연변 조선인 사회에서 조국애는 자유롭게 분출되었다. 1949년 연길에서 열린 3·1절 기념행사에서 북한 정부 수립에 연변 조선인들은 뜨겁게 호응하였다.[100] 뿐만 아니라, 남한의 반탁운동에도 자

---

96   중공연변조선족자치주위통일전선공작휘 편, 『민족 문제 학습 자료1』, p. 131.

97   S. Harrell, *Cultural Encounters on China's Ethnic Frontiers* (Seattle: University of Washington Press, 2000).

98   1978년 덩샤오핑 중심의 지도체제가 확립되면서 민족평등과 자치권을 허용하였으며, 민족 자치제가 회복되었다. 이 시기부터 중국 지도부는 각 소수민족의 다양성과 특수성을 인정하는 다원주의적 측면에서 점진적인 융합을 추구하는 방향으로 소수민족 정책을 추진하였다. 개혁개방 시기에 들어 경제측면에서 소수민족에 대해 각종 특혜 및 우대를 부여하였으며, 인구정책측면에 있어서도 '1가구 1자녀' 원칙에 예외를 두어 2자녀 출산을 허용하였다.

99   중공은 해방 직후에는 국민당 계열 무장부대를 제거하기 위해 조선인 세력에 의존했지만, 토지개혁을 실시하는 과정에서 조선인 간부들을 신뢰할 수 없다는 이유로 간부층을 모두 중국인으로 채웠다(염인호 2006, 53).

100 염인호, "중국 연변 조선족의 민족정체성에 대한 일고찰(1945.8-1950. 말)," 『한국사연구』. 제140호(2008).

극을 받아 반탁 독립운동을 대대적으로 전개하기도 했다.[101] 1948년 연변 공산당위원회는 "많은 사람들(조선인)이 3대에 걸쳐 중국에 살았음에도, 그들은 여전히 조선을 모국으로 여긴다"고 기록하고 있다.[102] 이러한 조선인들의 남과 북 모두를 포함하는 한반도 지향성은 연변 지역의 영토성을 모호하게 하는 측면이 있었다. 이에 중국공산당도 점차 중국 국적자로서의 조선 공민과 외국인으로서의 조선 교민 간의 구분을 명확히 해야 할 필요성을 인지하기 시작했다.[103] 비록 공산당 차원에서 국적과 '민족'을 재규정하고자 노력했지만, 50년대 초반까지도 중국의 역사서는 만주의 항일투쟁 참가자를 조선'족'이 아닌 조선'인'으로 표기하는 등 변화는 여전히 유동성 가운데 있었다.[104] 북한 로동신문의 기사에서도, 1952년 9월 3일 성립된 '연변조선족 자치구'를 '연변 조선 민족 자치구'로 표기하였으며, 이러한 표기는 1954년도까지 반복되었다.[105] 1950년대 초까지 북한에서 재중 조선인은 '동북지방 조선인', '중국동북동포', '조선인민', '동북 조선인', '조선 민족', '조선인 동포' 등 통일되지 않은 명칭으로 호명되었다.[106]

당시 중국에서 북한으로 '귀국'하고자 했던 사람들 중 한반도 남부에 고향을 둔 사람들은 "자본주의 국가 남한"으로의 귀환은 생각하기 어

---

101 염인호, "中國 延邊의 '反奸淸算鬪爭과 土地改革(1946) — 朝·中 民族 關係를 中心으로."

102 Shen & Xia, op. cit., p. 138.

103 1949년 9월 중국인민정치협상회의 제1회전체회의에서 당시 부주석이었던 주더(朱德)는 '중화민족 대가정'의 일원으로서의 조선족을 천명하였다(Kraua & Cathcart 2014, 94-95).

104 염인호, "재만조선인 항일투쟁사 서술과 '중국 조선족'의 탄생," 『한국학연구』, 28집 (2012).

105 이러한 표기는 1955년 자치주로 개칭 이후 바로잡혔다.

106 『로동신문』 1948. 6. 11, 1면; 『로동신문』 1949. 1. 9, 1면; 『로동신문』 1949. 2. 24, 3면; 『로동신문』 1949. 7. 2. 4면; 『로동신문』 1951. 8. 3, 4면; 『로동신문』 1951. 9. 6, 3면; 『로동신문』, 1952. 9. 12, 4면; 『로동신문』, 1954. 9. 8, 4면.

려웠고 "조선(북한)을 조국"으로 보았지만, 지역 주민들에게는 '조국'보다는 '고향'의 개념으로 받아들여졌다.[107] 중국 당국의 조선족 귀환자 모집, 즉 '전후복구'와 '조국 귀환'은 "고향으로 나가기 원하는 사람을 내보내는 것"이라는 지역 주민의 지역화된 용어로 이해되었다.[108] 당시 북·중 접경지역의 주민들은 북한과 중국이라는 국가 정체성이 완전히 굳어진 상태가 아니었기 때문에 지역에 기반한 '고향'으로 돌아온 것으로 해석되었다.

북한과 중국 간 국가적 경계는 여전히 모호했지만, '사회주의'와 '제국주의' 간 냉전의 지정학적인 구분은 뚜렷해졌다. 이는 곧 "오랜 기간의 투쟁에서 혈연적으로 맺어진 조중 량국 인민의 전투적우의"로 표현되기도 했다.[109] 대부분이 한반도 북부에 뿌리를 둔 연변 지역 조선인에게 '보국(保國)'은 양가적인 의미로 해석되었다. 첫째는 새롭게 건설되는 '조국' 중국을 방위하는 것이었고, 두 번째로는 조상의 '모국' 조선을 돕는 것이었다.[110] 다시 말해 '제2의 조국'인 중화인민공화국을 수호하는 것이 의무였을 뿐만 아니라, '조선인'으로서 '조선의 형제들'을 지원하는 것 또한 도덕적 의무가 되었다.

한국 전쟁 기간에도 중국 내 조선인들은 공식적으로 오늘날의 '조선족'으로 정의되는 과정 가운데 있었고, 국적 또한 애매한 상태였으며 법적 신분 및 종족·국가 정체성 또한 유동적이었다.[111] 동시에 한국

---

107 박씨(조선족, 1963년 출생)와의 인터뷰.
108 최씨(중국연고자, 1960년대 중반 출생)와의 인터뷰.
109 김일성, "조중 량국 인민의 전투적우의, 중화인민공화국창건 10돐에 즈음하여《인민일보》에 발표한 론설(1959년 9월 26일)," 『김일성저작집 13권』(평양: 조선로동당출판사, 1981), p. 208.
110 Olivier, op. cit., p. 59.
111 법적으로도 조선인 부대의 북한으로의 이동, 사상자의 만주로의 귀환 등은 만주 조선인들이 이중국적 상태에 있었음을 보여주는 실례라는 견해가 있다(김춘선 2011, 34).

전쟁 기간 중국과 북조선을 포함하는 사회주의 '형제' 진영 대 국민당, '괴뢰' 남조선, 그리고 미제국주의 간의 냉전 지형이 배태된 새로운 국경이 형성되는 과정 가운데 있었다. 한국 전쟁에 참전한 인원들에 대해 '귀국[回國]'시킨다는 표현을 사용했다는 점에서도 재만 조선인의 모호한 신분이 드러난다.[112] 류준수는 중공 연변지역 서기를 맡았던 시기 (1948.5~1949.2) 재만 조선인들에 이중국적을 허용했다고 회고한 바 있다. 뿐만 아니라 그는 당시 조선인들이 여전히 "마음속 깊이 조선이 조국"이라고 여겼기 때문에 "갑자기 이들을 중국 국적으로 편입시켰을 때, 감정을 상하게 할 수도 있다"고 언급하기도 했다.[113]

이러한 중국과 북한의 국경 형성 과정에서 북·중 접경지역 조선인의 국가적 경계로 나뉘지 않는 혼종성은 문제가 되었고, 이는 '내부 타자화' 과정으로 나타났다. 북한 중국연고자의 경우, 강씨는 귀국민에게는 여행증을 잘 내어주지 않았으며, 초기에는 중국에서 온 사람에게 보위부가 은근히 사람을 붙이는 일도 있었다고 회고했다. 양씨(중국연고자, 1970년대 초반 출생)의 아버지는 평양에서의 대학 시절 중국과의 관계가 악화되었던 문혁 시기에는 "요시찰 대상"으로 감시를 많이 받았다고 했다. 중국 연고 북한주민들은 "중국과의 관계가 좋을 때는 괜찮았지만, 중국과 관계가 나쁠 때마다 제재를 받는"[114] 등 북·중 관계의 영향을 받을

---

112 "Telegram from the Chinese Communist Party Central Committee to Gao Gang," July 18, 1950, History and Public Policy Program Digital Archive, Zhonggong zhongyang wenxian yanjiushi (CPC Central Historical Documents Research Office) and Zhongyang dang'anguan (Central Archives), eds., Jianguo yilai Zhou Enlai wengao (Zhou Enlai's Manuscripts since the Founding of the PRC), Vol. 3 (Beijing: Zhongyang wenxian chubanshe, 2008), 60. Translated by Jingxia Yang and Douglas Stiffler. https://digitalarchive.wilsoncenter.org/document/114204.

113 刘俊秀, "在朝鲜族人民中间," 『延边党史资料通讯』, 第1期 (1987).

114 조씨와의 인터뷰.

수밖에 없었다. 최씨는 중국연고자로서 생활에 특별히 불편한 점은 없었지만, 부모님의 출신 성분으로 인해 제약과 차별을 겪었다고 했다. 이씨(중국연고자, 1957년생)에 따르면, 근래 들어 "당일군은 못시켜도 행정일군까지 시키고", 결혼할 때 "토대 좋은 집에서 반대"했지만 최근에는 그렇지 않게 되었다고 했다. 조씨 또한 "정치적으로 발전이 어려운 편"이라면서, 북·중 간의 관계에 따라 기복이 있었던 것을 기억했다. 양씨는 "평소에는 잘 모르지만, 잘못하면 거기다가 바가지를 씌우는 것이 신분"인 것 같다고 보았다. 북한에서 중국연고자라는 의미는 "생활을 잘 해야 되는" 위치이자, "잘못하면 괘씸죄"가 적용된다는 것이다.

한편, 중국 조선족의 경우, 조선족의 '모호한' 조국관(또는 '다조국관') 그리고 고유의 '민족성'은 문제시되었다. 민족정풍운동 기간 민족지역의 특수성을 강조하거나 민족문화와 전통을 보존하고 발전시키는 어떠한 행동도 민족주의자로 매도되어 비판을 받았다.[115] 소수민족 가운데 "자기 민족의 모든 풍속 습관을 그대로 보전"하려는 시도와 "개변된 지오래된 진부한 규례와 폐습까지 회복"하고자 하는 "지방 민족주의"로 매도되었다.[116] 실제로 연변지역에서는 '모국'으로서의 중국을 부정하는 분리 운동이 일어나기도 했는데, 이러한 정서로 인해 연변조선족자치주 당위원회는 민족정풍운동을 전개하여 '지역 민족주의'를 비판하였고,[117] 일부 조선족들은 이러한 연변 지역의 혼란을 피해 북한으로 피신하기도 했다. 조선족이 중국에서 소수민족으로 자리잡는 격동의 과정에서 중국 조선족의 '중국 공민'으로서의 귀속감은 전반적으로 강화되었지만, 동시에 혁명주의 항일투사에서 반혁명분자로, 사회주의적 국제주의 동반자에서

---

115 곽승지, 『조선족, 그들은 누구인가』 (서울: 인간사랑, 2013), pp. 241-247.
116 중공연변조선족자치주위통일전선공작휘 편, op. cit., p. 82.
117 Shen & Xia, op. cit., p. 143.

국가의 적으로 이중 도치되면서 조선족의 국가 정체성을 동요시킨 측면
도 있었다.[118] 특히 1960년대 문화대혁명은 조선족들에게 특정 종족 집
단에 대한 문화 파괴로 기억되었다.

V. 나가며

두만강과 압록강을 사이에 둔 왕래는 문화대혁명을 기점으로 대폭 축소
되면서 사실상 닫히게 되었다. 북·중 간의 공식적인 교류는 막혔지만,
일상 수준에서 이동과 연결은 완전히 끊어지지 않았다. 국가 영토와 공
민을 구획하는 과정에서도 북·중 접경지역의 일상에서 작동하는 국경은
국가를 구분하고 제한하는 '경계'로 명확하게 작동했다고 보기는 어렵
다. 이러한 맥락에서 북·중 접경지역의 이동성은 지역화된 실천(local-
ized practice)으로 볼 수 있을 것이다.

식민시기 만주에서 다수의 인구 집단인 중국인과 만주국을 세워 지
역을 장악한 일본제국 사이에 존재하였던 재만 조선인은 일본제국의 신
민이면서 중국인과 융합되기 어려운 중간적 위치에 놓여 있었다. 일본제
국과 중국인 사이에서 생존을 위해 '끼인(in-between)' 집단으로서 '만
주 조선인'의 정체성을 구성하였으며, 이는 일본 제국주의 확장과 제국
주의적 민족 정책에서 파생된 중국인과의 갈등 요인이 절합된 것이라 할
수 있다.

냉전 시기 북한과 중국은 항일투쟁, 국공내전, 한국전쟁을 거치며
'형제적 우의'를 다졌는데 이러한 특수성으로 인해 북·중의 당 대 당의

118　H. O. Park, *The Capitalist Unconscious: From Korean Unification to Transnational*
　　(Korea. New York: Columbia University Press. 2015).

관계는 국가 대 국가의 관계로 이행하기까지 상당한 시간이 걸렸다. 북한과 중국의 성립 후 만주 조선인 집단이 각각 중국연고자와 조선족, 두 집단으로 새롭게 범주화되었다. 그 과정에서도 접경지역에서 오랜 기간 형성된 지역화된 이동성, 북한과 중국 간의 사회주의적 혈맹 관계는 접경지역 조선인들에게 유동의 공간을 허락하였다.

북한과 중국이 보통 국가 관계로 이행하는 가운데 자국민에 대한 신원 식별이 진행되면서 국가의 공민, 그리고 출신성분과 민족성분, 즉 '중국연고자'와 '조선족'이라는 새로운 범주가 생겨났다. 북·중의 국가적 경계는 '만주 조선인' 집단을 가로질렀고, 북한의 중국연고자와 중국의 조선족은 각각 '연고'와 '민족'을 중심으로 재구성되었지만, 사회주의 형제국이라는 유대와 국가적 구획이 교차하고 경합하는 특수한 범주로 자리잡게 되었다. 특히 연변 지역에서의 민족정풍운동, 문화대혁명 등의 혼란기에 많은 조선족들이 함경도로 이동하였다. 이러한 양상은 조선족이 '중국공민'으로 정착하기까지 종족 정체성이 국가 정체성과 경합하고 협상되는 과정이 있었음을 함의한다.

북·중 접경지역 조선인의 혼종적 존재 방식은 지역의 소수 집단으로 사회적으로 보다 안전한 '자리'를 확보하는 과정이었다고 할 수 있을 것이다. 조선인의 혼종성의 면면은 북·중 접경지역의 지정학적 국면에 배태된 지역화된 실천으로 나타났다. 일상의 실천은 지역적 동학의 생산물인 동시에 끊임없이 소속을 협상하는 이동하는 주체들의 행위 주체성이 작동되는 공간이기도 하다. 이러한 다층적인 과정은 구조의 제약과 행위 주체의 행위주체성이라는 이분법과 이항대립에 포섭되지 않는 지점을 드러낸다. 북한과 중국 사이, 그리고 국가와 일상의 경계에서 실존하는 북·중 접경지역의 조선인은 여전히 유동(流動)의 과정 가운데 놓여 있을 가능성이 있다.

제4장

최양일 감독의 탈국가주의 영상 정치학: 다문화사회와 자이니치[1]

이향진(릿교대학교)

I. 들어가며: 최양일 감독의 자이니치 가족 연대기

본 연구는 자이니치 가족 연대기로 민족국가론의 모순을 고발하는 최양

---

1   이 글에서 자이니치(在日)는 일제강점기에 이주하여 1945년 해방 후, 일본에서 생계를 유
지하게 된 조선인들과 그 후손들을 의미한다. 1945년 일본에 거주하던 조선인은 2백만 명
이 넘었고 약 98퍼센트가 남쪽 출신이었다. 전후 열악했던 송환정책에도 불구하고 대다수
의 조선인들이 귀국길에 올랐다. 하지만 한반도의 정치적 혼란과 경제적 이유 등으로 귀국
을 보류한 약 60만 명의 조선인들은 일본국적을 상실하고 '특별영주권'으로 일시적 체재
를 허용받았다. 거기에 귀국 후 한반도의 불안한 정세와 일본 내의 자산 처리 등으로 일본
으로 되돌아오거나, 제주 4.3 항쟁을 전후로 도항하는 이들이 가세, 1965년 한일국교 정
상화 이후에도 불안정한 상태의 이주가 이어졌고 이들에 대한 차별과 배척도 지속되었다.
이처럼 자이니치는 일반적인 재일외국인과 달리 일제강점에 따른 집단 이주, 강제 동원과
착취의 역사적 기억과, 전후 일본사회의 민족차별을 집단적 트라우마로 체화한 특별영주
권자을 의미한다. 자이니치는 민족 차별어이다. 미주를 포함한 타 지역의 재외한국인들이
나 일본에서 거주하는 일반 재일외국인들과 달리, 식민지배과 전쟁기억, 민족차별의 역사
성과 지역성, 그리고 저항성을 담보한 주관적인 개념으로, 현재 살고 있는 지역이나 국적
과 무관하다. 물론, 당사자와 연구자에 따라 자이니치 조선인, 한국인, 한국조선인, 코리
안 등으로 명명되기도 한다. 또, 출신지역이나 이주 시기에 관계없이 영주권을 가진 외국
인 전체를 자이니치 또는 재일이라고 주장하는 학자들도 있다. 자세한 내용은 본문 및 아

일 감독의 탈국가주의 영상정치학을 고찰하고자 한다. 최양일 감독은 〈
피와 뼈〉(2004)로 국내 팬들에게도 잘 알려진 하드보일드 범죄드라마의
거장이다. 〈피와 뼈〉는 최양일의 자이니치 삼부작[2]을 완성하는 대하 가
족드라마이다. 오사카 공장 지대를 전전하던 제주 출신의 소년이 폭력과
자해, 강간, 살인도 서슴지 않는 괴물로 변해가는 모습을 그렸다. 일본
누벨바그의 계보를 잇는 최양일 감독은 사회파다운 문제의식으로 실향
과 이산, 강제 동원과 착취, 배척과 민족차별의 기억을 잔인하고 탐욕스
러웠던 아버지에 대한 증오와 연민, 폭력의 희생자였던 어머니와 누이를
버린 미안함으로 자이니치의 집단적 트라우마를 재현한다. 부락[3]을 떠나
일본 사회의 일부로 살아가는 아들의 시점에서 북한의 어느 수용소에서
외로이 죽어가는 아버지의 일대기를 회상하는 것으로 영화는 끝난다.

　　〈피와 뼈〉의 탈국가주의 영상 전략은 이주민들에게 지울 수 없는 집
단적 트라우마를 남기고 호스트 사회의 민족차별을 각인시킨 국가 폭력

래에서 소개한 연구들을 참조하기 바란다. Mika Ko, *Japanese Cinema and Otherness: Nationalism, Multiculturalism and the Problem of Japaneseness*, London and New York: Routledge, 2010; Tessa Morris-Suzuki, *Re-inventing Japan: Time, Space, Nation*, Armonk and London: M. E. Sharpe, 1998; John Lie, *Multi-Ethnic Japan*, Cambridge, MA and London: Harvard University Press, 2001; Sonia Ryang, "Introduction: Resident Koreans in Japan", in Sonia Ryang (ed.), *Koreans in Japan: Critical Voices from the Margin*, London: Routledge, 2000, pp. 1–12; Sonia Ryang and John Lie (eds.), *Diaspora Without Homeland: Being Korean in Japan*, Berkeley, Los Angeles and London: University of California Press, 2009; Donald Denoon et al., *Multicultural Japan: Paleolithic to Postmodern*, Cambridge: Cambridge Press, 2001.

2　　최양일 감독은 자이니치영화라는 표현을 쓰지 않았다. 〈달은 어디에 떠 있는가〉는 특히 자이니치의 문제를 다룬 드라마가 아니라 일본 드라마라고 강조하였다. 자세한 내용은 본문 참조.

3　　일본의 부라쿠민(部落民)은 전근대부터 현대까지 사회적으로 배제되고 차별을 받아온 집단이다. 野中広務·辛淑玉, 『差別と日本人』, 東京: 角川書店, 2009.

110

의 양가성[4]을 고발한다. 식민지배의 폭력성과 저항하는 피지배민족의 폭력성은 모방의 순환 과정을 통해 증폭되어 두 집단 간의 경계를 흐리게 한다. 최양일 감독에게 폭력은 지배 세력과 이주민사회의 경계를 구분할 수 없는 문화적 혼종성을 그리는 극적 모티브이다. 반면, 섹슈얼리티는 피지배집단의 끈질긴 생명력이 가져온 혈연적 혼존성을 시사한다. 서구 제국주의 확장 방식과 달리, 피식민지배국 주민들을 본국의 이주노동자로 대대적으로 동원하고 패전과 함께 송환하려 한 일본의 식민지배 및 전후 이주 정책의 모순을 재현한다. 조선인 이주민들과 현지 일본인들의 혈연적 관계 형성은 국가가 물리적으로 통제하기 어려운 사적 영역이다. 1923년 관동대지진 당시, 복장과 발음으로 조선인과 중국인을 구별하려 했다는 사실은 일본인 스스로가 피지배집단의 신체적인 특징을 찾기 어려웠기 때문이다. 한마디로 일본사회의 민족 차별은 문화적 차이에 근거한다. 자이니치의 민족정체성은 문화적 차이와 역사를 인정하지 않는 국가 폭력에 저항하는 정치적 발언이다. 최양일 감독의 탈국가주의 영상 정치학은 다민족국가 일본의 일부로 살아가는 주변국가 출신 이주민들의 민족 정체성은 배타적인 민족국가 개념으로 설명할 수 없다는 점을 상기시킨다.[5]

　이처럼 최양일 감독에게 성과 폭력의 양가성은 지배집단과 피지배

4　Bhabha, Homi, *The Location of Culture*. London: Routledge, 1994.
5　Habermas, Jürgen. *The Postnational Constellation*. Cambridge: Polity, 2001; Nuhoglu Yasemin Soysal, *The Limits of Citizenship: Migrants and Postnational membership in Europe,* Chicago and London: The Unviersity of Chicago, 1994; Tessa Morris-Suzuki, 'A Descent into the Past: the Frontier in the Construction of Japanese History', in Donald Denoon, Mark Hudson, Gavan McCormark and Tessa Morris-Suzuki, eds., *Multicultural Japan: Palaeolithic to Postmoderm,* Cambridge: Cambridge Press, 2001, pp. 81-94; 朴一. 『「在日コリアン」ってなんでねん?』. 東京: 講談社, 1995.

집단의 문화적, 혈연적 혼존성을 재현하는 영상 전략이다. 오랜 시간을 기다려 키타노 다케시와 오다기리 조, 스즈키 교카 등 일본 상업영화를 대표하는 배우들을 기용, 관객들의 감정적 동일화를 극대화했다. 일본인의 얼굴을 한 자이니치들의 어설픈 조선어와 유창한 일본어 대사, 서투른 조선인 연기와 몸에 배인 일본식 규범, 관습의 재현은 흉내내기의 주체를 모호한 상태로 그려 관객의 심리적 거리두기를 어렵게 한다. 거기에 철저한 시대 고증과 미장센이 돋보이는 영상으로 전후 일본 사회를 사실적으로 재현하고, 느와르적인 연출로 어둡고 우울한 분위기에 서정적인 배경음악을 더해 주류 관객의 감정적 이입을 이끌었다. 또 향수를 느끼게 하면서도, 한편으로는 떠올리고 싶지 않은 기억, 침략과 식민지 배라는 "불필요한" 역사적 설명은 생략하는 상업주의 전략을 통해 대중성을 확보했다. 〈피와 뼈〉는 일본 아카데미 작품상 등, 그해의 주요 영화제에서의 연이은 수상과 비평가들의 호평으로 작품성을 인정받고, 이듬해 제78회 아카데미 외국어영화상 부문 일본대표로 선정, 출품되었다.

　　최양일 자이니치 삼부작의 시작인 〈달은 어디에 떠 있는가〉(1993)는 독립 영화이다. 〈피와 뼈〉의 원작자 양석일이 쓴 자전적 단편소설 〈택시 광시곡〉(1983)을 영화화하였다. 80년대 초반을 배경으로, 식민종주국에서 태어난 자이니치 2세의 방관자적 시점에서 다민족국가 일본의 일상을 그린다. 하드보일드 범죄드라마에서 가져온 극적 모티브인 폭력성과 섹슈얼리티는 좌절 연속의 코믹한 해프닝으로 재현된다. 원작과 10년의 차이를 두고 만들어진 〈달…〉[6]은 글로벌 시대의 일본, 변함없는 민족 차별에도 불구하고 사회 저변으로 깊이 퍼져나가는 다양한 지역출신 이주민들의 다문화공생관계[7]를 그린다. 눈에 보이지 않는 자이니치가

6　서술의 편의를 위해 영화 〈달은 어디에 떠 있는가〉의 약칭으로 〈달…〉을 사용하도록 한다.
7　일본사회에서 "다문화공생관계"라는 표현과 정책을 시작한 것은 2000년대 초반이다.

"눈에 보이는" 뉴커머, 이주노동자들을 이웃으로 받아들여 함께 사는 다민족국가 일본을 그린다. 〈피와 뼈〉의 주인공의 아들로 내레이션을 맡았던 마사오가 성인이 되어 경험했을 듯한 시대 설정이다.

〈달은 어디에 떠 있는가〉는 뛰어난 작품성과 흥행으로 94년 키네마준보 베스트 텐, 일본 아카데미에서 작품상과 감독상을 비롯해 5개 부문에서 수상하는 등 일본 내 영화상을 휩쓸었다. 이어 베를린 국제영화제 포럼 부분의 초청작으로 선정되었다. 〈달…〉은 종래의 일본 영화와 달리 다양한 지역출신의 이주민들이 일본인들과 "사이좋게" 살아가는 모습을 그린다. 침략전쟁과 식민지 지배의 폭력성, 참담했던 민족차별의 기억을 집단적 트라우마로 안고 사는 자이니치, 글로벌 시대를 맞아 유입되기 시작하는 타 지역출신 이주노동자, 주류사회에서 밀려나 주변적 존재가 된 일본인들의 디스토피아적인 삶을 유토피아적인 이미지로 유쾌하게 재현하였다. 주류사회의 차별과 배척, 혐오의 감정을 신나는 재즈 음악에 실어 풍자와 해학으로 승화시킨 오프닝과 엔딩 신(scene)으로, 보는 이가 웃고 즐기며 심리적 거리두기를 하게 하는 코미디이다.

1998년, 최양일 감독은 하드보일드 경찰 드라마 〈개 달리다〉로 자이니치 집단 연대기를 이어간다. 돈이 되면 뭐든 가리지 않는 악덕 일본 형사 나카야마, 클럽을 경영하고 불법 이주자들의 뒤를 봐주는 자이니치 폭력단 두목 곤도, 둘 사이에서 줄타기를 하며 살아가는 자이니치 경찰 정보원 히데요시가 주인공이다. 영화는 일본의 대표적인 환락가, 범죄 온상인 카부키초(歌舞伎町)를 배경으로 세 남자가 동시에 사랑했던 중국인 창녀 모모의 죽음을 두고 쫓고 쫓기는 이전투구를 그린다. 마약거래, 성매매, 살인, 밀입국 주선 등 닥치는 대로 끼어들어 자기 이익만을 쫓는 세 남성과 중국인 모모, 클럽의 외국인 여성 종사자들, 화면에 등장하는 수많은 아시아 이주민들은 일본의 보이지 않는 시민들이다. 밤이면 좀비처럼 깨어나는 이들은 국가 권력이 통제할 수 없는 원시적인 본능으로 폭력과 강간을 일삼으며 일본 사회의 일부로 살아간다.

II. 탈국가주의 영상 정치학

최양일 감독의 자이니치 집단 연대기는 성과 폭력의 가족 드라마이다. 하드보일드 범죄 드라마와 슬랩스틱 코미디, 포르노와 멜로드라마에 이르는 다양한 장르적 시도로, 현대 일본 사회의 이민족 차별의 역사와 민족국가론의 모순을 그린다.[8] 일본정부는 패전 직후 기습적으로 200~210만 명으로 추산되던 재일조선인들의 국적을 일방적으로 무효화하고 반강제적으로 송환정책을 추진하였다.[9] 최양일 감독은 〈달⋯〉을 자니이치 영화라고 부르는 데 반대하였다. 일본 영화, 아시아 영화라고 했다. 혹독했던 민족차별정책에도 민족적 정체성을 지키며 일본 사회의 일부로 살아온 자이니치 1세와 그 후손들의 집단적 트라우마를 일본 사회의 근대사의 일부로 재현하고, 탈국가주의적 시각에서 글로벌화가 이끈 전 지구적 노동시장의 개편과 경제적 흐름으로 유입된 타지역 출신 이주민들과 함께 살아가는 다민족국가 일본[10]을 그리고자 했다.

아래에서는 이같은 문제 제기로 〈달은 어디에 떠 있는가〉와 〈피와

---

8 일본의 다문화공생 정책은 2000년대 중반에 등장한다. 조현미. "일본의 '다문화공생' 정책을 사례로 본 사회통합정책의 과제," 『한국지역지리학회지』, 제15권 제4호(2009), pp. 449-463.

9 미즈노 나오키·문경수 저, 한승동 역, 『재일조선인: 역사 그 너머의 역사』(서울: 삼천리, 2016) ; 水野直樹·文京洙, 『在日朝鮮人歷史と現在』, 東京 : 岩波書店, 2015 .

10 金時鐘, "「在日」を生きる," 上田正昭 (編) 『歷史のなかの「在日」』, 東京 : 富士原編集部, 2005, pp. 407-450.

뼈〉의 텍스트 분석을 통해 탈국가주의 관점에서 본 자이니치 영화론을 고찰하고자 한다. 〈달…〉은 자이니치 영화의 본격적인 태동을 알리는 작품이었다. 제작 당시 일본 사회는 92년에 있었던 외국인 지문 날인 제도의 폐지를 시작으로 민족 차별적 사회 제도와 악의적 법률 조항이 사회적 주목을 받던 시기였다. 그리고 10년 후 〈피와 뼈〉가 제작될 즈음에는 한류가 얼어붙었던 한일 두 사회를 다시 이어주었고, 일본 정부가 자랑하는 다문화공생정책도 등장하였다. 하지만 진보적인 시민사회의 꾸준한 노력으로 공론화되었던 민족차별 문제도 보수적인 정권의 집권과 함께 다시 빈번히 일어나는 혐한 시위나, 조선학교의 무상교육 거부와 같이 시간을 역행하는 상황을 맞고 있다.[11] 최양일 감독의 탈국가주의 영상 정치학은 글로벌화로 인한 전 지구적 인적 이동이 가시화되던 90년대 이후 10년, 역사적 트라우마를 치유하고 앞으로 나아가려던 이들의 이야기다. 그가 가졌던 문제의식은 여전히 단일민족국가라고 믿는 정치가가 여론을 리드하는 일본,[12] 자본주의적 세계 질서와 신 냉전체제 논리로 인종차별만이 아니라 "하나의 민족"이라고 주장하는 이들 간의 반목의 골이 더 깊은 한국사회에 시사하는 바가 크다. 최양일 감독의 탈국가주의 영상 정치학은 단일민족국가론이 한반도 주민들 간의 문화적, 사회적

---

11 일본 정부는 2010년 4월에 시작된 고교무상교육 대상에서 조선학교를 제외했다. 이어 2013년에 출범한 제2차 아베 정권은 취학지원금이 조선학교의 수업료로 쓰이지 않을 가능성이 있다는 이유로 이를 법령으로 확정하였고, 2019년 일본 최고법원이 이를 적법으로 판결하였다. 이러한 민족차별은 일상생활에서도 여전히 빈번히 일어난다. 2019년 필자가 소속해 있는 릿교대학은 자이니치 학생의 한국 이름을 근거로 기업 설명회 참가를 거부했던 일본의 대표적인 미디어관계 회사에 공식적인 항의를 하였다. 이에 해당 기업은 대학 당국에 차별을 인정했을 뿐, 학생에게는 일체의 연락을 취하지 않았다.

12 "Deputy prime minister calls Japan a nation with single race," *abcNEWS*, 14 January 2020; https://abcnews.go.com/International/wireStory/deputy-prime-minister-calls-japan-nation-single-race-68264441 (검색일: 2020년 6월 8일); 오구마 에이지, 『일본 단일민족신화의 기원』(서울: 소명출판, 2003)

인식, 상이한 정치 체제하에 쌓인 역사적 경험의 이질성을 혈연적 동질성으로 "해소"될 수 있다는 본질주의적인 개념으로 남북 통합의 이념적 틀이 될 수 없음을 보여준다. 나아가 그것이 남북 분단이 해방 후 재일조선인들 간의 국가와 민족에 대한 이데올로기적 갈등과 분열을 일으키고, 양자 선택을 강요하여 호스트 사회는 물론, 본국으로부터의 이중적인 배척과 천형처럼 계속되는 실향의 고통, 새로운 이산을 가져온 원인임을 상기시킨다. 그리고 개방적이고 다층적인 역사 인식과 월경하는 이들의 자유로운 사고와 주체성을 존중하는 새로운 개념의 필요성을 제시한다.

III. 일본 영화감독 자이니치 최양일

일본영화사에 등장하는 한국인과 작품 계보는 자이니치 영화의 역사적 진화과정으로 이해할 수 있다.[13] 민족 영화는 국가를 경계로 하는 배타적 개념으로 설명될 수 없다. 식민지 조선영화와 영화인들은 일본영화사의 일부이기도 하다. 식민지 조선에서 탄생한 첫 조선영화를 비롯해 많은 작품은 조일 합작이나 일본에서 조감독이나 제작 경험이 있는 조선영화인들이 만든 것들로 민족이나 국가를 배타적 창작 주체라고 할 수 없다. 1940년 제정된 조선영화법으로 조선영화인들이 만든 영화사는 폐쇄되었고, 총독부가 만든 조선영화사가 설립되었다. 일제 말기 총독부가 제작한 〈지원병〉(1941), 〈사랑과 맹세〉(1943), 〈병정님〉(1944) 같은 국책 영화에는 식민지 조선영화인들이 다수 동원되었다. 해방 후, 이들은 남북으로 나뉘어 새로운 국가 재건에 동원되었다. 반면 〈그대와 나〉(1941)

13   佐藤忠男. 『日本映画史』. 東京: 岩波書店, 1995; 四方田犬彦. 『アジアのなかの日本映画』. 東京: 岩波書店, 2001; 四方田犬彦. 『日本映画史100年』. 東京: 集英社, 2005.

를 만들었던 허영 감독처럼 일본으로부터 버림받고 남북 어느 쪽으로도
돌아가지 못하고 인도네시아에 남아 작품 활동을 한 이도 있다.[14] 자이니
치 영화의 기원은 이들과 달리 일본에 남은 조선영화인들의 진보적인 일
본영화인들과 협업으로 시작되었다.[15] 김순명이 이끄는 총련 영화제작소
는 1945년에서 46년에 걸쳐 〈조련 뉴스〉1~5를 제작하였다. 김순명은
1946년 민중필름을 설립하고 활동을 시작했지만 곧 미군정에 의해 해체
되고 형무소에 수감되었고 출옥 후 1949년에 현대필름을 설립하여 활동
을 이어갔다. 이어 1955년에는 타케히데 쿄고쿠와 아라오 히데오 감독,
총련영화제작소의 촬영으로 〈조선의 아이〉가 제작되었다.[16] 최양일 감독
의 탈국가주의적 자이니치 영화의 출발은 이러한 식민지 조선영화의 월
경성, 그리고 그 경계를 정하는 "국가"라는 개념의 임의적이고 한시적인
폭력성에서 찾을 수 있다.

최양일 감독의 탈국가주의 영상정치학에 보다 직접적인 영향을 준
것은 6, 70년대 일본 저항영화운동을 주도한 감독들이다. 이들은 일본
정부의 조선 침략전쟁과 식민지 지배의 보상 및 전후 자이니치의 민족
차별에 대한 책임을 묻는 다큐멘터리와 극영화를 꾸준히 제작했다. 이
들 영화에 등장하는 자이니치와 조선인은 전후 일본 사회에 대한 정치
적 알레고리로 반자본주의, 반미주의 저항의 상징이었다.[17] 일본 누벨

---

14 日夏もえ子, 『越境の映画監督 日夏英太郎』, 東京 : 文芸社, 2011.

15 연구자, 총련영화제작소 소장 여운각씨 인터뷰, 2005년, 2008년, 2009년 ; Dew Oliver,
    Zainichi Cinema: Korean-in-Japan Film Culture, London: Palgrave Macmillan,
    2016.

16 板垣竜太, "映画「朝鮮の子」(1955)の製作プロセスをめぐって," 『評論・社会科学』,
    128(2019), pp. 39-65.

17 Maureen Turim, *The Films of Oshima Nagisa: Images of a Japanese Iconoclast,*
    Berkeley, Los Angeles and London: University of California Press, 1998, pp. 217-
    225.

바그의 기수인 오시마 나기사 감독의 〈잊혀진 황군〉(1963)과 〈일본춘가고〉(1967), 〈교사형〉(1968)은 그 대표적 작품이다. 이마무라 쇼웨이 감독의 〈작은 형〉(1959), 이마이 다다시 감독의 〈저것이 항구의 불빛이다〉(1961), 그리고 우라야마 키리오 감독의 〈큐폴라가 있는 거리〉(1962)도 특히 주목할 작품이다.

일본 상업 영화 속에 재현되는 자이니치의 이미지는 전쟁이나 역사극, 야쿠자 영화나 사회 리얼리즘계 작품에서도 꾸준히 찾아지는데, 주변적 존재로 다뤄지는 경향이 강하다. 반면 이학인 감독의 〈이방인의 강〉(1975)과 〈시구레 아줌마〉(1977)는 자이니치의 주체성이 잘 드러난다. 또 총련영화제작소는 1970년대에도 다큐멘터리를 꾸준히 제작해왔다. 90년대 이후부터 일본영화사에 등장하는 자이니치들은 스크린 이미지가 갖는 정치적 상징성을 넘어선다. 조선학교 출신으로 한국국적을 가지고 한국이름으로 제작자와 감독, 배우로 활약하는 자이니치들이 눈에 띄게 증가했다. 그중에서도 〈박치기〉(이즈츠 카즈유키, 2004)와 〈아무도 몰라〉(고레에다 히로카즈, 2004)의 이봉우 제작자, 〈훌라걸〉(2006) 과 〈분노〉(2017)의 이상일 감독, 〈디어평양〉(2005)의 양영희 감독, 그리고 최양일 감독은 일본영화를 대표하는 자이니치들이다.

최양일 감독의 일본 이름은 사이 요이치이다. 그는 1973년 영화계에 입문, 저항영화운동의 기수였던 오시마 나기사의 조감독으로, 배우로도 경력을 쌓아왔다. 데뷔 작품인 〈10층의 모기〉(1983)가 베네치아 국제영화제에 초청받으며 평단에 이름을 알리기 시작했다. 그리고 10년 후, 블랙코미디 〈달은 어디에 떠 있는가〉로 국제적인 명성을 얻게 되었다. 〈달…〉은 자이니치 영화를 본격적으로 태동하게 한 시네콰논의 이봉우가 기획, 제작, 배급한 작품이다. 이 작품으로 최양일은 B급 하드보일드액션 장르, 독립영화를 넘어 주류 영화감독으로 널리 알려지게 되었다.

최양일 감독은 자이니치 1세 아버지와 일본인 어머니 사이에서 태어났고, 어머니와 생활하며 조선학교를 다녔다. 조선적을 유지하던 그는 1994년 이봉우와 함께 한국국적을 취득하고 2년 후 일본 문화원 해외 연구원의 자격으로 한국 유학을 하였다. 그리고 2004년 그는 외국인 최초로 일본영화감독협회 이사장으로 취임하여 일본영화계를 이끌고 있다. 2007년 한국에서 만든 〈수〉를 제외한 그의 모든 작품은 일본영화다. 하지만 외국인인 그가 만든 일본영화는 고전적인 의미의 민족 영화 개념에 들어가지 않는다.

IV. 탈국가주의와 아시아 영화

서경식은 일제 강점으로 실향과 이산을 겪고 도일한 조선인과 그 후손은 정치적 난민이고 이들의 이주사는 망명과 소외의 역사라고 정의한다. 이들은 국적과 관계없이 일본 사회의 일부이다. 하지만 이들을 민족적 정체성을 생략한 자이니치나 재일동포, 국적을 명시하는 재일한국인이나 의도적으로 애매한 상태로 두려는 재일코리안이 아닌 "재일 조선인"이라고 불러야 한다고 주장한다. 그리고 모든 해외동포가 연대하여 새로운 민족, "네이션"을 구축해야 한다고 하였다.[18] 이에 반해 윤건차는 자이니치는 실향과 이산, 이주를 경험하며 한반도에 사는 한국인이나 북한주민과는 다른 이주민으로서의 역사와 정체성을 형성해왔기 때문에 조선인도 한국인도 아닌 자이니치(재일동포)라는 호칭을 쓸 것을 제안한다.[19]

---

18 조관자, "1990년대 이후 한국에 소개된 재일조선인 지식인의 민족담론: 서경식의 '식민주의 저항' 담론에 관한 비판적 고찰." 『일본비평』 14호, 2016, pp 50-81.
19 윤건차 저, 심성보 역, 『한국 근대 교육의 사상과 운동』(서울: 청사, 1987); 윤건차 저, 박

나아가 재일동포는 한국이나 북한은 물론 다양한 지역의 해외동포를 아우르는 광의 민족 공동체의 일부로, 협의의 민족 개념을 극복해야 한다고 주장했다.

최양일 감독이 재현한 자이니치 가족연대기는 서경식의 재일조선인론, 윤건차의 자이니치론과 후기 민족주의적인 역사인식을 같이한다. 국가 폭력과 성적 유린의 기억이 사회적 낙인처럼 찍힌 자이니치의 이주 역사는 후기 식민주의적 성찰 없이 이야기할 수 없다. 최양일이 재현하는 자이니치의 역사적 트라우마와 집단적 정체성은 단일민족국가 개념으로는 설명되지 않는다. "올드커머"인 자이니치의 역사적 기억을 토대로 글로벌화 시대의 일본 사회에 유입된 다양한 지역출신의 이주민들인 "뉴커머"와 연대할 것을 촉구한다. 일본 사회의 민족차별 역사에 기초하여 인종주의 민족국가론에 저항하는 다문화공생관계를 그리고자 하였다.

〈달은 어디에 떠 있는가〉로 집중적인 주목을 받기 시작한 즈음, 최양일 감독은 "자이니치 칸코쿠진", 즉 재일 한국인이라는 표현이 싫다고 했다.[20] 자이니치 조선인도 싫지만 자이니치 코리안이라는 표현은 괜찮다고 했다. 그에게 "코리안"은 정치적 선택을 거부한다는 의미를 갖는다. 또, 서경식이나 윤건차와 달리, 고전적인 민족국가의 개념으로 호스트 사회와 경계를 긋는 것에도 반대한다. 이주민들도 일본 사회의 일부이다. 단일민족국가론은 물론, 남북한의 대립과 경계, 자이니치 내부의 정치적 분열에 대해서도 비판적이다. 대중적인 인지도가 높은 자이니치 셀

진우 역, 『교착된 사상의 현대사: 1945년 이후의 한국·일본·재일조선인』(파주: 창비, 2009); 尹健次. 『在日を考える』. 東京: 平凡社, 2001.

20 Mark Schilling, *Contemporary Japanese Film,* Trumbull, CT: Weatherhill Inc., 1999, p. 69.

러브리티인 강상중 역시, 최양일 감독처럼 후기 민족주의적 입장에서 자이니치의 민족 정체성을 강조한다. 그는 한국, 조선, 코리안이라는 꼬리표 없이 재일, 자이니치라고 호명하는 것만으로도 식민지배의 종주국에서 태어난 이주민 후손임을 선언하는 의미가 있는 것이고, 국적이 서로 다르다 하더라도 자이니치는 일본 사회의 멤버라고 하였다.[21]

물론, 자이니치 민족담론을 리드하는 학자들 중에는 정대균처럼 피해자와 가해자라는 양분법적 역사관에 반대하는 이들도 있다. 그는 식민지배의 참혹함, 일본 사회의 가혹한 민족차별만으로 자이니치의 정체성을 이해받으려고 하는 것은 피해자 코스프레라고 비난한다. 귀화하여 한국계 일본인으로 살아가는 것이 미래지향적이라고 주장한다. 일본인으로 국민의 권리를 합법적으로 인정받고 의무를 지켜 국가로부터 보호받고 일본 사회의 중심에서 살 수 있게 한다는 것이다.[22]

하지만 현실은, 민족차별이 사라지지 않은 일본 사회에서 일본인으로 살기 위해서는 자신의 집단적 정체성을 열등하게 여기는 이들과의 타협, 정치적 투항을 인정해야 한다.[23] 자이니치라는 존재는 일본 식민지배의 소산이고 현대 일본 사회가 감추려는 역사적 치부이다. 또, 현대 일본 사회에 늘어나는 아시아계 이주 노동자들에게도 자신들의 이주역사를 공론화하여 일본 사회의 일부로 살아남길 부추기는 위험한 세력이다. 이들은 호스트 사회 일본의 국가 폭력과 차별적 이주민 정책의 역사적 증

---

21 姜尙中, 『在日』, 東京: 集英社, 2008. 하라지리 히데키 저, 김영미 역, 『동중국해역에서의 한반도와 일본열도: 그 기층문화와 사람들의 생활』(서울: 민속원, 2017); 原尻英樹, 『「在日」としてのコリアン』(東京: 講談社, 1998), p. 3.

22 鄭大均, 『在日韓国人の終焉』, 東京: 文藝春秋, 2001.

23 Ching Leo T. S., *Becoming 'Japanese': Colonial Taiwan and the Politics of Identity Formation*, Berkeley, Los Angeles and London: University of California Press, 2001.

인이다. 따라서 설령 "귀화"를 하더라도 현대 일본 사회가 고수하는 인종 차별적 민족주의는 국적과 관계없이 소수민족과 외국인을 위험하고 원하지 않는 타자로 취급한다.[24] 이런 점에서 최양일 감독의 탈국가주의적 시각에서 그린 자이니치 가족 연대기는 후기 민족주의적 민족 담론이나 역사적 희생자, 피해자로서의 자이니치 담론을 부정하는 정대균의 입장을 반대한다.

하버마스는 「탈국가주의 위치(postnational constellation)와 민주주의의 미래」라는 논문에서 글로벌화의 역동성은 민족국가를 정치조직의 모델로 하는 전 지구적 지배 방식을 끝낼 것이라고 했다.[25] 생산 및 유통과정, 시장의 변화와 흐름, 소통과 상거래 방식, 문화와 위기, 그 모든 것들의 글로벌화가 배타적 주권을 기반으로 하는 고전적인 형태의 민족국가를 종식시킨다는 것이다. 노동시장의 글로벌 정치학은 사람들 사이에 국가의 경계를 사라지게 하고 있다. 따라서 협의의 민족국가 개념은 다양한 민족 공동체 출신이 함께 모여 있는 이주민들의 민족의식을 더 이상 규정할 수 없다.[26] 결국, 글로벌화는 지금까지 지속적인 정치 모델로서 민족국가의 적절성에 근본적으로 도전하고 탈국가주의적 민족 개념을 제시한다고 주장한다.

글로벌화에 따른 정치적 모델로서 민족국가 개념을 비판적으로 보는 하버마스의 이론적 틀에서 볼 때, 최양일 감독이 제안한 "아시아영화"

24   板垣竜太. "〈嫌韓流〉の解剖ツール", 『日韓新たな始まりのための20章』, 東京: 岩波書店,
      2007. 上田正昭. 『歴史のなかの在日』, 東京: 藤原書店, 2005, pp.2–15.

25   Habermas, Jürgen, *The Postnational Constellation,* Cambridge: Polity, 2001, p. 3.

26   Elizabeth Ann Fitzpatrick, "The Emergence of a Post-national Aesthetic in Contem-
      porary Irish Drama, 1980–2000", Ph. D. dissertation, University of Michigan(2003);
      Nick Stevenson, *Cultural Citizenship: Cosmopolitan Questions,* Berkshire: Open
      University Press, 2003.

는 배타적 민족국가를 집단적 주체로 하지 않는 새로운 지역 영화 개념
이다. 탈국가주의적 민족 영화를 시사하는 대안적 개념이다. 그가 그리
는 글로벌 시대의 일본 사회에는 다양한 지역출신의 아시아계 이주민들
이 최저 임금의 비정규직 노동자로 살아간다. 그는 극장판 〈달…〉의 전
작인 TV 드라마 시리즈 〈달…〉을 만들며 자신이 "서구인이 아니고 아시
아인인 것을 깨달았다"고 한다.[27] 〈달…〉은 다민족국가 일본 사회를 그린
다. 그의 영화에 등장하는 타 지역 아시아출신 이주민들도 자이니치처럼
일본 사회의 일부로 살아갈 것이다. 〈달…〉은 자이니치의 문제를 다룬
드라마가 아니라 일본 드라마라고 표현, 다문화사회 일본에 대한 자신의
소신을 피력하였다.[28] 그가 아시아를 하나의 지역공동체로 보는 또 다른
이유는 일본 사회의 서구에 대한 컴플렉스를 지적하기 위해서이다. 일본
영화의 감독으로서 그는 헐리웃영화가 그린 서구사회에는 공감하기 어
렵지만 아시아영화는 자신이 살고 있는 사회, 이웃이라는 느낌을 갖는다
는 것이다. 이처럼 그의 영화는 본질주의적 단일민족주의의 모순을 풍자
하고 심리적 거부감을 드러낸다. 그 거부감이 이웃에 살고 있는 아시아
계 이주민들에 대한 연민과 공생관계로 표현된다. 한마디로 최양일 감독
이 그린 자이니치 삼부작은, 단일민족국가론을 신봉하는 일본의 코스메
틱 다문화주의[29]를 통렬히 비판한다.

---

27   Mark Schilling, *Contemporary Japanese Film,* p. 66.

28   崔洋一. 『月はどっち出ている―崔洋一の世界』. 東京: 日本テレビ, 1994, p. 83.

29   Gerow Aaron. "Consuming Asia, Consuming Japan: The New Neonationalist Revi-
      sionism in Japan", in Laura Hein and Mark Selden, eds., *Censoring History: Citizen-
      ship and Memory in Japan, Germany, and the United States,* London and NY: M.E.
      Sharpe, 2000, pp. 74-95.

V. ⟨달은 어디에 떠 있는가⟩

⟨달은 어디에 떠 있는가⟩는 파칭코와 야키니쿠 가게로 아버지 세대가 이룬 자이니치 사회의 금융권을 기반으로 글로벌 시대의 기업가로 성공하는 꿈을 꾸는 자이니치 2세의 야망과 좌절, 이들을 방관자적 입장에서 지켜보며 주변적 존재로 살아가는 주인공과 그 친구들의 일상을 그린다. 자이니치 사회는 남북으로 분단된 조국처럼 조총련과 민단으로 나뉘어 반목하고, 필리핀 이주 여성들을 고용하여 바를 운영하는 어머니는 악착같이 돈을 벌어 북한으로 간 아들들에게 보낸다. 하지만 일본에 남은 막내아들 타다오의 관심은 오직 연애뿐이다. ⟨달…⟩은 택시 운전사인 타다오의 눈에 비친 자이니치 사회와 그곳으로 흘러들어온 소외된 일본인들과 뉴커머 이주민들의 다문화공동체를 그린 로맨틱 코미디이다.

강상중은 귀화하더라도 본명을 쓴다면 민족 정체성을 지키는 것이라고 했다.[30] 이름은 개인이 사회적 관계를 맺고 실행하는 수행성(performativity)을 가진다. 일본 이름이 아니면 국적 취득이 불가능했다. 한국 이름으로 일본인 흉내를 내는 것도 불가능했다. 이름은 신체적 차이로도, 사회적 규범과 관습, 언어로도 구별하기 어려운 자이니치를 구별할 수 있는 확실한 증거다. 본명이 명시된 외국인 등록증을 가지고 다니지 않으면 불심검문으로 체포될 수 있었다. 이처럼 일본 사회에서 자이니치의 본명은 창작자가 작중 인물들의 이름으로 역할, 태생과 성격, 감정, 상대와의 관계를 정하고 거기에 맞는 연기를 요구하듯이 국민, 비국민으로 분류하고 낙인찍는 민족 차별의 근거로 이용되었다. 따라서 자이니치가 본명을 지키는 것은 자신들을 비국민으로 낙인찍는 국가 폭력에

---

30 姜尚中. Ibid .

저항하는 정치적 행위이다. 반대로 일상에서 통명과 본명을 필요에 따라 바꿔 쓰는 것은 국가가 아닌 스스로 정한 사회적 존재로서 자아를 드러내고 인정받고 소통하는 정체성의 정치학이다.

〈달…〉의 주인공은 사적 공간에서는 대충대충 살아가는 타다오이면서 민족차별정책으로 국가 감시체계가 작동하는 공적 영역에서는 저항의지를 "실연(perform)"하는 강충남이다. 조선학교 동창들과 관계는 그 중간, 회색지대에 놓여 있다. 두 개의 이름은 민족적 동화가 아니면 분리를 요구하는 국가 폭력을 정치적 무관심으로 넘어가거나 타협하거나 맞서는 행위이다. 자신의 필요에 따라 다른 목소리를 내며 다층적인 자아를 연기하는 복수의 신분증 역할을 한다. 민족 차별에 대한 정치적 저항과 문화적 유연성 때문에 자이니치로서 본명과 통명을 번갈아 쓰는 방식이 정착되고, 국적과 민족이 일치하지 않는 이웃들을 사회 준거집단으로 여기며 살아가게 된다.

타다오는 식민종주국에서 태어나 일본말이 편하고 남북으로 나뉜 조국의 정치적 상황도 관심 없다. 그의 어머니 역시, 몸에 밴 일본식 예의와 관습을 자랑스럽게 여기며 자기 바에서 일하는 필리핀 여성들, 동남아 이주민들에 대한 인종차별을 숨기지 않는다. 하지만 그녀에게 유일하게 남은 아들, 타다오도 택시를 몰고 공적인 영역으로 나가면 동남아 이주민과 똑같이 믿을 수 없는 외국인, 잠재적인 범죄자이다.[31] 운전면허증의 본명은 승객의 민족차별을 정당화한다. 반면, 조선학교는 타다오가 사는 사적인 공간인 집과 회사 기숙사, 그리고 강충남으로 살아야 하는 공적인 공간인 택시, 그 중간 지점에 놓여 있다. 세일과 광수 같은 조선학교 동창들에게 주인공은 타다오이기도 하고 충남이기도 하다. 동창들

---

31 板垣竜太, ibid.

은 "조국 통일"을 위해 자본가로 성공하자고 외치지만 자기들끼리는 일본말로 소통하는 게 편하다. 실제로 영화 속에 한국어 대사는 전혀 등장하지 않는다. 문화적 완충지대로서 조선학교는 공적 영역과 사적 영역의 갈등적 자아가 상황에 따라 어떻게 다르게 연기, 실행하며 일본 사회의 일부로 살아가는지를 배우는 곳이다. 혼종적 자아가 치료받고, 힘을 얻는 저항의 공간이다.

오프닝 신(scene)은 자이니치의 혼종적 자아 정체성과 타지역 이주민들에게 갖는 동병상련, 민족차별이 일상화된 일본 사회의 시대착오적인 모습을 경쾌한 음악과 함께 코믹하게 보여준다. 스윙재즈의 타이틀 음악이 시작되면 늙은 일본인 기술자가 차 밑에서 튀어나온다. 그리고 리듬에 맞춰 다리를 절며 뛰어가 이란인 견습공 핫산에게 다짜고짜 없어진 자기 돈의 행방을 묻는다. 핫산은 억울해하며 자기 이름도 제대로 못 부르는 일본 기술자에게 화를 내고 둘은 엉켜 붙어 싸움을 시작한다. 이를 본 타다오는 인종차별이라고 주의를 주고 다른 일본 운전사도 합세하여 둘을 뜯어말린다. 이어 타이틀 음악은 이들의 소동을 집어삼키듯 볼륨을 높이고 엉겨 붙은 이들의 모습을 춤판의 광대, 카니발로 희화한다.[32] 그리고 코믹하게 희화된 인종적 편견은, 영화가 시작되면 유혹에 못이긴 핫산이 타다오의 택시를 몰고 불법영업을 나갔다가 경찰에게 걸리고 마는 걸로 닫힌 구조의 의미 체계를 그린다. 핫산은 자이니치 강충남의 사회적 자아가 투영된 인물이다. 핫산은 원작 소설에는 등장하지 않는다. 글로벌화 시대의 일본 사회를 표현하기 위해 추가된 인물이다.

타다오가 택시에서 만나는 일본인들은 글로벌화로 더욱 확실하게 가시화한 이주노동자와는 인연이 없는 듯 이전 세계, 단일민족국가 일

---

32   Mika Ko, ibid., pp. 152–156.

본에 살고 있다. 택시는 국가의 감시와 통제 아래 움직이는 공적 영역이다. 타다오는 운전 면허증에 쓰인 대로 위험한 외국인 강충남으로 인지된다. 일본의 헤게모니 남성성을 대표하는 회사원차림의 어느 취객이 아는 체하며 충남에게 중국인이냐 묻자 타다오는 정중하게 자기 이름은 "가"가 아니고 "강, 재일한국인"이라고 정정해준다. 신이 난 취객은 어린 시절에 경험한 '재일한국 조선인 부락' 이야기를 시작한다. 자이니치조센징 친구가 준 사과에서도 김치냄새가 나고 그 애 할머니는 못 알아듣는 한국말로 지껄였고, 조선인 위안부는 매춘부이고, 그래도 자신은 한국에도 가봤고 야끼니쿠를 너무 좋아하고, 1992년 LA 폭동은 너무 짜릿한 충격을 주었다는 둥, 끝도 없이 횡설수설이 이어진다. 일본 사회의 자이니치 스테레오 타입을 취기를 이용해 신나게 풀어낸다. 그리고 택시요금을 안 내고 도망친다. 취객의 술주정을 건성건성, 하지만 예의 바르게 듣고 있던 강충남은 도망가는 그를 붙잡아 다시 한번 자신 이름을 "가"가 아니고 "강"이라고 고쳐준다.

이름이 자이니치의 갈등적인 탈국가주의 민족 정체성을 표현하듯이 알콜에 의한 심신 미약, 판단장애, 사회부적응 등 심리적 "이상상태(abnormality)"는 일본 사회의 은폐된 민족차별을 드러내는 역할을 한다. 신체적 장애나 정신병은 은폐된 차별과 편견을 가진 이들의 비정상 상태, 사회적 주변성을 재현하는 장치이다. 시합 중 머리를 다친 전직 권투선수인 호소는 가족들도 떠나버리고 자이니치 택시회사로 흘러들어와 기숙사에서 살고 있다. 일본 사회에서 밀려난 부적응자이다. 호소의 반복되는 대사는 "조센징은 교활하고 불결하고 교양이 없어. 넌 완벽한 일본인이야. 나는 자이니치를 혐오하지만 넌 좋아, 돈 좀 빌려줄래?"이다. 이성이 통제하고 숨겨왔던 체화된 민족차별 의식이다. 타다오가 필리핀 술집 종업원 코니와 있을 때 더 집요하게 반복되는 호소의 이 대사는 "조센징" 충남이 "피부가 까만" 필리핀 술집 여성, 눈에 드러나는 외국인과 관계를 갖는 것, 인종적 혼종성에 대한 혈통주의적 경고이다. 또 코니에 대한 극단적인 배척과 혐오는 충남에 대한 성적 집착으로도 해석될 수 있다. 한밤중 코니와의 관계를 방해하려고 집요하게 전화를 걸고 찾아오고, 혼자 남은 기숙사에서 충남의 이불 속에서 자는 등, 동성애적인 코드를 이용해 감시하고 다른 외국인 노동자와 구분, 통제 아래 두려는 모순적 민족차별을 시사한다.

이처럼, 최양일의 영화에 등장하는 성폭력이나 성관계는 소외된 남성들의 자손 번식 본능과 좌절을 표현한다. 일본 사회의 순수 혈통을 지키려는 입장에서는 눈에 보이지 않는 자이니치가 눈에 보이는 외국인 노동자와 관계를 갖는 것은 더욱 용납하기 어려운 행위이다. 호소는 유일하게 회사 내에서도 타다오를 한국식 이름 추(충남)라고 부르며 정신 이상이란 상태에서 자이니치를 국가 경계 밖으로 밀어내는 일본인 역할을 한다. 이처럼 심신장애, 만취와 광기는 사회적 외피(파사드)를 벗기는 의미를 갖는다.[33] 핫산이나 코니처럼 자본주의 사회의 밑바닥으로 새롭게 들어온 이주민에 대한 노골적인 차별과 달리, 일본화된 타다오에 대한 차별은 더욱 두꺼운 사회적 외피로 감추어져 있다. 동시에 민족차별과 외국인 혐오, 그 자체가 은폐된 "비정상적" 정신상태임을 시사한다.

반면, "비정상적"으로 그려진 택시회사 동료들의 사회부적응 증상과 신체적 장애는 타자화된 이주자들과 이들과 어울려 사는 일본인들의 주변화된 모습을 그린다. 타다오의 일본 동료들은 한결같이 소통 장애, 신체적 장애를 가지고 있다. 말을 더듬거나 다리를 절고, 처자는 도망가고,

33 Danny Wedding, Mary Ann Boyd and Ryan M. Niemiec, *Movies & Mental Illness: Using Films to Understand Psychopathology*, Cambridge, MA: Hogrefe and Huber Publication, 2009.

다 같이 기숙사에 모여 산다. 자이니치 사회와 주류 사회의 소통 불가능, 사회적 거리와 소외를 시사한다. 새로 들어온 택시 운전사 안도의 성격화는 감독의 이러한 의도를 잘 보여준다. 언제나 말끔하게 유니폼을 입고 출근하는 그는 자위대 출신이다. 하지만 늘 길을 잃어버린다. 도쿄 타워, 후지산, 아사쿠사의 "응코" 빌딩 등 일본을 상징하는 이정표를 배경으로 안도는 언제나 같은 질문을 한다. "제가 어디에 있나요?"

　"달을 향해 달려라"라는 영화 원제목처럼 글로벌 시대의 일본 사회에 사는 수많은 이주민들은 국적이 없어도 일본 사회의 일부로 살아간다. "해가 뜨는 나라"의 국민인 안도는 방향을 잃었고 시키는 대로 "달을 향해" 달려야 한다. 안도가 향하는 곳은 자이니치와 외국인 이주민들이 모여 살고 있다. 야쿠자가 택시 회사를 접수하고 이들을 밀어내려고 해도 악착같이 살아남아 이들 외국인 이주민들과 소외된 일본인들은 일상을 이어간다. 이들을 일본 사회의 일부로 인정할 수도 없고 이주 노동자 없이는 돌아가지도 않는 글로벌 시대의 일본은 여전히 단일민족신화를 믿는 정치가들이 모는 방향 잃은 택시와 같다. 어디로 달려야 할지 방향을 잃었다. 「달은 어디에 떠 있나」는 지금까지 일본영화가 보인 외국인 혐오증, 자국 중심의 극단적인 역사 해석이 아닌 다문화공생관계를 모색하는 이주민들과 그 이웃인 일본사람들의 이야기이다. 이 경쾌한 도쿄 드라마, 로맨틱 코미디를 일본의 대표적 평론가들은 일본영화사에 시대를 긋는 작품, 이정표라고 하였다.

VI. 〈피와 뼈〉

〈피와 뼈〉는 1923년 주인공 김준평이 제주와 오사카를 운항하던 연락선 '기미가요마루'를 타고 도일하는 장면으로 시작한다. 배위의 사람들을 롱숏으로 보여주던 카메라가 눈에 들어오기 시작하는 오사카 공장지대를 바라보는 16세의 소년, 김준평의 얼굴을 클로즈업한다. 이 장면은 북한에서 죽음을 맞는 80대 노인 김준평의 회상장면으로 다시 쓰인다. 고향 제주와 오사카의 "리틀 제주'를 그리며 일생을 마감하는 김준평의 일대기를 닫힌 구조의 순환적 기억으로 재현한다. 제주와 일본, 어느 쪽에도 속하지 않은 중간자적 존재로서 자이니치들의 민족적 정체성을 표현한다. 최양일 감독은 영화 〈대부〉의 장엄하고 아름다운 배경 음악과 "리틀 이태리"를 꿈꾸며 뉴욕으로 향했던 시실리 사람들처럼, 도일하는 조선인들의 모습과 그들이 꿈꾸던 "리틀 제주"을 재현하고자 했다고 한다. 하얀 치마저고리, 바지저고리를 입은 사람들, 제주 아리랑장단에 맞춰 북을 치고 노래하고 춤을 추는 사람들 사이에 조용히 앉아 있던 소년이 오사카 공장지대를 바라보며 미소를 지으면 마사오의 내레이션이 시작된다. "이이가 내 아버지다, 그가 없는 내 삶은 어땠을까… 그는 나를 평생 가두어왔다, 무너지지 않는 벽처럼." 오프닝 신이 끝나면 중년의 기타노 다케시가 연기하는 김준평이 등장한다. 오랫동안 사라졌다 밤늦게 집으로 돌아왔다. 그가 뱉는 첫 대사는 '짐치'.[34] 식욕을 채우자 마자 아내 영희를 의붓딸이 보는 앞에서 겁탈한다. 내레이션이 이어진다. "이이가 내 엄마다. 이렇게 난 태어났다."

아들에게 아버지는 독재자였다. 탐욕스럽고 닥치는 대로 폭력을 행

---

34 어눌한 발음의 제주 사투리로 자이니치영화의 로컬리티를 보여준다고 할 수 있다.

사하고 여자를 겁탈하고 여기저기 새끼를 번식시키는 동물적 생존 본능으로 살아가는 짐승, 야만적 상태로 복귀한 인물로 그렸다. 식민지배 종주국의 국가 폭력은 징병제로 전쟁에 끌려가 고통받고 초라한 모습으로 돌아온 이웃 남성들, 공장노동자로 임금도 제대로 받지 못하고 착취당하면서도 숨죽이고 사는 약자로서의 남성 모습으로 재현할 뿐이지만, 김준평은 국가 폭력, 공권력의 통제에서 벗어나 있었다. 최양일 감독은 김준평의 폭력에 "자이니치"이기 때문이라는 극적 개연성을 일절 주지 않는다. 김준평은 국가 감시 체제가 작동하지 않는 곳에 유배된 이들, 여자들과 아이들, 국가 폭력에 길들여진 남성들이 약육강식의 본능이 지배하는 원시 상태로 버려졌을 때 만날 수 있는 폭력적인 가부장의 모습으로 그려졌다.[35] 그가 재현하는 폭력은 야만 상태에 던져진 조선인 이주민들이 기억하는 식민종주국 일본의 민낯이고 국가 폭력의 거울 이미지이다.

폭력과 강간은 준평의 생존방식이다. 유일하게 그가 아꼈던 기요코는 바깥세상에서 데리고 들어온 전쟁미망인이었다. 하지만 기다려도 그녀는 자식을 잉태하지 않는다. 자손 번창이 곧 성욕의 출발인 김준평은 더 이상 기다릴 수가 없다. 곱게 모셨던 기요코를 신혼방 2층에서 끌고 내려가 마당으로 나간다. 그리고 제주식으로 절인 돼지고기가 썩어 구더기가 들끓는 장독을 열고 구더기가 달라붙은 고기 한 점을 기요코의 입에 쑤셔 넣으며 아이를 낳으라고 소리를 지르는 장면은 강간을 암시한다. 그녀의 육체는 금기의 땅 일본을 상징한다. 강간해서라도 자기 자식을 잉태시키고 경계를 넘어 일본 사회로 확장해 들어가려고 하는 김준평의 강한 생존 본능을 표현한다. 김준평의 성과 폭력은 혈연적 혼종성, 문화적 경계 흐리기, 신체적 구별이 불가능한 호스트 사회 주민과 이주민,

---

35   崔洋一・梁石日・鄭義信, 『映画「血と骨」の世界』, 東京: 新幹社, 2004.

지배자 집단과 피지배자 집단의 거울 이미지를 재현한다.

아버지를 증오하며 그를 닮아가는 자신을 느끼고 마사오는 부락을 떠난다. 하지만 그가 회상하는 아버지의 일대기는 "피와 뼈"로 자신에게 이어지는 "제주"의 기억이다. 실향과 이산, 이주, 귀국, 그리고 죽음을 맞으며 고향 제주로 돌아가는 순환 구조의 회상을 통해 아버지에서 자신에게 이어지는 자이니치의 고향에 대한 기억과 집단적 트라우마는 함께 전달된다. 자이니치 1세에게 고향은 삶의 출발지이고 돌아가야 할 곳이다. 식민종주국에서 태어난 2세에게도 아버지의 고향이 곧 그들의 고향이다. 마사오의 고향도 제주이고 오사카도 "리틀 제주"다. 또, 리틀 제주의 모든 기억, 제주식으로 장만한 잔칫날 음식과 제삿상, 민속음악, 지역의 독특한 신앙과 전통과 관습을 한국이 아닌 제주식으로 세세하고 보여주는 작가의 의도는 고향은 국가가 아니라 지역, 탈국가주의적인 정서임을 강조하려는 데 있다. 양석일 작가, 최양일 감독, 그리고 각본을 쓴 정의신 작가에게 아버지의 고향이 갖는 의미가 어떤 것인지 잘 보여준다.[36] 즉, 자이니치의 민족적 정체성을 탈국가주의적 관점에서 재현하려는 전후 세대의 고향에 대한 생각을 담고 있다 하겠다. "어머니는 그녀의 피를, 아버지는 뼈를 그 자식에게 준다." 마사오의 마지막 내레이션은 이러한 감독의 탈국가주의 민족관을 잘 표현한다. 동시에 북한의 어느 곳에서 죽어가는 아버지의 모습을 통해 민족 정체성을 회귀본능으로 설명한다. 죽음의 문 앞에서 김준평은 고향으로 돌아가 다시 길을 떠나는 자신의 모습을 본다. 그리고 그의 분신 마사오를 통해 그의 여정이 계속되듯이 이주민으로서 일본에서 살아가는 마사오는 아버지의 이주 기억을 잇는 다음 세대의 역할을 충실히 한다.

36 ibid, p. 51.

VII. 탈국가주의 영상 정치학과 남북마음통합

〈달은 어디에 떠 있는가〉의 결혼식 피로연 장면은 조총련과 민단의 요란한 노래 경연으로 남북분단을 풍자한다. 조총련측도 민단측도 시끄럽고 요란스럽지만 행복해 보인다. 남과 북으로 갈라진 자이니치가 결혼을 하고 가족을 이루며 산다. 자이니치 사회에서 더 이상 남북분단은 국가적 경계나 정치적 분단논리가 아니다. 치마저고리를 입은 여성에게 수작을 걸다 무안을 당하고, 자리를 옮겨 양장을 한 여성에게 다시 추근거리다 핀잔을 듣는 타다오도 그중 하나이다. 동석한 조선학교 동창들은 사회에서 잘 나가는 기업가답게 핸드폰으로 서로를 불러 조국통일을 위해 자이니치 경제를 일으켜야 한다고 큰소리친다. 주판알을 튕기며 동전을 세던 아버지 세대와 다른 미래를 꿈꾼다. 하객들은 김일성 장군의 노래와 버들강변 민요 멜로디를 부르며 어울려 논다.

경계 없는 남북이야기는 타다오와 엄마가 사이좋게 앉아 북한으로 보낼 소포를 싸는 장면에서 다시 재현된다. 익숙한 손놀림으로 소포를 싸는 타다오는 커피와 초콜릿, 일상용품을 담고 현금을 상자 밑 깊숙이 숨겨 넣는다. 타다오를 믿음직하게 쳐다보던 어머니의 잔소리가 다시 시작된다. "조국에 있는 형들에게 부끄럽지 않니?" 북한으로 간 아들들이 생각난 엄마는 여자 꽁무니만 쫓아다니는 막내 타다오를 구박한다. 그러자 타다오는 "일본 여자는 안 돼, 필리핀도 안 돼, 제주, 민단도 안 돼, 그럼 난 어떻게?" 하지만 영화는 이중적인 인종차별에 힘들어하던 코니와 타다오의 행복한 결말로 남북분단도 인종차별도 넘어서는 모자를 보여준다.

타다오는 엄마의 성화에 못 이겨, 사랑하는 코니를 멀리 나가노 클럽으로 떠나보냈다. 하지만 대충대충 살려고 해도 매일 부딪히는 일본 사회의 민족차별에 더 이상 참을 수 없다. 정신이 잠깐 돌아온 호소에게 멋지게 한방 먹고 돈도 잃었다. 그래도 경찰서에서 만난 호소에게 다시 돈을 건네는 타다오는 엄마에게 쫓겨 나가노에 있는 필리핀 펍으로 떠나버린 코니를 찾아간다. 그리고 코니에게 화해를 신청한다. "이제부터 난 택시 운전사 '가'야. 어디로 갈까요, 손님? 네, 마닐라로 가겠습니다." 타다오를 '가'로 부르는 일본인과 싸우는 것도 이제 의미가 없다. 영화는 도쿄를 맴도는 어정쩡한 택시 운전사 타다오로 시작해 코니와 필리핀으로 행복한 신혼여행을 떠나는 강충남의 코믹 연기로 절정에 이른다. 아버지 세대처럼 길 위에서 자신의 모습을 찾는 것으로 영화는 끝이 난다.

핫산과 코니는 원작자 양석일이 그리지 않은 다문화공생사회 일본의 또 하나의 얼굴이다. 코니에게 "이 세상은 돈이야, 가족을 위해 돈을 벌어라"라고 소리치며 북한으로 보낸 자식들을 위해 돈을 버는 어머니도 자본주의 사회의 밑바닥에서 살아가는 이민족 여성들이다. 어머니는 호스트 사회의 편견을 체화한 피지배민족 일원으로 뉴커머인 필리핀 술집 여성들에게 언어적 폭력을 일삼는다. "다문화공생사회"라는 표현 자체가 없던 1993년 최양일 감독은 아시아 이주민들과 함께 살며 편견과 차별의 폭력성을 서슴치 않고 드러내며 모방성을 보이는 자이니치, 그러면서도 함께 다문화사회 일본의 일부로 살아가는 강충남의 가족 이야기를 들려준다.

〈피와 뼈〉는 역사적 시점에서 남북분단이 자이니치 사회에 가져온 이산과 갈등을 그린다. 어릴 적 마사오는 가난했던 자이니치 부락을 "리틀 제주"로 만들어가는 "자이니치" 아버지를 닮고 싶어 했다. 마을 잔칫날이면, 억센 힘으로 돼지를 단숨에 잡는 아버지가 자랑스러웠고, 동네를 돌며 수금하는 아버지의 자전거 뒤에 타고 마을을 누볐다. 하지만 점점 괴물처럼 변해가는 아버지에 질려버린다. 구더기를 털며 썩은 고기를 씹는 아버지 앞에서 구역질을 한다. 김준평과 마사오는 자이니치 1세, 2세의 자화상이다. 자이니치로서 자신의 모습을 증오하기 시작할 무렵, 존재도 몰랐던 이복형 다케시가 마을에 나타난다. 그는 짐승 같은 아버지와는 다른 도회적인 이미지의 바깥세상에서 온 야쿠자였다. 하지만 그는 아버지를 이길 수 없었고, 초라하게 마을에서 쫓겨났다. 그리고 히로시마 어느 캬바레에서 죽었다는 소식이 들려온다. 마사오는 새로운 형이 필요했다. 그의 마음은 사촌인 맑시스트 정창명에게로 옮겨간다. 지적인 모습의 정창명은 시인이었고 일본 공산주의 단체의 조직원으로 김준평이 운영하던 공장에 취직하여 노동운동을 이어간다. 또, 조직의 명령에 따라 미군정 반대 데모에 참가하고 경찰서를 습격하지만 결국 체포되어 북한으로 추방당한다. 마사오가 추종했던 세 남자는 일본과 자본주의 남한과 공산주의 북한으로 나뉜 조국의 분열된 이미지를 상징한다. 정창명이 사회주의 낙원으로 그리던 이전의 북한이라면, 아버지가 모든 재산을 정리해 귀국하며 끌고 간 어린 이복 남동생은 굶주리고 헐벗은 지금의 북한이다. 남동생은 살아있는 아버지를 묻을 땅을 파고 들어와 죽어가는 김준평 옆에서 혼자 차지한 음식을 먹어치운다. 남북분단은 실향과 이산을 반복하는 가족이 서로 미워하고 싸우고 갈라서게 했다. 하지만 마사오의 가족에 대한 기억에는 행복한 순간들이 있다. 최양일 감독이 그리려는 자이니치 가족 연대기는 그래도 평온했던 어느 날, 한자리에 모여 밥을 먹고 술을 마시던 가족사진, 다케시도 정창명도 다 함께 식탁에 둘러앉은 그날의 기억에 멈춘다. 떠나간 이들에 대한 그리움과 미안함을 드러낸다.

VIII. 글을 맺으며

하버마스는 국가를 정치적 단위로 하는 민족 정체성은 충성심과 소속감과 밀접한 관계가 있다고 했다.[37] 하지만 자이니치의 이주사와 민족 정체성은 일체감과 배타성을 전제로 하는 국가관으로 설명될 수 없다. 최양일이 그리는 자이니치는 국적과 상관없이 일본 사회의 일부로 소속감을 가지고 산다. 또 가본 적도 없는 제주, 한반도의 어느 곳을 고향으로 여기고, 돌아갈 곳으로 여기며 살아가는 이들이다. 남북분단도 이들의 민족적 뿌리를 끊어놓을 수 없다. 이들의 민족적 정체의식은 국가에 대한 배타적인 충성심이나 소속감으로 규정할 수 없다.

　　최 감독의 자이니치의 탈국가주의 집단 정체성에 대한 생각은 〈달…〉이 자이니치 문제를 다룬 것이 아니라 도쿄시민들의 일상을 그린 드라마라는 주장에서 잘 나타난다. 강충남이 일상에서 경험하는 민족차별은 친구 세일이 운영하던 택시회사가 파산을 당하고 일본 야쿠자의 손에 넘어가고, 화가 난 세일은 회사에 불을 지른 후 정신이 들자 죽으라고 건물에서 뛰어나와 물 속에 뛰어들고, 택시회사의 동료들은 낄낄대며 불을 끄느라 소방 호수와 물동이를 나르며 물을 퍼붓는 해프닝으로 결말을 짓는다. 스윙재즈의 신나는 댄스음악이 볼륨을 높이며 이들의 소리를 잡아먹고 택시회사 앞마당은 다시 한번 흥겨운 춤판으로 카니발을 재현한다. 〈달…〉이 특별히 새로운 걸 보여준 게 아니라는 비판적 평가를 했던 이들의 말처럼, 새로운 대안을 제시하지 않는다. 하지만 이 모든 것들을 웃고 떠들고 넘어갈 수 있는 여유, 넘어가려는 의지는, "36년의 일제 식민지지배의 역사나 정치보다 우리에게 중요한 것은 내 삶, 여기 지금"이라

37　Habermas, ibid.

는 최양일 감독과 이봉우 제작자 인터뷰로 압축된다.[38] 타다오는 부모세
대의 집단적 트라우마를 기억하고 전달하는 2세, 3세의 모습이다. 이들
의 보다 유연한 방식으로 민족차별에 대응하고 다문화공생사회에서 살
고자 하는 의지를 보여준다.[39]

　류타 이타가키는 '혐한류'란 일본사회의 본질주의와 인종주의, 국가
주의가 섞여 만들어진 오랜 반한국주의적 정서의 현재적 표현이라고 하
였다.[40] 자이니치에 대한 민족차별은 사라지지 않고 다민족국가 일본의
근저에 더욱 깊이 뿌리를 내려 여전히 존재하고 혐한류, 혐한 정서를 드
러낸다. 호소의 정신 불안, 심리적 불안은 일본의 외국인혐오 민족주의
를 의미한다. 아무리 타다오가 일본적인 자아가 편하다 할지라도 자이니
치로서의 자아는 저항의 기억을 잊지 않는다. 이처럼 최양일의 탈국가주
의 영상정치학은 식민종주국에서 태어나고 한일 결혼을 통해 문화적, 혈
연적 경계를 허물며 살아가는 자이니치들의 보다 복잡하고 다층적인 정
체성의 정치학을 보여준다. 여전한 민족 차별에 저항하지만 평정을 잃지
않고 새로이 합류한 이들과 앞으로 나아가는 자신감과 여유는 국가의 폭
력이 만든 자이니치의 역사적 트라우마가 이들을 강하게 하고 자신들의
정체성을 지켜주었기 때문이다. 그들은 일본사회의 일부로 살며 새로운
감수성으로 탈국가주의적인 민족정체성을 꿈꾸는 다문화공생사회의 시
민들이다. 이러한 최양일 감독의 자이니치 정체성은 야스민 소이솔이 정
의한 탈국가주의 시민권으로 정리할 수 있다. 즉, "탈국가주의 시민권은

38　Iwabuchi Koich, 'Political Correctness, Postcoloniality and the Self-representation
　　of 'Koreanness' in Japan', in Sonia Ryang. ed., *Koreans in Japan: Critical Voices
　　from the Margin,* London: Routledge, 2000, pp. 55-73, 68.

39　李鳳宇·四方田犬彦. 『「パッチギ!」対談篇: 喧嘩·映画·家族·そして 韓国』. 東京: 朝日新聞
　　社, 2005.

40　板垣竜太 ,ibid, p. 2.

모든 사람이 자신들의 살고 있는 공동체의 역사적, 문화적 관계와 무관하게 공공영역에서는 (시민으로서의 동일한) 책임과 권리를 가진다는 것을 의미"[41] 한다. 즉, 최양일 감독의 탈국가주의 영상정치학은 다인종사회에 사는 사람들이 국적과 무관하게 갖는 문화적 시민권에 대한 재현의 수단이고 결과이다.

41 Soysal. ibid. p. 3.

제5장

영국 거주 북한이주민의 '안녕감'에 대한 관계적 이해

이수정(덕성여자대학교)

I. 들어가며

필자는 2013년부터 2018년 사이 세 차례에 걸쳐 영국 뉴몰든(New Mal-den)의 코리언 종족 집거지에서 진행한 현장연구 과정에서, 다양한 북한이주민들이 뉴몰든에서의 자신들의 삶에 대해 긍정적인 톤으로 이야기하는 것을 자주 들을 수 있었다.[1,2] 이러한 톤의 이야기는 세월이 흐를

---

1   영국은 동아시아 지역 국가 이외 가장 많은 북한이주민들이 거주하는 국가로서, 공식적인 절차를 밟아 이주한 인원만도 600여 명이 넘는 것으로 알려져 있다. 이들은 대부분 2000년대 중반 난민 자격으로 영국 사회에 거주하기 시작하였으며, 다수(400명 안팎)는 런던 남서쪽의 뉴몰든 지역에 위치한 코리아타운에서 생활하고 있다. 뉴몰든 지역의 특징과 이 지역 거주 북한이주민들의 특징에 대해서는 다음의 글들을 참고하라. 이수정·이우영, "영국 뉴몰든 코리아 타운 내 남한이주민과 북한난민 간의 관계와 상호인식," 『북한연구학회보』, 제18권 1호 (2014); Shin, HaeRan, "The Territoriality of Ethnic Enclaves: Dynamics of Transnational Practices and Geopolitical Relations within and beyond a Korean Transnational Enclave in New Malden, London," *Annals of the American Association of Geographers*, Vol.108, No.3(2018); Song, Jay Jiyoung and Markus Bell, "North Korean secondary asylum in the UK," *Migration Studies*, Vol.7,

수록 더 잦아졌다. 예를 들어 50대 남성 노동자인 A 씨는 2018년 여름 퇴근길에 만난 필자에게 그 날 자신이 했던 작업에 대해 상세히 설명하며 다음과 같이 이야기했다.

> 몸 쓰는 일이니까 힘들지 않다면 거짓말이지만… 이 정도면 일 없지요. 제가 [한국에서] 어떻게 그렇게 살았는지 모르겠어요. 야~ 진짜. 어떻게 그러고 살았는지… 여기서는 사는 게 그래도 괜찮죠. 몸 써서 살긴 하지만… 이렇게 사는 거 상상도 못했는데… 사람이 태어나서, 이만큼 살다 가는 건 감사한 일이죠.

무더운 여름날, 무거운 짐을 옮기느라 땀범벅이 되어 종일 고생했던 상황을 실감나게 묘사한 끝에 그는 영국에서의 삶을 "이만큼 살다 가는 건 감사한 일"이라고 긍정적으로 의미화했다. 한편 40대 여성 노동자 B 씨는 자신의 집에 필자를 초대해서 커피를 마시며 수다를 떨다 갑자기 현재의 자신의 삶에 대한 만족감을 다음과 같이 표현했다.

> (아침마다 창문 커튼을 열고 커피 한 잔 마시면서 새소리를 들어요. 그 새소리가 참 그렇게 고마울 수가 없어요. 한국에도 좋은 것이 많지만, 탈북자라는 게 참 싫고 싫어도 벗어날 수 없었는데, 여긴 이주민들이 정말 많으니까 참 그게 너무 좋아요. 이제 진짜 고향을 찾은 것 같아요.)[3]

No.2(2019).

2　2013년부터 2018년에 이르는 5년간의 세월 동안 영국 사회에서 이들의 공식적 지위는 많은 경우 '난민'에서 '영주권자' 혹은 '시민'으로 바뀌었다. 이를 포괄하는 용어로, 이 논문에서는 '북한이주민'을 사용한다.

3　연구 참여자의 이야기에 대한 직접인용을 간접인용과 구분하기 위하여 간접인용(즉 필자의 사후적 재구성)의 경우 중괄호(( ))를 사용한다. 이러한 구분과 관련하여 연구방법 논

아침 일찍 나가서 일을 하고 집으로 돌아와서 잠깐 쉰 후 오후 다시 일터로 나가야 하는 형편이었지만, 점심시간 직전 짬을 내어 이루어진 필자와의 만남에서 "이제 진짜 고향을 찾은 것 같다"며 만족스러운 표정을 지었다. 이 외에도 필자는 많은 북한이주민과의 만남에서 이들이 말과 표정, 몸짓으로 현재의 삶을 긍정적으로 재현하는 것을 관찰할 수 있었다.

물론 이들의 현실적 삶이 마냥 장밋빛인 것은 아니다. 영국에서 난민 자격을 얻은 지 10년이 넘어서 대부분 영국 영주권이나 시민권을 취득한 덕분에 체류 문제가 해결되었고 노동력이 부족한 한인 종족 경제 구조에서 일자리를 얻는 것이 크게 어렵지 않긴 하지만, 다수의 학자들이 지적하듯 이들은 여전히 영국 사회뿐만 아니라 뉴몰든의 코리안 디아스포라 사회 내에서도 사회경제적 소수자이다.[4] 뉴몰든의 한인 커뮤니티 자체가 영국 사회 주류와는 거리가 있는 소수(코리언) 종족 집거지를 중심으로 형성되어 있고, 이 집거지 내에서도 북한이주민은 남한이주민에 비해 소수자 위치를 점하고 있다. 이를 신(Shin)은 출신국의 위계가 디아스포라 종족 집거지의 집단 간 위계로 이어지고 있다고 분석한다. 즉 중국이나 북한보다 경제력 차원에서 우위에 있는 남한 출신의 이주자들이 영국의 코리언 디아스포라 사이에서도 우월한 위치를 차지하며, 가장 열악한 위치에 있는 북한 출신의 이주자들이 가장 취약한 위치에 놓인다

의에서 보다 자세한 설명을 제공할 것이다.

4   이수정·이우영, "영국 뉴몰든 코리아 타운 내 남한이주민과 북한난민 간의 관계와 상호인식"; Shin, HaeRan, "The Territoriality of Ethnic Enclaves: Dynamics of Transnational Practices and Geopolitical Relations within and beyond a Korean Transnational Enclave in New Malden, London"; Song, Jay Jiyoung and Markus Bell, "North Korean secondary asylum in the UK."

는 것이다.[5] 송(Song)과 벨(Bell) 역시 북한이주민들이 주류인 한인들과 갈등을 겪고 있으며 영어에 익숙해진 자녀들과 대화에 어려움을 겪는다는 사례를 전하며, '더 나은 삶'이라는 영국으로 건너올 때의 꿈이 일상에서 배반당하는 경험을 하고 있다고 기록하고 있다.[6]

뉴몰든 현장연구 과정에서 필자 또한 다양한 맥락에서 북한이주민들의 고투와 갈등, 협상 양상을 살펴볼 수 있었다. 그러나 동시에 상당수에게서 영국 사회에서 자신의 삶을 긍정적으로 의미화하는 징후를 발견할 수 있었다. "만족한다", "행복하다", "괜찮다", "낫다", "고향 같다", "희망이 있다" 등의 표현들이 자주 사용되었다. 그렇다면 필자가 발견한 뉴몰든 북한이주민들의 긍정적 느낌과 만족감의 정체는 무엇일까? 이에 대한 해석 중 하나는 북한이주민들이 자신들이 처한 객관적 상황과는 별개로, 어떤 이유에서 주관적인(왜곡된?) 생각과 감정을 가지고 있다는 것일 것이다. 또 다른 해석은 이들이 실제로 그런 생각과 감정을 가진 것이 아니라, 필자와의 만남에서 그러한 생각과 감정 표현을 의식적으로(거짓으로?) 수행하고 있다는 것일 수도 있다.

그러나 이 글의 목적은 영국 거주 북한이주민들의 이러한 감정과 생각이 실재하는지 아닌지, 혹은 진짜인지 거짓인지 등을 판단하고자 함이 아니다. 그보다는, 이들이 자신들의 현재적 삶을 재현하는 언어, 몸짓, 표정 등을 주의깊게 살펴봄으로써, 이러한 생각과 감정들을 구성하는 다양한 맥락들을 분석하고자 한다. 특히 이 글은, 영국 거주 북한이주민들의 이러한 생각과 감정을 심리학에서 사용하는 '안녕감'이라는 개념

---

5   Shin, HaeRan, "The Territoriality of Ethnic Enclaves: Dynamics of Transnational Practices and Geopolitical Relations within and beyond a Korean Transnational Enclave in New Malden, London," p. 758.

6   Song, Jay Jiyoung and Markus Bell, "North Korean secondary asylum in the UK," p.175.

을 빌려 살펴보되 인류학의 '관계론'적 시각에서 재구성하여 분석함으로써 이들의 '안녕감'을 맥락화한다. 즉 이 글은 영국 거주 북한이주민들의 '안녕감'이 시공간을 넘나드는 다양한 비교의 맥락에서 구성됨을 드러냄으로써 마음의 일단인 '안녕감'이 항상 다른 존재들 및 상황들과의 관계성 속에서─즉 차이를 가로질러─ 끊임없이 재구성되는 것임을 밝히고자 한다.[7]

이 글의 바탕이 되는 자료는 2013년 1월~2월 한 달, 2016년 8월 일주일, 그리고 2018년 7월~8월 한 달 동안의 약 3회에 걸친 필자의 영국 뉴몰든 지역에서의 민족지적 현장연구(ethnographic fieldwork)를 통해서 수집되었다. 2013년 1월 한 달간의 현장연구는 뉴몰든의 남북 출신 주민 간의 관계를 파악하는 것을 주목적으로 하여 설문과 면담 등 보다 공식적인 형태의 연구방법을 중심으로 이루어졌고, 첫 현장연구인 만큼 연구 참여자들과 낯을 익히고 신뢰(rapport)의 기반을 쌓기 위해 노력하는 시간이었다. 이 현장연구 이후, 필자는 몇몇 주요 연구 참여자들과 카톡 대화나 한국 방문 시의 만남 등을 통해서 라포를 쌓아나갔고 이들의 도움으로 2016년 방문에서는 북한이주민 가정에서 하숙을 하며 보다 자연스런 상황에서 현장연구를 진행할 수 있었다. 2018년 여름의 현장연구 또한 북한이주민 가정에서 하숙을 하면서 이루어졌다. 북한이주민의 집, 카페 등에서의 비공식적 만남과 모임, 쇼핑과 런던으로의 짧은 여행길 등 일상에서 이루어진 대화가 주요한 분석의 대상이 되었다. 따라서 이 글에서 논의하는 북한이주민들의 '안녕감'은 공식적 인터

7   "안녕감"에 대한 인류학적 선행 연구는 거의 찾을 수 없었다. 그러나 몇몇 인류학자는 인간의 '감정'과 관련한 연구에서 관계성과 맥락성을 중요한 요소로 제시하였다. 다음 연구를 참고하라. 정향진, "감정의 인류학." 『한국문화인류학』, 제46권 3호(2013); Beatty, Andrew, "Anthropology and Emotion," *Journal of the Royal Anthropological Institute*, Vol. 20, No.3(2014).

뷰를 통해서보다는, 주로 일상 속의 수다의 과정에서 발화/발견되었다고
볼 수 있다.

이는 인류학자들이 주로 수행하는 '현장연구'의 방법론적 특징에서
비롯된다. '현장연구에 기반한 에스노그라피'라는 인류학적 방법론의 근
대적 전통을 수립한 학자로 널리 알려진 말리노프스키(Malinowski)는
그의 저서 『서태평양의 항해자들(Argonauts of the Western Pacific)』에
서 사회 조직에 대한 공식적 자료 수집과는 구별되는 "실질적 삶의 무제
한성"에 대한 접근과 이를 통해 획득할 수 있는 "내부자적 관점"의 중요
성에 대해 강조한 바 있다. 이러한 자료는 전통적 방식의 공식적 인터뷰
를 통해서보다는 일상생활 속에서의 발화와 행동을 관찰함으로써 획득
할 가능성이 크다.[8] 이런 의미에서 필자가 관찰과 대화를 통해 발견한 영
국 거주 북한이주민들의 '안녕감'도 장기간의 현장연구를 통해서 접근
가능했던 일상이라는 비공식적 장에서 획득한 것이라고 볼 수 있다.

한편 연구 참여자의 일상에 비교적 장기간 참여하면서 수행하는 현
장연구 방법이 연구 참여자의 반응성을 줄이면서 보다 자연스러운 상황
에서 연구 자료를 획득할 수 있다는 장점을 가진다는 입장은, 그럼에도
불구하고 이 자료의 상당 부분이 외부에서 온 연구자와 연구 대상 사회
에서 특정한 위치성을 가진 연구 참여자 사이의 상호작용 과정에서 발생
하는 '상황적 지식(situated knowledge)'이라는 주장에 의해 보완되어
왔다.[9] 조금 다른 맥락에서 살펴보면 인류학적 현장연구에 기반하여 생
산된 지식은 연구자가 가능하면 자연스러운 상황에서 연구 참여자들의

---

8   Malinowski, Bronislaw, *Argonauts of the Western Pacific*, (London: Routledge,
     1922); Beatty, Andrew "Anthropology and Emotion," p. 547에서 재인용·
9   Haraway, Donna, "Situated knowledge: The Science Question in Feminism and the
     Privilege of Partial Perspective," *Feminist Studies*, Vol.14, No.3(1988).

말과 행동을 참여 '관찰'하려 노력한 결과물인 동시에, 연구자의 참여가 만들어낸 '참여'관찰의 결과물이기도 한 것이다.[10] 이 연구 또한 '상황적 지식'이자 '참여'와 '관찰'의 긴장 속에서 발생된 결과물이라고 할 수 있다.

공식적인 인터뷰 상황이 아닌 일상적 참여관찰 상황 속에서 수집된 자료가 대부분이기 때문에 이 글에서 인용된 많은 대화는 녹음, 녹취된 내용이 아니며, 현장에서 간단히 노트한 내용을 연구자가 사후적으로 재구성한 것이다. 자료의 성격에 대한 독자의 이해를 돕기 위하여 사후적으로 재구성한 내용은 중괄호({ })로 표시한다. 더불어, 이들의 '안녕감'에 대한 맥락화된 이해를 돕기 위하여 이 글의 상당 부분은 논문 서두에 인용한 50대 남성 A 씨와 40대 여성 B 씨의 내러티브에 초점을 맞추고, 다른 관찰/인터뷰 자료는 필요할 경우 보완적으로 활용한다.[11]

II. '안녕감'과 관계적 비교

이 글에서 논의하는 북한이주민들의 '안녕감'은 이주민 스스로가 발화하는 용어, 즉 연구 참여자의 개념이 아니다. 현장에서 어느 누구도 "나는 높은 (혹은 낮은) 안녕감을 가지고 있다"는 식으로 이야기하지 않았

---

10   이용숙 외, 『인류학 민족지 연구 어떻게 할 것인가』(서울: 일조각, 2012), p. 107.

11   더 충분한 맥락화를 위해서는 개개인의 '생애사'가 소개되어야 할 것이다. 그러나 뉴몰든 북한이주민 커뮤니티가 매우 작은 규모인 데다 신변 안전 등을 비롯한 여러 가지 이유에서 이들의 익명성이 보장되어야 할 필요성이 우선시되기 때문에 개인사는 이들의 정체성이 드러나지 않는 선에서 소개될 것이며, 경우에 따라서는 (이 논문의 주요한 논지를 해치지 않는 선에서) 약간의 조정도 이루어질 것이다. 맥락의 중요성을 누구보다 중요시하는 인류학자로서 이러한 상황이 매우 불편하긴 하지만, 현장과 연구 참여자의 특수성상 어쩔 수 없는 선택이라고 판단하였다.

다. 따라서 이는 연구자가 뉴몰든에서 만난 북한이주민들이 자신의 삶에 대해 긍정적으로 생각하고 느끼는 마음을 언어, 표정, 몸짓 등으로 나타내는 것을 포착하여 이를 논의하기 위해 차용한 개념이다. 즉, 이들의 "언어, 표정, 몸짓 등이 재현하는 삶에 대한 긍정적 감정과 생각의 총체"를 '안녕감'으로 조작적으로 정의하였다. 이는 심리학에서 흔히 얘기하는 '주관적 안녕감'에 가까운 개념이다.[12] 심리학에서 '주관적 안녕감' 개념은 글로벌한 맥락에서의 '삶의 질 연구'의 유행과 더불어 대두되었다. 1960년대 이후 과학기술의 발전에 힘입어 연명술을 비롯한 다양한 의학적 대응이 가능해지면서 의학과 철학 분야에서 환자들의 상태를 고려한 의학적 결정을 내리기 위한 도구로 처음 사용되기 시작한 '삶의 질'이라는 개념은, 사회 및 개인의 건강 및 행복과 관련된 개념으로 확장되어 사용되어왔다.[13]

삶의 질 연구는 크게 두 갈래로 이루어져왔다. 우선 사회학자들이 주도한 객관적 삶의 질에 대한 연구로서, "개인이 살아가는 데 필요한 바람직한 외부환경 조건의 수준"으로서의 삶의 질을 평가하는 것이다. "교육 수준, 사회적 신분, 소득, 여가시간, 건강상태 등과 같은 사회경제적 지표"가 대표적인 외부환경 조건에 포함된다.[14] 객관적 삶의 질 연구는 수치화에 유리하고 다양한 사회집단의 상황을 '객관적으로' 비교 가능

---

12 이 글에서 '안녕감'은 'well-being'의 번역어이다. well-being을 '안녕'으로 번역하는 경우도 더러 있지만, 대체로 (특히 'subjective well-being'의 경우) '안녕감'으로 번역하는 관례가 있어 이를 따랐다.

13 Pennacchini, Maddalena, Marta Bertolaso, Marta M. Elvira and Maria Grazia De Marinis, "A brief history of the Quality of Life: its use in medicine and in philosophy," *Media humanities*, Vol.162, No.3(2011), pp. 99-103.

14 김신영·백혜정, "한국청소년행복지수 개발연구," 『한국사회학』, 제42권 6호(2008), p. 142.

하다는 장점이 있다.[15] 그런데 객관적 지표를 중심으로 평가한 삶의 질이 개인의 주관적 만족감이나 행복감과 반드시 일치하는 것은 아니며 많은 경우 상당한 격차가 존재한다는 사실이 발견되었다. 삶의 질에 대한 개인의 주관적 평가인 '주관적 안녕감'에 대한 논의는 이러한 격차에 주목한 심리학자들을 중심으로 활성화되어왔다.[16] 일부 학자들은 '주관적 안녕감'을 '행복' 또는 '만족도'라는 개념과 호환하여 사용하기도 하지만, 다수는 '주관적 안녕감'이 '행복' 또는 '만족도'를 포괄하는 보다 넓은 개념이기도 하고 '객관적 삶의 질'과 함께, 혹은 이에 대비해서, 사용하기에 유리한 개념이기 때문에 이 개념 사용을 선호하는 경향이 있다. 그런데 주관적 안녕감에 대한 입장 또한 삶에 대한 인지적 평가를 중요하게 생각하는 입장과 삶에 대한 개인의 정서적 측면을 강조하는 입장으로 나눠 볼 수 있다.[17] 흔히 개인의 주관적 '평가'와 '판단'을 주로 파악하려는 입장이 인지적 평가 중심의 입장이며, 자신의 삶에 대한 긍정적 혹은 부정적 감정의 정동 등을 중심으로 주관적 안녕도를 살펴보는 것이 정서적 접근이라고 알려져 있다.

그러나 심리학에서 주관적 안녕감에 대한 가장 설득력 있는 모델 중 하나라고 알려진 디너(Diener)의 삼각형 모델이 '잦은 긍정적 정동, 드문 부정적 정동, 그리고 삶의 만족도와 같은 인지적 평가'를 포괄하고 있는 데에서 파악할 수 있듯이, 인지적·정서적 측면의 안녕감은 구별되긴 하지만 서로 연결되어 있는 요소들로서 함께 고려되어야 한다는 의견이

15   김신영·백혜정, p. 142.
16   김신영·백혜정, pp. 142-143; 박종일 외, "한국 어린이-청소년 행복지수 연구와 국제비교," 『한국사회학』, 제44권 2호(2010), p. 124.
17   권석만, "심리학의 관점에서 본 욕망과 행복의 관계," 『철학사상』, 제36권(2010), pp. 124-125; 김신영·백혜정, "한국청소년행복지수 개발연구," p. 143.

지배적이다.[18] 따라서 많은 심리학자들은 인지적·정서적 측면을 포괄하는 주관적 안녕감을 측정하는 다양한 도구를 개발하여 특정 인구의 안녕감 정도를 다른 인구집단과 비교하는 작업을 시도해왔다. 더 나아가 사회학에서 주로 이루어지던 삶의 질에 대한 객관적 지표와 주관적 안녕감 관련 지표를 함께 개발하고, 이러한 지표에 기반하여 특정 집단의 종합적인 삶의 질을 평가하려는 노력도 경주해왔다.

이러한 노력이 쉬운 것은 아니어서 정의나 척도 도출에 대한 합의는 아직도 미완의 과제이다.[19] 그리고 많은 경우, 영역에 따라서도 삶의 질은 매우 차별적인 것으로 나타나고 있다. 예를 들어 박종일 외는 6가지 영역에 걸쳐 한국의 어린이-청소년의 행복을 측정하였는데, '교육' 영역이 최상위권인 것을 포함하여 '보건과 안전' 등 사회제도적 조건을 중심으로 하는 객관적 측면은 상위권이었으나 '주관적 행복' 영역은 비교 대상 국가들 중 최저의 결과를 보였다.[20] 즉 경제적·사회제도적 조건이 행복에 유리한 조건이라고 하더라도 주관적 안녕감은 매우 낮을 수 있고, 그 반대일 수도 있다는 것이다.

이 연구는 객관적 삶의 질, 주관적 안녕감 등의 개념을 활용하여 사

---

18 Diener, Edward F., "Subjective well-being," *Psychological Bulletin*, 95(1984), pp. 542-575.

19 특히, 학자들 사이에서 객관적 삶의 질에 대한 정의 및 이를 측정하는 지표에 대한 동의는 상대적으로 쉽게 이루어져 온 반면, 주관적 안녕감을 측정하는 지표에 대해서는 많은 논란이 있는 것도 현실이다. 주관적 안녕감은 '주관성'이 개입되므로 개념 정의 및 측정이 매우 힘들기 때문이다. 특히 감정을 중심으로 하는 행복도는 문화에 따라, 개인의 인생 경험에 따라, 상황에 따라 다르기 때문에 측정이 매우 어렵다는 난점이 있다. 따라서 많은 연구들은 주관적 안녕감을 측정하는 데 있어 인지적·정서적 측면을 모두 고려해야 한다는 명제에 동의하면서도, 측정에 보다 유리한 인지적 측면을 '만족도'로 정의하고 이를 중심으로 연구를 진행하기도 한다. 이와 관련된 논의는 다음을 참조하라. 이현송, "소득이 주관적 삶의 질에 미치는 영향," 『한국인구학』, 제23권 1호(2000), pp. 93-94.

20 박종일 외, "한국 어린이-청소년 행복지수 연구와 국제비교."

회제도적 환경과 주관적 정서 및 사고 등 다양한 차원에서 개인과 집단의 삶의 질을 평가하고자 한 심리학 분야의 연구에 도움받았다. '만족도'나 '행복' 등의 개념에 비해 보다 포괄적이면서 정서적·인지적 접근을 포함하는 '안녕감'이라는 개념을 사용하기로 한 것도 심리학 연구에서 받은 영향이 크다. 그러나 이 연구는 '안녕감'과 관련한 주류 심리학 연구처럼 특정 지표를 중심으로 개개인의 안녕감을 수량화하여 측정하고 그러한 개인들이 모인 인구집단의 주관적 안녕감을 다른 집단과 비교하려는 것은 아니다. 즉, 이 글은 '안녕감'에 대한 심리학적 정의—개인의 자신의 처지에 대한 긍정적 정서와 만족도와 같은 인지적 평가—를 참조하면서 동시에 이러한 안녕감을 개인적이고 실체적인 것, 따라서 측정 가능한 것으로 보는 관점에는 거리를 두고자 한다. 인간의 마음이 개인 속에 존재하는 실체라기보다는 관계적이며 상황적이라는 인류학적 관점에 기대어, 이 글은 영국 북한이주민들의 안녕감을 관계적 맥락 속에서 발현되며 특정 상황 속에서의 내러티브와 행동을 통해 읽을 수 있는 것으로 보고자 한다. 또한 특정 인구집단의 공시적·'평균적' 안녕감에 주목하기보다는 사람들이 자신들의 마음을 표현하는 데 주의를 기울여 어떠한 맥락에서 이러한 마음이 발현되는지에 초점을 맞춤으로써 이들의 '안녕감'을 경험적·서사적 맥락 속에서 이해하려고 한다. 이를 통해 이러한 맥락적 안녕감이 관계적 세계 속에서 구성되며, 관계적 세계 속에서 구성된 개인적 안녕감이 다시 관계적, 문화적 세계를 구성함을 드러내고자 한다. 이러한 시도는 궁극적으로 이들 이주민들을 자율적 개인이 아니라 사회적 존재로 바라보고자 하는 것이기도 하다. 한편, 이 글이 북한이주민들의 '안녕감'에 주목하는 이유는 이것이 결국 특정 방향으로의 행위를 유발하기 때문이기도 하다. 필자는 뉴몰든 북한이주민들의 '안녕감'이 자신의 삶을 적극적으로 주조하려는 태도와 행위로 이어진다는 것을 현장연구 과정에서 확인할 수 있었다.

앞서 언급했듯이 뉴몰든의 북한이주민은 영국 사회에서 경제적·사회문화적으로—즉 '객관적으로'—소수자이다. 이들은 인종적·문화적 소수자이며, 경제적으로도 대체로 하층에 속한다. 그럼에도 불구하고 이들은 자신들의 현재 처지에 대해서 매우 긍정적인 재현을 하곤 했는데, 필자는 이것이 이들이 시공간을 넘나드는 다양한 '관계적' 맥락에서 현재의 삶을 해석하고 이해하기 때문임을 파악할 수 있었다. 따라서 이 글은 영국 북한이주민들의 안녕감을 분석하는 데 있어 이들이 차용하는 '관계적 비교'의 맥락에 주목한다.

그런데 이 글에서 '관계적 비교'는 단지 영국 북한이주민들의 자신의 처지에 대한 재현 속에서만 작동하는 것이 아니다. 필자 또한 이들의 안녕감을 분석하는 데 있어 '관계적 비교 접근'의 관점을 가진다. '관계적 비교 접근(relational comparative approach)' 방법은 주로 비판도시학자나 페미니스트 공간연구자들에 의해 주창되어왔다.[21] 이들은 도시나 공간에 대한 전통적 비교연구 방법이 공간을 주어진, 그리고 경계 지어진 것으로 다루어왔으며 두 개의 상호 배타적 맥락 사이의 유사성과 차이성을 찾는 것을 목표로 해왔다고 비판한다. 그리고 이러한 전통적 비교연구 방법의 인식론적/방법론적 한계를 비판하며, 관계적 비교 접근을 대안으로 제안한다. 즉, 이들은 도시나 공간을 "장소에 영토화되어 있는 동시에 열려 있고 공간을 가로질러 연장되는 관계를 통해 구성되는" 것으로 볼 것을 주장한다.[22] 이를 통해 이들은 우리가 다른 도시나 공간의

---

21   Hart, Gillian, "Denaturalizing Dispossession: Critical Ethnography in the Age of Resurgent Imperialism," *Antipode*, Vol. 38, No.5(2006), pp.977-1004; Ward, Kevin, "Towards a relational comparative approach to the study of cities," *Progress in Human Geography*, Vol.34, No.4(2010), pp.471-487.

22   Ward, ibid., p.480.

"상호연계된 경로—어떻게 공간들이 서로의 과거, 현재, 그리고 미래에 연루되어 있는지—"를 강조함으로써 "서로에게 질문하도록" 제안한다.[23] 이 관점은 공간을 절대적이고 독립적인 어떤 것이 아닌, 사회적 관계를 주조하는 힘이자 동시에 사회적 관계로부터 구성되는 것으로 인식하게 한다. 즉 공간은 다양한 행위 주체, 구조, 실천이 경합하는 장이자 이를 통해서 끊임없이 (재)구성되는 다층적 공간이기도 한 것이다.

이 글은 이러한 비판도시학자들과 페미니스트 공간연구자들의 문제의식에 기반하되, 물리적 공간들과 이를 구성하고 연결하는 요소들을 직접 비교하기보다는 이러한 공간을 넘나들며 자신의 정체성과 삶을 (재)구성하는 사람들에 초점을 맞추는 일련의 연구들과 그 궤를 같이한다.[24] 연구 참여자의 경험과 내러티브 속에서 등장하는 다수의 사회적·물리적 공간 및 존재, 그들 사이의 관계, 그리고 이와 연구 참여자들의 정체성 및 '안녕감'과의 관계에 대해 살펴보고자 하는 것이다. 연구 참여자들은 자신들의 현재적 삶을, 시공간을 넘나드는 다양한 물리적·사회적 공간을 가로지르는 관계와 실천을 포함한 다층적 맥락 속에서 드러내었고, 표정과 몸짓, 그리고 언어 등 다양한 수단으로 재현하였다. 이들의 현재적 삶에 대한 '안녕감'은 "동시에 물질적이자 의미로 가득 찬 일상의 실천에 의해 역동적으로 구성"됨을 알 수 있다.[25] 따라서 이 글은 인간의 정체성과 사고, 감정 등이 어떻게 다른 존재 및 상황과의 관계에 의해서 끊임없이 협상되고 (재)구성

---

23 Ward, ibid., p.480.

24 대표적 연구로 다음을 들 수 있다. Eimermann, Marco and Svante Karlsson, "Globalising Swedish countrysides? A relational approach to rural immigrant restaurateurs with refugee backgrounds," *Norsk Geografisk Tidsskrift-Norwegian Journal of Geography*, Vol.72, No.2(2018).

25 Hart, Gillian, "Denaturalizing Dispossession: Critical Ethnography in the Age of Resurgent Imperialism," p. 980.

되는지 주목하는 관계적 비교의 한 사례가 될 것이다.

III. 맥락으로서의 조우

문화인류학자 페이어(Faier)와 로펠(Rofel)은 "조우의 민족지(Ethnographies of Encounter)"에서 흔히 독립적이고 경계가 분명한 것처럼 다뤄지곤 하는 문화, 정체성 등이 결국 조우(encounter)의 결과물임을 주장한 바 있다. 문화적 의미, 실천, 그리고 주체성이 일상 속에서 구성되고 또 재구성됨을 주장하면서, 이들은 "어떻게 문화만들기(culture making)가 다양한 문화적 배경과 관계에 있어서 불공평하게 위치 지어진 존재들 사이의 조우에 의해 구성되는지" 드러내었다.[26] 즉 조우는 이를 통해서 정체성, 생각, 감정, 행동 등이 만들어지는 장이며, 관계적 존재로서의 인간을 구성하는 주요한 요소이기도 하다. 이 장에서는 북한이주민들의 '안녕감'을 구성하는 다양하고 다층적인 조우에 대해 이들의 내러티브를 중심으로 살펴본다.

1) 뉴몰든의 코리안 종족 집거지와 준거집단으로서의 남한이주민[27]

북한이주민들이 자신들의 현재적 삶을 긍정하는 표현을 할 때, 그들의

---

26 Faier, Lieba and Lisa Rofel, "Ethnographies of Encounter," *Annual Review of Anthropology*, Vol. 43(2014), p. 364.

27 이 절의 분석 내용과 유사한 논의를 필자가 공저한 다음의 논문에서도 발견할 수 있다. 이수정·이우영, "영국 뉴몰든 코리아 타운 내 남한이주민과 북한난민 간의 관계와 상호인식," 『북한연구학회보』, 제18권 1호(2014), pp. 137-174. '안녕감'과 '조우'의 중층적 성격을 논의하기 위해 민족지적 자료를 업데이트하고 '안녕감'의 맥락에서 재구성하였다.

발화 지점은 영국이라는 나라, 그리고 그중에서도 뉴몰든의 코리안 종족 집거지였다. 즉 이들의 안녕감을 구성하는 기본적인 조건은 영국이라는 사회, 그리고 뉴몰든이라는 코리안 종족 집거지와의 조우였다. 2000년 대 초 북한 핵실험에 대응해서 미국 주도로 시작된 글로벌 북한인권레짐 과 이에 기반한 EU의 북한인권법 제정은, 북한 출신 이주민들이 영국 사회로 진입할 수 있는 문을 열었다.[28] 2004년 첫 북한난민 인정 이후 2009년 영국의 난민인정 절차가 엄격해지기 전까지 600명 이상의 북한 출신 이주민들이 영국 사회에 진입하여 난민신청을 했으며, 앞서도 언급했듯이 2018년 현재 이 중 다수가 영주권을 받았고 일부는 시민권을 얻기도 했다.[29]

이들이 영국을 이주지로 선택한 이유는, 영국이라는 나라에 대한 다양한 기대와 관련되어 있었다. 많은 사람들이 "자본주의 선진대국"이라는 점("대영제국"), 선진적인 복지제도와 자녀들의 영어교육에 유리한 환경이라는 점 등을 이주 결정의 이유로 들었다. 이들의 현재 삶에 대한 높은 만족도는 이러한 기대가 일정 정도 충족되고 있다는 느낌과 생각에 기인하는 바 컸다.

영국이라는 "선진대국"의 구성원이라는 자부심은 특히 이들이 영주권과 시민권을 획득하면서 커진 듯했는데, A 씨와 B 씨는 각각 영주권과 시민권을 필자에게 보여주면서 이를 획득하던 순간의 감격을 생생하

---

28 이희영, "국제 인권장치와 비극의 서사: 탈북 난민들의 독일 이주에 대한 사례 연구를 중심으로", 『경제와 사회』, 제109호(2016), pp. 191-228.

29 이수정·이우영, "영국 뉴몰든 코리아 타운 내 남한이주민과 북한난민 간의 관계와 상호 인식"; Shin, HaeRan, "The Territoriality of Ethnic Enclaves: Dynamics of Transnational Practices and Geopolitical Relations within and beyond a Korean Transnational Enclave in New Malden, London"; Song, Jay Jiyoung and Markus Bell, "North Korean secondary asylum in the UK."

게 전했다. 많은 북한이주민들에게서 들었던 {내가 대영제국의 시민이
되다니~}라는 감탄을 이들도 반복하였고 B 씨의 경우 {시민권을 받았
을 때 눈물이 쏟아졌다}는 이야기를 하기도 했다. 영국 영주권 혹은 시민
권은 이들에게 이동성의 확대와 보장을 의미하기도 했다. {이제 세계 어
떤 곳이든 못 갈 데가 없다. 여러 나라를 다녀보고, 구경해보고 싶다. 김
정은이보다 더 많은 나라를 자유롭게 갈 수 있다}는 B 씨, {당장은 안 되
겠지만 나중에는 북한에도 갈 수 있을지도 모르죠. 영국 사람들은 북한
에서 환영한다니까}라는 A 씨의 이야기는 이러한 '이동의 자유와 가능
성' 측면에서의 만족감을 잘 드러낸다.

더불어 이들은 경제적인 맥락에서 기본적인 삶의 안정성을 보장하
는 사회시스템에 대한 만족감을 다양한 방식으로 표현했다. A 씨의 다음
과 같은 이야기를 예로 들어 보자.

여기서는 마음이 편안하죠. 내가 혹시 사고가 나서 병신이 되거나 먼저 죽
더라도, 우리 집사람과 애들은 정부에서 돌봐줄 거라는 믿음이 있으니까.
마음이 놓이죠. 여기는 시스템이 그러니까.

A 씨는 "마음이 편안하죠," "마음이 놓이죠"라는 표현을 하면서 오
른손으로 자신의 가슴을 쓸어내리며 '안도'의 마음을 적극적으로 표현했
다. B 씨의 경우 복지제도의 대상임에 대한 만족감과 영국 사회에 대한
'감사함'을 여러 번 표시했다. {역사를 살펴봐도 그렇고 우리가 영국에
뭐 해준 것도 없고 세금을 많이 낸 것도 아닌데, 이렇게 다 잘 챙겨주니,
정말 감사한 마음이죠}라는 식의 발언을 감격스러운 표정으로 필자에게
매우 자주 하곤 했다. 이와 관련하여, 다른 많은 북한이주민들처럼, 그녀
가 대표적으로 든 예는 노인복지였다.

여기는 노인 천국이에요. 노인 수당 따로 나오고, 겨울에는 난방비도 나오고. 걱정할 게 없어요. 천국이 따로 없어요.

복지 다음으로 기대했던 바에 대한 만족감을 표현한 주제는 자녀 교육과 특히 '영어'였다. A 씨와 B 씨 모두 자녀를 데리고 영국으로 온 경우이며, 이들의 이주 결정에는 자녀들의 영어교육에 대한 갈망이 크게 작용했다. 따라서 {영어를 네이티브처럼 하는 아이}에 대한 자부심과 기대가 컸다. A 씨와 B 씨는 이를 다음과 같이 표현했다.

{우리 애들이 영어는 네이티브지, [영국] 시민권도 가지고 있지, 혹시 대학을 못 가더라도 어디 가서 차별받거나 밀리지는 않겠죠.}(A)

{우리 ***는 영어는 기본이잖아요? 영어를 기본으로 하면… 독일어도 가르치려고 하는데, 여기서는 프랑스어도 배우기 쉽고… 그러면 어딜 가도 잘 살 수 있겠죠…. 그런 생각하면 희망이 있죠.}(B)

물론 영어는 자신들에게는 여러 측면에서 좌절을 안겨주는 기제이기도 했다. 영어를 편안하게 구사하지 못함으로 인해 취업 등에서 선택의 폭이 좁다든지, 영국 학교에 다니는 아이들이 영어에 더 익숙해지면서 때로는 자녀들과의 의사소통에 어려움을 겪는다는 호소를 하기도 했다. 그러나 자신 세대의 이러한 불편함은 영어를 원활하게 구사하는, 글로벌 경쟁력을 가진 자녀들을 위한 기꺼운 희생으로 번역되고 있었다. 많은 이들이 "이제 영어로 척척 통역을 해주는" 자녀들에 대해 자랑스러운 마음을 표현하였다.

영국에서의 삶은 이들에게 이주 이전 기대하지 않았던 측면에서 만족감을 안겨주기도 했다. 예를 들어 필자는 다양성과 느슨함, 느린 속도에 대한 이들의 상찬을 자주 들을 수 있었다. 종족적 다양성 속에서 북한 사람이라는 것이 두드러지지 않고 그로 인해 차별받지 않아도 된다든지, 느슨하고 느린 사회적 분위기 속에서 마음의 여유를 갖고 생활할 수 있는 것의 장점에 대한 얘기가 자주 언급되었다. 서두에서 소개한 "이주민이 많아서 좋다"는 B 씨의 이야기는 북한이주민들에게서 반복적으로 들을 수 있었던 이야기로서 영국 사회 인적 구성의 초다양성이 종족적 소수자인 자신들에게 부여하는 자유로움을 표현하는 것이었다. 더불어 "추리닝 입고 아이 데리러 가도 되는"이라는 표현으로 대표되는 획일적 외모를 준거로 사람을 평가하지 않는 분위기, "저녁이 되면 가족들과 시간을 보낼 수밖에 없는" "심심할 정도로 여유로운" 사회에 대한 만족감도 자주 표현되었다.

한편, 이들의 발화의 지점은 이렇듯 "복지제도가 잘 갖춰진 데다", "기회가 많고", "여유로우며", "차별이 적은", "대영제국"이기도 하지만, 동시에 뉴몰든이라는 코리언 종족 집거지이기도 했다. 이들은 대부분 처음에는 영국의 다양한 지역—주로 인구가 적은 지역—에 "배치 받았"지만, 다수가 한국말을 할 수 있고 한국 음식을 먹을 수 있으며 영어를 몰라도 일자리를 찾을 수 있는 뉴몰든의 코리아타운으로 이주했다.[30] 이들의 언설에서 뉴몰든은 자신들의 안도와 자신감의 근원이 되는 공간이었다. A 씨는 뉴몰든에 대해 묘사하면서 다음과 같이 이야기했다.

〔먹고사는 것은 일없지〔괜찮지〕. 영어 하나도 못해도. 일자리는 맘대로 구할 수 있거든요. 한인들이 우리 없으면 가게 운영을 못하니까.〕

---

30 이수정·이우영, "영국 뉴몰든 코리아 타운 내 남한이주민과 북한난민 간의 관계와 상호인식," p. 149.

뉴몰든 코리언 중 다수를 차지하는 남한이주민들은 상대적으로 짧은 역사를 가졌고, 그 숫자도 상대적으로 적다.[31] 20,000여 명의 영국 거주 한인 중 현재 4,000명 정도가 뉴몰든에 거주하고 있어 400명 정도의 북한이주민과의 인구 비율이 10 : 1 정도이다. 이러한 상황은 북한이주민을 한인 사업을 위한 중요한 노동력이자 소비자로 위치시키며, 따라서 남한이주민들이 노골적으로 북한이주민들을 차별하기 어려운 환경이다. 영국이라는 더 큰 사회 내에서 같은 종족성을 띤 소수자라는 사회적 위치와 경제적 상호의존성이 영향을 끼치는 것이다.[32]

이 외에도 북한이주민들의 상대적 자신감은 그들이 자주 접하는 한인들에 비해서 상대적으로 안정적인 법적·제도적 위치에서 비롯되었다. 이를 A 씨는 다음과 같이 얘기하였다.

{한인들은 왔다 갔다 해요. 시민권 있는 사람이 적고… 우리보다 불법이 많다니까요. 이제 북한 사람들은 다 영주권 갖고 시민권 갖고 이렇게 사니까. 그런데 남한 사람들은 뿌리가 없고… 우리가 이제 뉴몰든 주인이죠. 한인들도 다 그렇게 얘기해요.}

뉴몰든의 주요한 행위자로서 스스로의 위치를 강조한 위의 언설은 동시에 북한이주민들의 주요한 레퍼런스가 남한이주민임을 드러내기도

---

31 영국 사회에 남한 사람들이 의미 있는 규모로 진입하기 시작한 때는 1980년대로 논의된다. 그 이전, 상사와 외교관 위주로 구성되었던 '영국 교민'이 1980년대 후반 해외여행 자유화로 본격화되었기 때문이다. 영국의 코리아타운 역사와 관련해서는 다음의 글을 참고하라. 이진영, "런던의 코리아 타운: 형성, 구조, 문화." 『재외한인연구』, 제27호(2012); 이수정·이우영, "영국 뉴몰든 코리아 타운 내 남한이주민과 북한난민 간의 관계와 상호인식."

32 이수정·이우영, "영국 뉴몰든 코리아 타운 내 남한이주민과 북한난민 간의 관계와 상호인식."

한다. 북한이주민들은 '주류' 영국 사회의 삶에 대한 접근성이 적다. 코리언 종족 집거지에서의 삶과 계층적 특성이 이들의 영국 주류 사회와의 접촉 국면을 제한하기 때문이다. 따라서 이들은 영국 사회의 주류의 삶과 계층 구조에 대해 완전한 '간파'를 하지 못한 채 상대적으로 가시화된 삶을 사는 남한이주민의 삶을 레퍼런스로 삼았다. 자신들이 일상에서 만나곤 하는, 영국시민권을 갈망하지만 쉽게 획득하지 못하는 남한이주민들과 비교할 때, 영국 시민권을 획득했거나 이를 얻을 자격이 있는 북한이주민들은 상대적 우월감을 느끼곤 했던 것이다. "대영제국의 시민"이라는 이들의 발화에는 자신들이 접하는 '한인'들과 대비한 영국 사회에서의 자신들의 법적·제도적 위치성에 대한 자부심이 포함되어 있다.

2) 조우의 시간적 깊이: 남한, 남한 사람이라는 비교 대상

영국 거주 북한이주민들의 현재의 삶에 대한 안녕감은 시간적 깊이(temporal depth)를 가진다. 현재에 대한 내러티브는 끊임없이 현재를 재구성하고 있는 과거에 대한 이야기를 포함하며, 이때 소환되는 과거는 현재적 구성물이기도 하다. 이런 맥락에서 과거는 현재의 일부분이라고 할 수 있다. 따라서 시간적 깊이 속에 위치시킬 때 북한이주민들의 안녕감을 더 잘 이해할 수 있다.

북한이주민들의 안녕감에 기여하는, 그리고 이들의 안녕감에 대한 발화에서 등장하곤 하는 영국이라는 대국, 뉴몰든이라는 코리안 종족 집거지, 그리고 남한이주민("한인")의 존재는 종종 이들의 과거, 즉 북한, 중국, 남한에서의 삶과 관계를 소환했다. 북한에서의 식량난과 억압, 중국에서의 불안과 위기감이 영국에서의 현재적 삶에 대비되어 자주 언급되었다. 예를 들어 B 씨는 영국 사회에서 자신이 누리는 이동의 자유와

풍족을 북한에서의 부자유 및 결핍과 대비하여 다음과 같이 표현했다.

{친구들과 벤츠 타고 바닷가로 놀러갔다 왔어요. 친구가 택시를 하는데, 벤츠를 몰거든요. 우리가 차 타고 가는데 한 친구가 막 "야~~ 우리가 김정은이보다 낫다. 김정은이가 벤츠는 있을지 몰라도 영국은 못 오잖니" 해서는 우리가 다 "맞다, 맞어. 우리가 사는 게 김정은이보다 낫다" 했어요. 북한에서는 바닷가로 휴가 가는 건 꿈도 못 꿨어요. 우리 집은 산골에 있었거든요. 신고하고 허가받아야 하고 복잡하죠.}

A 씨는 북한에서의 기근과 중국에서의 불안을 영국에서의 삶과 비교하며 이야기했다.

{[북한에서는] 먹을 게 조금 생기면 형, 동생 다 눈치 보는 거예요. 누가 먹을 건가. 나눠 먹으면 다 배곯고 한 사람한테 몰아주면 언제 또 먹을 게 생길지 알 수가 없거든. 중국 가서는 그건 해결됐어요. 먹는 건 많아요. 그런데 이제 누가 언제 신고할지, 늘 튈 준비를 하고 있었거든요. 왔다 하면 확 튀어야죠. 그게 사람 죽이는 거지. [영국에서는] 음식은 남아버리고 아무도 뭐라 안 하고, 내가 이렇게 살 수 있을지 꿈에도 생각 못했지요.}

이렇듯 북한과 중국에서의 삶도 현재의 안녕감을 표현할 때 비교자료로 자주 등장했지만, 가장 근접한 과거인 남한이라는 나라 및 그 나라에서 만났던 남한주민은 현재 자신의 삶을 얘기할 때 가장 자주 발화되는 소재였다. "한국에서는"으로 시작한 문장이 뉴몰든에서의 삶에 대한 이야기로 이어지거나, 뉴몰든의 삶에 대한 이야기가 한국 사회 경험과의 비교로 끝나는 경우가 매우 잦았다. 경우에 따라서는 뉴몰든의 남한이주민보다 한국 사회와 한국 사회에서 만난 사람들을 더 자주 자신들의 현재적 삶에 대한 준거점으로 삼곤 한다는 느낌이 들 정도였다.

이는 부분적으로 필자가 영국 뉴몰든에서 만난 대부분의 북한이주민들이 남한을 경유하여 영국으로 재이주를 선택한 경우이며 대체로 수년의 남한 거주 기간이 있음에서 비롯된다. 다른 글에서 상세히 설명한 것처럼, 이들은 남한에서 획득한 다양한 경제적·사회문화적 자본을 활용하여 영국으로 재이주하였다.[33] 특히 180여 국 이상 무비자로 입국이 가능한 남한의 여권은 이들의 영국행에 결정적인 자원이 되었다. 뉴몰든의 북한이주민들이 한국 사회에서의 경험과 지원이 자신들의 오늘이 있게 했다는 점을 부정하는 것은 아니었다. {우리가 한국에서 살아봤기 때문에 여기서도 어떻게 살아야 할지 아는 거죠}라는 류의 얘기를 자주 하곤 했다. 이러한 사실을 인지하면서도, 북한이주민들은 한국 사회에서 삶에 대해, "2등 시민"으로서 "불안한 삶을 살았던" 것으로 재현했다. 남한 사회와 그 사회에서의 경험은 현재의 안녕감의 주요한 비교 대상이며, 근거이기도 한 것이다.

남한에서의 삶과 경험은 이렇듯 이들의 이주과정에 자원이 되었지만, 동시에 이들의 뉴몰든에서의 삶에 대한 안녕감에도 큰 영향을 끼쳤다. 앞서도 언급했듯이 이들은 뉴몰든에서의 자신의 삶을 이야기할 때 늘 남한을 레퍼런스로 가지고 왔다. 많은 이들이 "한국 사회보다" 영국 사회가 사회안전망이 잘 되어 있고, 덜 경쟁적이며, 차이에 대한 포용이 훨씬 크다고 만족스러워했다. 이렇듯 한국에서의 삶은 이들에게 매우 부정적인 경험으로 재현되며, 그 부정성이 현재 뉴몰든에서의 삶을 그럴듯

---

33 이수정·이우영, "영국 뉴몰든 코리아 타운 내 남한이주민과 북한난민 간의 관계와 상호인식," pp. 147-149; 이희영, "국제 인권장치와 비극의 서사: 탈북 난민들의 독일 이주에 대한 사례 연구를 중심으로."

하게 느끼게 하는 주요한 요소였다. 그 맥락을 이해하기 위해, 위에서 소개한 북한이주민들의 이야기를 좀 더 긴 발화의 맥락 속에 위치시켜보자. 예를 들어, A 씨가 뉴몰든의 사회복지 시스템에 대해 한 애기를 좀 더 길게 인용해보면 다음과 같다.

"한국에서 일을 하다 허리를 다쳐서 입원한 적이 있어요. 우리는 막일을 하니까 삐끗 다친 거죠. 그래서 병원에 누워 있는데 참 한심하더라고요. 내가 병신 되면 우리 식구들은 누가 먹여 살리나. 애 공부는 누가 시키나. 그런데 여기서는 마음이 편안하죠. 내가 혹시 사고가 나서 병신이 되거나 먼저 죽더라도, 우리 집사람과 애들은 정부에서 돌봐줄 거라는 믿음이 있으니까. 마음이 놓이죠. 여기는 시스템이 다 갖춰져 있으니까."

B 씨의 애기 또한 실상은 한국과 비교하는 맥락에서 발화된 이야기였다. 좀 더 길게 인용해 보자.

"여기는 노인 천국이에요. 노인 수당 다 나오고, 따로 다 나오고, 겨울에는 난방비도 나오고. 걱정할 일이 없어요. 천국이 따로 없어요. 아휴… 할머니들 애길 들어보면 한국에서는 난방비 때문에 가스 다 꺼놓고, 장판 깔고 덜덜 떨었대요. 그래도 월세 내고 수도세 내고 그러면 뭐 반찬 하나 먹고 싶은 거 먹을 수가 없었고. 거기 비하면 여긴 천국이죠."

영국 사회의 복지제도와 관련한 이들의 만족감은 이렇듯 한국에서의 경험에 대한 내러티브 속에 위치시킬 때 더 잘 이해된다. 한편 한국 사회에서 경험했던 일상적 불안과 영국 사회에서의 안정감의 대비는 좀 더 긴 역사성을 가진 듯도 하다. 감정 인류학 분야에서는 반복된 극단적 부정적 정서 경험이 신체화되어 잠재해 있다가 특정 문화적 맥락과의 상호작용 속에서 활성화되는 사례에 대해 보고하곤 한다.[34] 북한과 중국에서 반복된 생존의 위기와 관련된 심각한 불안이 무한경쟁으로 특징지어지는 남한 사회의 신자유주의 질서 속에서 활성화되었다가 영국 사회의 '복지'를 만나면서 누그러지는 과정은 영국 북한이주민들의 내러티브 속에서 매우 자주 발견할 수 있다. 위의 인용문들 또한 부분적으로 이러한 측면을 드러낸다고 할 수 있다. 이러한 의미에서 {진짜 사회주의는 영국이 하고 있다}는 북한이주민들의 이야기는 이들이 몸으로 겪은 수난의 역사와 현재의 안도감을 동시에 함축한다.

유사한 맥락에서 북한이주민들의 자녀 '영어학습'에 대한 열망과 이 열망이 영국 사회에서 채워지고 있다는 만족감 또한 한국에서의 경험에 기반한다. 이들은 한국으로의 이주 후 체감했던 {동포사회라서 문제없을 줄 알았는데 영어가 절반인 한국말을 접하고 느꼈던 절망감과 위축감}을 이주 동기로 자주 언급했다. 더불어 "사교육이 애들 미래를 결정하는" 한국 사회에서 "영어학원도 제대로 못 시키는," 따라서 "아이의 장래를 보장할 수 없는" 부모로서의 죄책감이 앞서 언급한 A, B 씨의 {영어를 네이티브처럼 하는 아이}에 대한 자긍심으로 전환되는 것도 발견할 수 있었다. 영어가 단순한 의사소통의 수단이라기보다는 평가의 수단인 한국 사회에서 느꼈던 박탈감이 "영어 원조국인 영국"에서의 삶에 대한 긍정적 평가의 기반이 되고 있는 것이다.

영국 사회의 초다양성과 관련된 안도 및 만족감 역시 한국 사회에서의 차별 경험과 관련되어 있다. {죽을 때까지 따라다니는 탈북자라는 꼬리표}와 이와 관련된 차별의 경험이 "여기서는 더 이상 탈북자로 살지 않

34　정향진, "감정의 인류학," p. 178.

아도 되어요. 그냥 코리언이지"를 열정적으로 이야기하는 근거가 된다. 북한이주민들은 초다양성으로 특징지어진 영국 사회에서는 사람들이 출신국에 의해서만 분류되지 않고 다양하고 복잡한 요소로 구성된 다층적 정체성을 가지고 살아가기 때문에 남북한 사람 간 차이가 크게 주목되지 않음을 민감하게 파악했다. 이는 북한 사람으로서의 문화적 기표가 차별이나 배제의 결정적 토대가 되었던 한국과 두드러지게 다른 상황이기 때문이다. 따라서 그들은 한국에서 애써 지우려고 한 북한말 악센트를 다시 사용하고, 북한이주민들의 집단적 이해관계를 대변하기 위한 다양한 커뮤니티 조직도 만들며 한국에서 지우려고 했던 정체성을 다시 찾으려는 시도를 보였다.[35]

더불어 영국으로의 이주는 한국 사회에 머물러 있을 경우 2등 시민이 되는 것이 확실시되던 자녀들에게 다른 기회를 열어준 성공한 기획으로 긍정적으로 의미화되었다. {영어가 네이티브인 아이}에 대한 A 씨, B 씨 등의 기대와 더불어, 아이를 영국의 사립학교에 진학시킨 북한이주민 D 씨는 자신의 이주 선택과 아이의 미래에 대해 다음과 같이 이야기했다.

{한국에 있었으면 맨날 '탈북민 아이'라는 소리밖에 더 들었겠어요? 그럼 우리 **이가 공부에 집중할 수가 없었을 것 같애. 또 내 실력으로는 한국 엄마들처럼 학원 보내고 그러지 못했겠죠. 한국은 학원 다녀야 대학도 가잖아요? 여긴 애가 딱 머리가 좋다 싶으니까 선생님들이 애를 딱 키우더라고. 사립학교 장학금도 막 알아봐 주고. 아휴… 좀 더 커봐야 되겠지

---

35 한국 사회에서 북한이주민들이 정체성을 숨기고자 하는 시도와 그 배경에 대해서는 다음을 참고하라. 이수정, "접촉지대와 경계의 (재)구성: 임대아파트 단지 남북한 출신 주민들의 갈등과 협상," 『현대북한연구』, 제17권 2호(2014).

만, **이 데리고 여기 온 게 정말 잘한 것 같애. 옥스퍼드 가면 얼마나 좋겠어요?}

한국 사회에서의 차별과 배제의 경험은 영국 사회에서 이들의 남한 이주민들과의 관계와 그에 기반한 안녕감에도 영향을 끼쳤다. 앞서 언급했듯이 이주의 역사가 상대적으로 짧고 작은 규모로 인해 북한이주민들의 노동력에 의존할 수밖에 없는 종족 경제 속에서 남한이주민들은 북한이주민들이 한국 사회에서 경험한 남한 주민들보다 덜 지배적이다. 영주권이나 시민권 획득으로 인해 북한이주민들의 지위가 안정되고 집합적 협상이 가능해짐에 따라 노골적 차별의 정도 또한 매우 약화되었다. 따라서 북한이주민들은 남한이주민들과 접촉할 때 상대적인 자신감을 보인다. B와 A는 이러한 상황에 대해 다음과 같이 언급하였다.

"차별에 대한 것, 대한 거는 크게 여기서는 북한 사람이라고 해서 그렇게 나 그런 건 없어요. 여기 한인분들이 좀 깬 것 같애요, 내 생각에. 한국보다는 이 차별이… 완전 덜하지요. 한국은 차별이 완전 심한데 여기는 차별이 덜하지요."(B)

{한국하고 완전히 다른 것이, 여기서는 한인들이 북한 사람 차별 못해요. [차별했다가는] 당장 사람 못 구하고 그러면 운영이 곤란하지.}(A)

아직은 절대적인 권력관계에 있어서 열세인 남한이주민들에 대해서 갖는 북한이주민들의 자신감은 이렇듯 이들이 그러한 것처럼 한국에서 만난 한국인들과의 관계와 비교의 맥락 위에 둘 때 더 잘 이해할 수 있다. 이렇듯 삶의 준거로서의 한국은 영국의 북한이주민들에게서 매우 자주 등장했는데, 영국에서의 급여수준을 한국에서 받았던 급여와 비교해서 만족감을 느낀다는 40대 여성 C의 아래 인용문은 예외적인 것이 아니다.

> 한국에서 할 때는 좀 어쨌든 막 빡세고 힘들었어요. (아아). 그리고 식당 일이야 다 힘들겠지만 그래도 여기는 그래도 한국보다는 좀 낫써요[나아요]. 좀 낫다는 게 월급 좀 높여주니까 힘들어도 그만큼 할 수 있는 거지요. 우리는 이 나라가 이 나라 세금이 쎄지만, 월급 타면 한국 돈으로 계산해가지고 그래 가지고 계산하는 게 있거든요. 이 돈이면 만약 시[만약] 천오백 파운드면 한국에서는 월급이 얼만데 여기는 천오백 파운드 한국 월급에 두 배 된다 이런 식으로 생각하거든요. 힘들어도 월급 많이 주니까나 그래도 이렇게.

난민 인정이 되는 순간, 시민권을 따는 순간의 감격적 기억은 이렇듯 또 다른 기억 위에 쌓여 올려진 것이다. 한편 북한이주민들의 영국 사회에서의 생활에 매우 큰 영향을 끼치는, 혹은 영국 사회에서의 생활을 구성하는, 한국 사회에 대한 기억들과 이와 비교되는 영국 사회의 경험은 다시 한국 사회에서의 북한이주민들의 삶에 영향을 끼쳐 한국 사회를 재구성하기도 한다.

북한이주민들은 중층적 정체성을 가지고, 북한이주민으로, 남한 사람으로, 코리언으로, 영국인으로, 다양한 맥락에 따라 매우 유연하게 살아간다. 이러한 다양한 정체성들은 이들에게 더 많은 이동성과 소속의 가능성을 제공하며, 자신들의 삶에 대해 긍정적 해석을 가능하게 한다. 이 논문의 서두에 소개한 B 씨의 {이제 진짜 고향을 찾은 것 같아요}라는 이야기는 힘들었던 과거에 대한 소회이면서 동시에 어쩌면 경계에서 살면서 다양한 소속을 협상할 수 있는 자유로움과 상대적 안녕감의 표현일 수 있다. A와 B 씨를 포함해서 많은 영국의 북한이주민들은 자신의 몸으로 영국과 한국을 잇는다. 필자는 북한이주민들이 서울의 가족이나 친척들을 방문했을 때 이들을 서울에서 다시 만날 수 있었다. 유연한 몸으로 한국과 영국을 비교하며 잇는 이들은 한국의 가족이나 친척들의 재이주의 열망에 불을 붙이기도 한다. 영국에서 북한 사람들에 대한 난민 인정이 몇 년간 이루어지지 않고 있지만 그럼에도 꾸준히 신청자가 발생하고 있고, 또 다른 국가로의 이동을 기획하는 사람들도 끊임없이 발생하고 있다. 이렇게 영국의 북한이주민들은 시공간을 넘나들며 삶을 구성하고, 그 과정에서 새로운 공간/장소와 정체성을 창출한다.

3) 인류학적 조우, 조우의 인류학

한편, 북한이주민들의 "안녕감"의 서사가 발화되었던 상황이 항상 "남한에서 온 연구자"인 필자가 존재했던 상황임도 인지해야 한다. 사회과학에서는 오랫동안 '가치중립적'이며, '객관적' 시각을 가진 존재로서의 연구자를 상정해왔다. 인류학계에서도 오랫동안 이러한 자연주의적 입장이 지배적이었다. 따라서 에스노그라피는 종종 "A 집단은 이러저러한 특징이 있다"는 식의 3인칭으로 기술되었고 연구자　저자의 정서적　인지적 경험은 에스노그라피에서 사라져서 독립적인 '일기'나 '회고록'에 담겼다. 예를 들어 3인칭으로 뉴기니 사람들의 일상에 대해 치밀한 기록을 했던 말리노프스키는 사후 발표된 별도의 일기에서 "입장 지어진 주체(positioned subject)"로서의 자신의 경험을 생생하게 드러냄으로써, 매우 객관적인 듯한 외양을 띠었던 에스노그라피가 실질적으로는 얼마나 많은 감정과 생각을 가진 인류학자의 주관적 경험에 물들어 있는지를 의

도하지 않은 방식으로 입증하였다.[36]

제1세계 출신 연구자의 제3세계 사람들에 대한 연구라는 역사적 기원을 가졌고 비서구 사회에 대한 지식 및 정보를 생산함으로써 서구의 비서구 식민화에 때로는 의도적으로 때로는 결과적으로 기여한 경력이 있는 인류학이기에, 탈식민 담론의 대두와 더불어 지식의 객관성, 중립성에 대한 문제 제기가 상대적으로 일찍, 강력한 방식으로 이루어졌다. 이는 연구 참여자였던 '비서구'의 구성원들이 스스로 지식 생산자가 되어 비판적 목소리를 내기 시작함으로써 촉진되기도 하였다. 이러한 상황에서 모든 인류학적 지식이 결국 위치/입장 지어진 연구자와 역시 위치성을 가진 연구 참여자 사이의 상호작용의 결과물이라는 인식이 이제는 상식이 되었다. 이러한 논의의 연장선에서 이 글에서 소개하는 북한이주민들의 안녕감 또한 필자와 연구 참여자 사이의 관계 속에서 발생한 '상황적 마음'인 측면도 있다고 할 수 있겠다.

물론 연구 방법 파트에서 설명하였듯이 필자와 연구 참여자들의 관계가 형식적이고 일회적인 것은 아니었으며, 오랜 기간에 걸친 상호작용을 통해 형성된 라포에 기반한 관계였다. 이는 주요 연구 참여자인 북한이주민들이 필자를 자신들의 집이나 일터에 초대해서 몇 시간씩 수다를 떨고, 카카오톡을 통해 일상적 안부를 묻고, 집안의 대소사와 사람들 간의 갈등에 대해 자주 의논 상대로 삼곤 했던 것을 통해 일정 정도 파악할 수 있다. 앞서 언급한 것처럼 이 글에서 인용한 발화들도 공식적 인터뷰 상황에서라기보다는, 일상적 만남과 수다 상황에서 이루어진 것이 대부분이다. 그럼에도 불구하고, 남한에서 온 연구자라는 위치성을 가진 필자의 존재는 이들의 마음을, 따라서 발화를, 특정 내용과 방향으로 이끌

---

36 다음 글을 참고하라. Malinowski, Bronislaw, *A Diary in the Strict Sense of the Term* (Stanford: Stanford University Press, 1989).

었을 가능성이 크다.

　남한에서 온 연구자라는 필자의 위치성에 대한 북한이주민들의 의식이 자신들의 삶에 대해 긍정적으로 재현함으로써 자신들의 선택이 옳은 것이었음을, 그 과정의 다양한 문제(흔히 '배신'과 '비법'이라는 표현으로 평가되는)들은 이해할 만한 것이었음을 인정받고자 하며 나아가 이러한 입장을 대변해주기를 바라는 마음을 불러일으켰을 수 있다는 것이다. 사실 한국 사회에서는 이들의 재이주를 비난하는 여론이 지배적이다. 이러한 여론은 한국 사회를 '탈북자'의 최종기착지로 단정하는 (한국 중심의) 국가주의적이고 분단문법에 기반한 매우 문제적인 것이지만 강력한 도덕담론으로 작동하고 있다. 뉴몰든의 코리언 커뮤니티 내에서도 한국을 거쳐 온 사실을 숨기고 난민지위를 인정받은 이들의 '불법성'에 대한 비판들이 있다. 일부 북한이주민들은 필자에게 이주 초기 남한이주자들에게서 "한국을 거쳐 왔다는 사실을 신고하겠다"는 협박을 받은 적이 있다고 토로하기도 했다.

　북한이주민들은 자신들에 대한 이러한 부정적인 평가들을 잘 알고 있으며, 이에 대한 불편한 감정을 드러내곤 했다. 일부는 이러한 담론을 생애사적 맥락에서 비판하며, 필자에게 자신의 입장에 대한 동의를 구하기도 했다. 이러한 상황 자체가 사실, 뉴몰든 북한이주민 중 일부가 필자에 대해 일정 정도의 신뢰를 쌓아나가고 있음을 드러내기도 한다. 2013년 현장연구 초기 한국에서의 삶을 삭제하고 북한과 중국에서의 삶에 대한 '비극의 서사'를 중심으로[37] 생애사를 들려주곤 하던 사람들도 세월이

37　이희영은 그의 글 "국제 인권장치와 비극의 서사: 탈북 난민들의 독일 이주에 대한 사례 연구를 중심으로"(209쪽)에서 독일로 재이주한 북한난민들의 서사가 남한에서의 경험은 삭제한 채 북한에서의 빈곤과 인권침해 등 '인권침해를 경험한 탈북난민'으로서의 자신에 대한 재현을 중심으로 이루어졌음을 드러내며, 이는 독일 난민 인정 과정에서의 필요성 때문임을 논의한다.

흐름에 따라 "다 아시니까," "이해하시니까" 하는 조건을 붙여가며, 자신들이 왜 한국을 떠나 영국으로 올 수밖에 없었는지, 그때의 기대에 비해 어떤 점은 만족스럽고 어떤 점을 그렇지 않은지에 대해 이야기하곤 하였다. 이러한 상황은 동시에, 이들 북한이주민들이 필자가 자신들의 역사를 어느 정도 이해하고 있는 '남한 사람'임을 의식하고 있음을 드러내는 것이기도 하다. 북한이나 중국에서의 경험을 집중적으로 이야기하지 않는 것은 '시간적 거리' 때문이기도 하지만, 자신들의 이야기를 듣는 청자로서의 필자의 위치성 때문이기도 한 것이다.

그 내용이 어떠한 것이든, 이들의 안녕감은 위치 지어진 존재들 간 상호작용의 상황적 결과물이다. 즉, 필자와 연구 참여자들 사이의 대화는 많은 경우, '적대적이지 않은 남한에서 온 연구자'와 '남한을 거친 뉴몰든 거주 북한이주민' 사이의 대화였던 것이다. 그런 의미에서 A 씨, B 씨 등 영국 거주 북한이주민들의 자신의 삶에 대한 재현은 특정한 맥락에서의 수행적 행위(performative action)인 측면이 있다. 동시에 이들이 어떻게 살아가는지, 잘 살아가고 있는지에 대한 필자의 관심 또한 '안녕감'에 대한 이들의 발화를 강화하였을 수 있다. '지지자'이자 '연구자,' '남한 사람'으로서 다중의 정체성을 가진 필자의 자신들에 대한 '관심'을 이들은 재빠르게 읽었을 것이다. 그래서 이들은 이런저런 어려움에 대한 '상담'을 요청할 경우에도, 늘 "그래도 오길 잘했다"는 언급으로 이야기를 끝내는 경향이 있었다. 조우의 인류학으로 스스로를 위치시킴으로써 이러한 '편파성·부분성(partiality)'을 드러내는 것은 모든 지식과 정체성, 그리고 마음이 사실은 관계성 속에서 위치 지어진 것, 상황적인 것이라는 이 글의 기본적 입장에서 비롯된다.[38]

---

38   Haraway, Donna, "Situated knowledge: The Science Question in Feminism and the Privilege of Partial Perspective."

IV. 나가며

이 글은 영국의 한인 집거지 뉴몰든에 거주하는 북한이주민들이, 계급적·인종적 소수자이자 사회경제적 약자로서 여전히 다양한 도전들에 직면하면서도 왜, 그리고 어떻게 스스로의 삶을 긍정적으로 재현하는지에 대해 살펴보았다. 심리학에서 흔히 개인이나 집단의 긍정적 정동과 만족도를 측정하여 주관적 삶의 질을 평가할 때 활용하는 '안녕감'이라는 개념을 인류학적 시각에서 재해석하여 뉴몰든 북한이주민들의 마음의 일단을 해석하고자 하였다. 즉, 사람들의 삶과 정체성에 대한 서사가 항상 (존재론적이기보다) '관계적' 맥락을 가진다는 인류학적 논의에 기대어, 이들의 '안녕감'에 대한 맥락화된 이해를 시도한 것이다.

뉴몰든 거주 북한이주민들의 현재적 안녕감은 영국 사회와 코리언 종족 집거지인 뉴몰든이라는 장소와의 조우를 통해, 뉴몰든의 남한이주민들과의 관계적 비교를 통해 형성되고 있었다. 더불어 이러한 안녕감은 이들의 과거와의 비교를 통해 구성되는 것이기도 했다. 북한과 중국에서의 삶이 비교의 대상이 되기도 했지만, 가장 가까운 과거인 한국과 한국에서 만난 한국 사람들이 뉴몰든에서의 삶과 사람들과의 관계에 대한 레퍼런스로 가장 자주 등장하였다. 즉 이들의 현재적 안녕감은 시간적 깊이(temporal depth)를 갖는 것임을 알 수 있다. 동시에 이들의 안녕감은 남한에서 온 인류학자인 필자와 조우의 과정에서 발현된 것이기도 했다. 이렇듯 이 글은 영국 거주 북한이주민들의 '안녕감'을 공간과 시간을 가로지르는 다양하고 다층적인 레벨의 조우(encounter)의 결과물로 제시함으로써, '안녕감'이 독립적이고 본질적인 감정이 아닌, 차이를 가로지르는 일상적 관계를 통해 구성되고 재구성되며 동시에 역사성이 있는 문화적 구성물임을 드러내었다.

　　이렇게 역동적으로 구성된 북한이주민들의 안녕감은 이들이 적극적인 태도로 삶을 주조하도록 이끌고, 경계를 넘나드는 이들의 삶은 영국 뉴몰든이라는 공간/장소뿐만 아니라 한국 사회에도 영향을 끼친다. 경계를 넘나들며 삶을 직조하는 북한이주민의 마음과 초국적 실천에 주목할 때 우리는 이들의 삶과 마음에 우리가 어떻게/얼마나 연루되어 있는지도 성찰할 수 있을 것이며, 이러한 연루성/관계성에 대한 자각은 우리와 그들을 이분법적으로 가르는 분단의 문법을 넘어서 '새로운 우리'를 구성할 수 있는 단초가 될 것이다.

제3부 통합 이후의 문제들

제6장

베를린 한인 이주민들의 경험으로 본
독일의 분단과 통일

정진헌(통일교육원) · 이은정(베를린자유대학교)

I. 들어가며

2019년은 베를린 장벽이 무너진 지 30년이 되는 해이다. 베를린을 방문하는 한국인들은 누구나 이제 흔적만 남은 베를린 장벽의 선을 따라가며 한반도의 허리를 가르는 철조망을 생각하게 된다. 지금도 여전히 분단의 아픔을 감내해야만 하는 한국인들에게 통일의 꿈을 실현한 독일은 특별한 나라이다. 한국인들이 이렇게 특별한 감정을 느끼는 독일에는 현재 약 3만 명의 한국인 이민자가 살고 있다.[1] 한국인 이민자들은 터키나 베트남 출신의 이민자들과 비교해 수가 많지는 않지만, 독일 사회에서 비교적 성공적으로 정착한 이민자그룹으로 평가된다. 한반도와 마찬가지

---

[1] Kaiser, Peter, "Zuwanderung – Der Kumpel aus Fernost. Vor 50 Jahren kamen koreanische Bergmänner nach NRW," *Deutschlandfunk*, Nov 22, 2013. 현재 독일에 거주하는 한국인 중 북한 출신은 거의 없다. 난민으로 인정된 탈북자와 60년대에 유학생으로 동독에 왔다가 서독으로 탈출한 몇 명뿐이다.

로 분단되었던 서독에 와서 30년 가까이 독일의 통일 과정을 함께 체험한 한국인들은 "분단과 통일"에 대해서 어떻게 생각할까? 분단이 극복될 수도 있다는 사실을 체험한 것이 한반도의 분단과 통일 문제를 보는 시각에 영향을 주었을까? 이들의 통일관은 한국에 거주하는 한국인들이 통일을 보는 시각과 차이가 있을까? 본 연구는 베를린에 거주하는 한국인 이민자 1세대를 대상으로 진행된 심층 인터뷰를 통해 질문의 답을 찾고자 한다.

　한국에서의 독일통일 담론은 본질적으로 문화이론에서 말하는 "타자"적 성격을 가진다. 때문에 독일통일 자체를 논의하기보다는, 통일에 대한 개인적인 관념을 독일통일이란 대상에 투영하는 측면이 강하다. 독일통일은 1990년대 초반, 한국인들에게 분단이 극복될 수 있다는 희망의 상징이었다. 1997년 아시아 금융위기로 인해 한국 경제가 심각한 곤란에 처하기 전까지 한국에서는 북한도 동독처럼 빠른 시일 내에 붕괴할 수도 있을 것이라는 기대가 지배적이었다. 한국 정부와 여러 통일연구기관이 북한이 붕괴할 수 있는 다양한 시나리오를 만들고 그에 대한 대책을 연구하면서 독일의 선례를 배우기 위해 노력했다. 그런데 이 과정에서 통일된 독일이 동독 경제의 붕괴로 인해 천문학적으로 높은 비용을 지출하고 있다는 사실이 부각되었고, 통일이 큰 부담이 될 수도 있다는 두려움이 싹텄다. 전문가들은 경쟁하듯 독일 정부가 지출하고 있는 통일비용을 기준으로 한국 정부의 예상 통일비용을 계산하여 발표하였다. 잠재적인 비용이 구체적 수치로 드러나자, 많은 한국인들은 한반도가 꼭 통일되어야만 하는지 의문을 가지기 시작했다. 통일에 대한 막연한 '두려움'이 '회의'로 바뀐 것이다.

　독일통일 이후 30년 가까이 흐른 현재, 한국에서 이루어지는 독일통일 담론은 희망과 두려움이 교차하는 양상을 띤다. 그러나 독일통일은 한국에서 통일을 논의할 때 여전히 중요한 화두이다. 한국의 정치인, 사회과학자 그리고 언론인 중에 독일통일에 관한 자신의 의견을 피력하지 않은 사람이 거의 없다. 한국 정부가 통일과 관련하여 독일이 경험한 모든 것들을 배우고자 한다고 해도 과언이 아닐 것이다.[2]

그러나 한국의 독일통일 담론은 독일에서 진행된 통일 담론과 성격이 크게 다르다. 콜모르겐(Raj Kollmorgen)과 코흐(Thomas Koch)는 독일에서 진행된 통일 담론을 체계적으로 분석하여, 담론이 주도된 영역에 따라 각각 다른 키워드가 있음을 밝혀냈다. 그들에 따르면 사회과학 영역에서의 키워드는 "후발 근대화"와 "이중의 변혁" 사이의 대립이었으며, 정치적 영역에서의 담론은 "근대적 사회국가 독일의 건설"에 중점을 두는 것이었다. 그리고 언론 영역에서는 동독과 동독인을 "출신 지역, 특수성 또는 이질성, 유약함, 부담" 등 4개의 프레임으로 바라보았다. 반면 1990년대 중반 이후 한국에서 진행된 독일통일 담론은 "흡수통일, 통일비용, 통일 후유증, 내적통합" 등의 단어가 핵심으로 확고하게 자리 잡았다.[3]

이는 한국에서 진행된 독일통일 담론이 독일통일을 분명 그 대상으로 삼았음에도 불구하고, 담론의 실질적인 형성과정에서는 한국의 역사

---

2   한국은 독일통일과 관련된 연구가 가장 많이 진행된 나라 중의 하나이다. 1990년 이후 지금까지 독일통일을 주제로 한 연구물이 5000편이 넘게 발표되었고, 주요 일간지들도 끊임없이 독일통일·통합에 관해 보도하고 있다. 그리고 1990년 이후의 한국 국회 회의록에도 다양한 맥락에서 독일통일이 5000차례 언급된 것을 볼 수 있다. 이렇게 다양한 매체를 통해서 이제 한국만의 독일통일 담론이 형성되었다. 이에 대한 기존 논의로는 GESIS-Historical Social Research, "41.3 – Established-Outsider Relations / Knowledge Transfer as Intercultural Translation"; https://www.gesis.org/en/hsr/full-text-archive/2016/413-established-outsider-relations/(검색일: 2020년 06월 10일) 참조.

3   Kollmorgen, Raj, Frank Thomas Koch & Hans-Liudger Dienel eds, *Diskurse der deutschen Einheit – Kritik und Alternativen*, Wiesbaden: VS Verlag für Sozialwissenschaften, 2011.

적 경험, 현실적 조건 그리고 정치적인 기대와 필요성 등이 중요하게 작용했기 때문이다.[4] 물론 담론의 진행 과정에서 독일의 경험이 아무런 역할을 하지 않았다고는 할 수 없다. 많은 한국의 정치인, 학자, 언론인 등이 독일통일의 경험을 배우기 위해 독일을 방문하였고, 많은 독일의 전문가가 한국에 초대되어 독일통일에 관해 설명했다. 이렇게 얻은 정보들이 한국의 독일통일 담론에 어느 정도 영향을 주었을 것이다. 그러나 한국에서 형성된 독일통일 담론의 초점은 여전히 '독일'보다는 '통일'에 있었고, 그것은 항상 한반도의 통일을 염두에 둔 것이었다. 즉 한반도 통일을 보는 한국인들의 다양한 시각이 그대로 투영되어 있었다. 그런 의미에서 한국의 독일통일 담론은 오리엔탈리즘/옥시덴탈리즘에서 이야기하는 "타자"적 성격을 보인다고 할 수 있다.

독일에 거주하는 한국인 이민자들이 통일을 보는 시각도 한국의 독일통일 담론에 내포된 "타자"적 시각으로부터 자유롭지 않다. 그러나 본 연구는 한국에 거주하는 한국인이 통일을 인식하는 방식과 변별되는 측면이 그들에게 분명 존재할 것이라는 가정에서 출발하였다. 이러한 가정은 기존의 디아스포라 연구 성과에 그 근거를 두고 있다. 기존의 연구들은 이민자들이 자신의 출신국과의 연결고리를 계속 가지고 있으며, 특히 과거 회귀적 성향을 보인다고 강조한다. 반면 일본에 거주하는 한국인들에 관한 사례연구에 따르면 그들이 현지에서의 경험으로 형성된 고유한 관점과 의견으로 고국의 미래상을 구상하고, 또한 그렇게 미래에 존재하는 고국의 이미지에 정체성을 두는 경향도 존재한다.[5] 본 연구에서는 독

4　Lee, Eun-Jeung, "Deutsche Einheit aus der koreanischen Perspektive," *Neue Gesellschaft, Frankfurter Hefte*, November – Dezember, 2014.

5　소냐 량(Sonia Ryang)이 연구한 조총련계 민족학교 학생들은 자신들의 국가 정체성이 현재의 북한에 있는 것이 아니라, 통일된 한반도에 있다고 주장한다. Ryang, Sonia. "Visible and Vulnerable: The Predicament of Koreans in Japan," Ryang, Sonia and John Lie.

일의 한국인 이민자들이 개인적인 정치적 성향과 관계없이 한반도의 분단을 당연히 극복되어야만 하는 것으로 정의한다는 사실을 확인할 수 있었다. 이민자로서의 자신을 통일된 한반도의 국민으로 간주하는 미래지향적 정체성을 가지는 경향도 분명히 볼 수 있었다. 본 연구는 연구결과를 서술하기에 앞서, 연구 과정과 방법, 그리고 인터뷰이들의 사회적, 문화적 배경을 이루는 디아스포라적 특성을 먼저 설명하고자 한다.

II. 연구대상 및 방법

본 연구의 주요 조사 대상은 베를린에 거주하는 이민 1세대 한인들이다. 이들은 대부분 1966년과 1976년 사이에 20대 초중반 나이에 간호사또는 간호보조원으로 서베를린에 파견되어 베를린의 분단과 통일의 과정 및 그 이후를 목격하고 체험하였다. 연구에 참여한 남성들의 경우는 1963년부터 서독 지역에 광부로 파견되었다가 결혼과 경제활동 등을 이유로 서베를린으로 이주해온 사람들이다. 현지 조사 당시 60대 후반에서 70대 초중반인 이들은 독일통일 전후를 경험한 세대였으며, 40년 이상, 즉 전 생애의 3분의 1을 독일에서 이주민으로서 살아오면서 문화적으로는 '혼종적 정체성'을 가지게 되었다고 볼 수 있다.[6]

eds, *Diaspora without Homeland: Being Korean in Japan.* Berkeley and Los Angeles: University of California Press, 2009.

6 여기서 혼종성(hybridity)이라는 개념은 Homi Bhabha(1994)의 탈식민주의연구(post-colonial studies) 이론에 기반하여 발전한 것으로 다문화주의 연구(multiculturalism studies) 맥락에서 초국적 이주민들의 문화적 혼종성을 의미한다. 디아스포라의 개념과 범주 논의에 대해서는 Safran, William, "Diasporas in modern societies: Myths of homeland and return," *Diaspora: A Journal of Transnational Studies*, Vol. 1, No. 1, 1991; Vertovec, Steven, "Three Meanings of 'Diaspora,' Exemplified among South Asian

국경을 넘어온 이주민들에게 혼종적 정체성(hybrid identity)라 함은 고국(home society)에서 몸에 익혀온 지식, 습관, 가치, 종교, 음식, 언어, 감성 등의 문화적 요소들이 이주국(host society)의 그것들과 혼합되거나 그로 인해 변형되는 문화적 경험을 함으로써, 이중적 또는 다중적 관점과 태도, 가치관 등을 갖게 되는 것을 의미한다. 여기서 혼종성은 종종 기존의 습관과 가치체계가 변하지 않고 고형화되는 경우도 포함한다. 고국이 시대에 따라 급격하게 변한다 해도 이주민 사회는 자신들이 떠나올 때 가졌던 생각과 습관을 더 보수적으로 유지하는 경향도 많다. 따라서 어느 한 이주민 공동체 내부에서도 세대 간, 젠더 간, 개인 간에 다양성이 나타난다. 즉, 이주민 공동체 자체가 혼종적이고 다양하며 역동적인 집단인 것이다.

베를린 거주 한인 1세대들의 경우, 서유럽의 자유주의, 민주주의, 그리고 다문화주의를 경험하였다. 대다수의 한인 이주민들은 한국의 6~70년대 반공의식을 그대로 유지하거나 강화하는 경향을 보이지만, 어떤 사람들은 탈이념적, 범민족적, 또는 친북적 가치관으로 변형되기도 한다. 이렇게 양극화된 이념적 스펙트럼의 한편에는 한반도 상황에 대해 어디에도 개입하고 싶지 않아 하는 탈정치화된 한인들도 적지 않게 존재한다.[7]

우리는 이들을 대상으로 인류학적 현지 조사 방법에 따라 참여 관찰(participant observation), 심층 인터뷰(in-depth interview) 등을 통한

Religions," *Diaspora: A Journal of Transnational Studies*, Vol. 6, No. 3, 1997 참조.

7   이는 한반도의 지정학적 냉전 체제가 이주민 사회에서도 그대로 작동하고 있음을 보여주는 것이기도 하겠지만, 독일에서 작동한 원거리 국가 폭력의 역사도 무시할 수 없다. 동백림 사건(1967~1969), 유럽 간첩단 조작 사건 등에 이어, 한인 단체들의 보수화를 직, 간접적으로 부추긴 공관원들의 역할 등 다층적인 역사적 사회적 요인들이 작동한 결과로 볼 수 있다.

생애사적 접근을 시도하였다. 연구자는 장기간에 걸쳐 베를린 한인 이주민들의 사회 활동에 참여하면서 이들과 라포(rapport)를 형성하고, 내부자적 관점(native point of view)을 습득하려 노력했다. 이러한 관계 맺음을 바탕으로 심층 인터뷰를 진행하였다. 공식화된 인터뷰 외에 비공식적 대화(informal conversation)를 통해 연구 참여자들의 독특한 삶과 문화에 대한 총체적 이해를 시도하였다. 심층 인터뷰의 경우, 연구에 동의한 면접자들만을 대상으로 했다. 중장기간에 걸친 참여 관찰 현지 조사는 2016년에 시작하여 지속적으로 진행하고 있으며, 본 논문을 위해 분석한 면접 자료들은 주로 2016년 2~8월 사이 진행된 총 60여 개의 인터뷰 중 선별한 것들이다.

III. 독일의 한국인 디아스포라[8]

독일과 한국은 1883년에 조독수호통상조약을 체결한 후 공식적인 외교 관계를 맺었다. 1945년 세계대전의 종결과 함께 두 국가가 모두 분단된 후 동독은 1950년대에 북한의 전쟁고아를 받아들이는 등 건국 직후부터 북한과 특별한 관계를 맺었고, 서독은 1963년에 한국 정부로부터 간호원과 광부를 파견받는 내용의 계약을 체결하면서 긴밀한 관계를 갖게 되었다. 1966년부터 1976년까지 독일에 취업한 한국 간호원은 10,226명, 광부는 7,932명이었다. 이들은 비록 소수였지만, 1950년대 이후 지속적

---

8   디아스포라(diaspora)라는 개념은 초기 유대인 이산 공동체를 일컫다가 이주가 보다 빈번해지고 체류국에서 일시적 체류를 넘어 영주하게 되는 개인 및 공동체들이 증가하면서 포괄적 개념으로 사용되기 시작되었다. 이에 대한 논의는 Clifford, James, "Diasporas," *Cultural Anthropology*, Vol. 9, No. 3, 1994, pp. 302-338 참조.

으로 서독에 건너온 한국 유학생들과 함께 초기 한인사회를 형성하였다.

이들 1세대 이주민들이 현재까지 모두 독일에 거주하고 있지는 않다. 정확한 통계는 알 수 없으나, 교민들의 증언에 따르면 이들 중 3분의 1 정도가 독일에 남고 또 다른 3분의 1 이상은 계약만료 후 한국으로 돌아갔으며, 나머지는 미국, 캐나다 등 북미로 재이주한 것으로 전해진다. 이 1세대들의 특징은, 모두 한국 전쟁과 가난, 그리고 반공교육을 통해 공산주의 북한에 대한 적대 감정이 극대화되던 시기를 거친 채 청장년이 되어 유럽의 분단국 서독으로 왔다는 것이었다. 이들이 도착한 서독은 한국과 같은 분단국이었다. 그러나 남과 북이 완벽하게 대치상태에 있던 한반도와는 달리 동서독 간에는 제한된 범위에서라도 상호 여행이 가능했다. 서베를린에 거주하던 한국인들도 동베를린을 방문할 수 있었다. 그중에는 동베를린에 있는 북한 대사관을 방문하여 직원들과 접촉한 경우도 있었다. 이러한 행동은 남한의 반공법을 위반하는 것이었다.[9] 1967년에 남한의 박정희 군사 정권이 서독에 거주하던 한국인들을 서울로 납치해서 재판에 회부하여 사형선고까지 내렸던 것도 바로 그런 이유였다.[10] 이런 과정에서 서독의 한인사회는 적극적으로 반독재 민주화운

---

9   You Jae Lee는 동백림 사건을 재조명하면서 당시 남한의 독재 정권은 한인 이주민들이 초국가적 이주를 통해 경험한 전혀 다른 냉전의 시공간성을 고려하지 않았음을 지적한다 (Lee, You Jae, "Die Ostberlin-Affäre 1967 und die transnationale Demokratisierung für Südkorea," *Paper presented at the 50th Anniversary of the Appeal for Isang Yun: Peace Talk and Concert*, Nov. 24, 2018). 당시 국가 권력은 해외 차관마저 독점하고 분단을 빌미로 풀뿌리 초국가주의마저 통제한 셈이다. 다시 말해 동백림 사건은 사실 국가 권력의 시대착오적 몰역사성을 드러내는 셈이다.

10 1967년 7월 8일 한국의 중앙정보부는 당시 파리에 거주하던 화가 이응로와 베를린의 작곡가 윤이상을 포함하여 유럽에 유학한 경험이 있는 한국 대학의 교수들과 당시 유학 중인 한국 학생을 중심으로 1백 94명이 관련된 대규모 간첩단, 이른바 "동백림을 거점으로 한 북괴대남적화공작단 사건"을 적발했다고 발표한 것이 바로 동백림 사건이다. 이 일로 독일 문화계와 언론, 시민과 학생들이 국제적 석방 운동을 주도했고, 당시 독일 정부의 단교 선언 같은 강력한 항의로, 사형과 무기징역, 10년형 등을 받았던 피해자들은 1969~1970년

동에 참여하거나[11] 이를 지지하는 그룹과 박정희의 개발독재를 찬성하는 보수 그룹으로 분열되었다. 두 그룹은 1987년 한국의 민주화가 달성된 후 지금까지도 지속적으로 첨예하게 대립하고 있다.[12]

IV. 베를린의 한인 디아스포라 1세대의 통일 경험과 통일관

1. 경계의 붕괴: 한국인 이민자가 본 장벽 붕괴와 독일통일

베를린 장벽(1961~1989)의 붕괴는 독일인이나 현지 거주 이주민들 모두에게 누구도 예상하지 못한 극적인 드라마처럼 '불현듯' 찾아왔다. 1989년 11월 9일 밤, 베를린 장벽을 넘어온 동베를린 사람들은 서베를린 사람들의 환영을 받았다. 삼엄한 경계가 사라진 장벽 주변은 축제의

사이 특별 사면되어 추방되었다.

11 1970년대 당시 한인 유학생 및 학자들, 즉 지식인층 중심으로 결성된 민주사회건설협의회의 한국사회 민주화 운동 참여는 한국 내 진보진영에도 긍정적 영향력을 주었다. 이에 대한 기록은 이삼열, "독일에서의 민주화운동: 민주사회건설협의회를 중심으로." 『기억과 전망』, 34권, 2016 참조.

12 독일에는 최근 북한이탈주민 출신 난민 신청자들도 등장했다. 2000년대 초반 미국의 북한인권법이 통과되던 시기와 맞물려서 유럽 국가 중 영국, 독일, 네덜란드, 벨기에, 프랑스 등에서도 북한출신 난민들을 인권 난민 차원에서 수용하기 시작하였다. 그러나 그 시기에 대거 유럽 지역으로 이주한 북한이탈주민들은 남한에서 이미 시민권을 받은 사람들이거나, 아니면 중국 조선족들이 대부분이었다. 이러한 사실이 밝혀진 후로는 북한 난민들에 대한 인도주의적 수용이 급격히 줄어든 상황이긴 하나, 자녀 교육 등을 목적으로 남한에서 생활하다 독일로 왔거나, 아니면 매우 드물게 중국에서 바로 독일로 와서 난민 신청한 북한이탈주민들은 슈투트가르트 지역 난민 거주 시설에서 지내고 있다. 베를린에는 남한에 정착한 후 유학 등을 목적으로 체류하는 북한 출신 이주민도 있다. 그러나 5백 여 명 규모로 영국 뉴몰든 지역에 편입한 북한이탈주민과 달리 독일 내 북한이주민들은 경제 및 사회 활동 면에서 미약한 편이다. 더욱이 독일의 분단 및 통일 과정을 체험했다고 볼 수 없기 때문에 이 연구에서는 이들의 관점과 의견 등은 다루지 않았다.

장소가 되었고, 넘어설 수 없었던 경계의 장벽은 탈냉전 시대를 여는 관문이 되었다. 베를린 거주 한인들은 당시의 기억을 '감격', '환희' 등의 수사로 표현하기보다, 놀라운 마음에 '어떻게 반응할지 모르는' 복잡한 심경에 가까웠다고 증언했다.

그러나 바로 다음 날인 11월 10일, 파독 간호사들이 주축이 되어 진보적 활동을 해오던 재독한인여성모임의 회원 몇 명은 "용기"를 내어 베를린 장벽 붕괴 현장으로 나갔다고 한다. 이들은 "Korea is One"이라는 현수막을 펼쳐 들었다.[13] 베를린 장벽 붕괴의 역사적 순간을 남북한의 분단 종식을 염원하는 미래지향적 열망으로 연결한 최초의 플래시 몹(Flash Mop)이었다고 할 수 있다.

베를린 장벽 붕괴는 분단국에서 온 이주민인 한국인들에게 탈분단의 서사를 경험하게 하는 중요한 역사적 순간이었다. 인터뷰 대상자가 모두 1989년 11월 9일 저녁의 기억을 30여 년이 지난 후까지도 생생하게 가지고 있다는 것이 그것을 증명해준다. 1972년 서베를린에서 간호사로 일한 K는 그날 밤의 감동을 다음과 같이 설명했다.

"아, 저는 그날을 지금도 기억을 해요. 제가 그러니까 집에 오면 항상 텔레비전을 켜요. 어쨌거나 아픈 사람들하고 일을 했으니까 제가 이제 다시 조금 이렇게 다른 생각하기 위해서 켰는데 그날이 목요일이었어요. 어우, 근데 막 통일이 됐다고 막 그… 문이 열렸대요. 그래가지고 동독에서 사람들이 그냥 오는 거예요. 동베를린에서. 근데 서독 사람들이 집에 있던 다 시들어진 꽃 같은 걸 들고 서 가지고 뭐 자기 친척도 아니고 그렇지만은 이렇게 안아주고. 지금 그때 제가 얼마나 감동을 했는지. 꽃을 주고…

---

13 간호사 출신 중심의 재독 한인여성들의 사회참여적 활동사에 대해서는 재독한국여성모임, 『독일이주여성의 삶, 그 현대사의 기록』, 서울: 당대, 2014 참조.

그래서 제가 그거 보면서 얼마나 울었는지 몰라요. 한국도 통일이 되면 저렇게 되면 얼마나 좋을까. 그리고 이제 그 뒷날 시내를 나갔는데 음, 사람 물결이에요. 동독에서 많이 왔는데 제가 그때 듣기로는 한 건의 사건도 없었다는 거예요. 그러니까 그냥 이렇게 그런 식으로 평화통일이라는 거잖아요. 그런 통일이 왔으면 얼마나 좋을까. 갑자기 그 생각을 하면 막 울음이 나와요. 그냥 앉아서 혼자 울었죠."

베를린 거주 한인들에게 분단 장벽의 해체는 타국에서 벌어진 타자의 사건이 아니었다. 독일 현지인들과 그 감격의 정서를 함께했던 자신들의 서사였다. 그와 더불어 그들은 한국의 분단 현실 역시 타자화하지 않았다. 독일 현지인들이 당장의 베를린 장벽 붕괴라는 축제를 즐기는 것에 집중했다면, K는 그에 덧붙여 한국을 즉자적으로 떠올리며 분단 해소라는 동시대적 변화를 갈망했던 것이다.

여기서 K가 경험한 탈분단의 서사는 단순히 물리적 장벽의 해체에만 머물지 않는다는 점에서 중층적 의미를 함축하고 있다. 국경을 넘어온 경험을 통해 타문화에 적응하는 과정에서 베를린 거주 한인들은 중층적 탈경계(border-crossing)를 경험하기도 했다. 그것은 한국에서 내재화된 반공 이데올로기 또는 레드 콤플렉스가 독일 현지 사회의 현실과 만나면서 충돌하고 해체되거나 재구성하는 과정이었다.

2. 감정의 구조와 탈경계의 서사

베를린 거주 한인 이주민들이 독일통일을 경험하고 그로부터 한반도의 상황을 떠올리며 통일을 열망하게 되는 현상은 레이먼드 윌리엄즈(Raymond Williams)의 감정구조(structure of feeling)라는 개념을 통해 이해해볼 수 있다. 여기서 감정은 지적인 활동인 "사고"와 상이한 개념이긴 하지만, 상호보완적 영역이지 대립적 관계는 아니다. 안토니오 그람시의 헤게모니 개념이 지배세력으로부터 하향식으로 체화되는 이념과 담론을 이해하는 데에 주로 유용하다면, 윌리엄즈는 아래로부터 다양하게 발생하여 변화를 유도하는 감성(정)적 영역에 주목한다. 윌리엄즈는 감정의 영역을 지배적인(dominant) 것, 잔존하는(residual) 것, 그리고 새로이 출현하는(emergent) 것 등으로 나누어 볼 수 있다고 제안한다. 그리고 이러한 다층적 감정구조는 사람들의 경험(experience)에서 비롯된다. 하나의 이념 체계가 논리 구조 안에서 획일적으로 인식되는 것과는 달리, 감정구조는 다양한 결이 존재한다. 그로써 인간의 내부적 변화를 유도하는 동력이 되기도 하고 그 변화를 이해하는 개념이 되기도 한다.

1960~70년대에 독일로 이주한 한인 1세대들은 어린 시절 한국 전쟁을 겪은 후, 반공교육까지 받은 채로 유럽 냉전의 현장인 독일로 이주하였다. 따라서 대부분의 한인들은 반공 이데올로기와 반북 정서를 지배적인 이념과 감정으로 가지고 온 것으로 보인다. 1966년 대구에서 서베를린으로 온 간호사 P의 기억이다.

"우린 독일에 오기 전 소양교육이라고 받았어요. 그게 독일 문화나 사회에 대해서는 제대로 알려주지 않고, 그저 뭐 반공교육이었지."

당시 반공교육은 지식적인 차원의 이해를 요구한 게 아니었다. 금기조항을 숙지하고 그걸 어겼을 시 겪을 처벌이나 피해에 대해 두려워하도록 하는, 합리성과는 거리가 먼 정서적 반응을 유도하게끔 했다. 1966년 서베를린으로 파견되어 온 C도 유사한 경험을 했다.

"그래서 다들 제발 백림(베를린)으로만 가지 말게 해달라고 속으로 기도하고 그랬어요. 그런데 백림으로 간다니, 집안에서도 다들 걱정이 심했지요. 백림 지하철역 프리드리히스트라세(Friedrichstrasse)역은 아예 내리지 말라고 그랬어요. 그 역 지날 때마다 얼마나 무섭던지…"

P와 C는 전쟁 세대이긴 하나 직접적으로 그 전쟁의 참혹함을 목격하지 않았다고 한다.

"난 어렸을 때 마루 밑으로 숨으라 하면 어른들 따라서 숨고 그러기만 했지, 동네에 인민군이 오거나 그러지 않아서 솔직히 전쟁이 어땠는지 몰라요. 그런데도 빨갱이 하면 무서워하고, 그게 참 오래갔어요."

P를 비롯한 다른 사람들의 면담 내용은 지배적인(dominant) 반공 정서가 독일 생활 기간에도 오랫동안 잔여하면서(residual) 공존했음을 알게 한다. 그래서인지 베를린 장벽 붕괴 당시에도 한인들의 반응은 독일 현지인들에 비해 복합적이었다. 연구자가 현지 조사 과정 중 한인들과 나눈 비공식 대화의 내용에 따르면, 적지 않은 한인들이 보인 베를린 장벽에 대한 즉각적인 반응 중 하나는 두려움을 동반한 놀라움이었다.

"처음에는 좀 무서웠어요. 그래서 장벽이 있는 동네 쪽으로는 아예 한참 동안 가질 않았어요."

이와 같은 반응은 꽤 많은 면담자가 대화 중에 지나치듯 꺼낸 표현인데, 진보적 활동의 참여 여부와 관계없이 장벽 붕괴 당시 가장 지배적이었던 초기 반응이기도 했다. 이같이 연구자에게 증언했던 L의 경우는

1973년 서베를린에 와서 독일인 의사 남편과 슬하에 두 자녀를 두고 있다. 오랫동안 한인 공동체와도 교류가 거의 없었고, 특히 진보적인 활동에 참여하지 않았지만, 독일인 남편 형제와 친척이 동베를린에 있었기에 가족 간 교류가 제법 잦은 편이었다. 그러나 막상 베를린 장벽이 붕괴했을 때는 마치 공산권 사람들이 서베를린으로 물밀 듯이 들어와 혼란이 야기될 것 같은 두려움으로 가득 찼었다고 한다. 이는 잔여하고 (residual) 있던 반공 정서가 급격한 사회 환경 변화를 맞닥뜨려 방어기제처럼 나타난 경우라 해석할 수 있다. 이러한 두려움을 동반한 놀라움은 접근을 통한 변화를 추구한 서독의 정서를 받아들임으로써 사그라졌다.

베를린 거주 한인들이 장벽 붕괴 직후 탈분단의 축제적 상황에 상대적으로 빨리 적응하고 동참하게 된 요인으로 그들이 경험한 독일의 분단 시기를 배제할 수 없다. 이는 독일통일을 한반도 상황에 적용하는 가능성을 타진하고 비교를 통해 심층적 이해에 이르기 위해서는 사실 그 분단 상황에 대한 경험론적 검토가 전제되어야 함을 시사하기도 한다. 독일에는 "철의 장막"이라고 불리는 동서독 간의 장벽이 있었지만, 남북한 사이의 휴전선과는 달리 직간접적인 왕래가 가능했을 뿐만 아니라 동방정책의 영향으로 원활하게 진행되기도 했다. 가족 간의 방문, 서신 교환, 방송 청취 등 남북한이 추구하는 낮은 단계의 통일 상황이 곧 동서독 간에는 분단 상황이었던 것이다. 동베를린을 가족과 함께 방문하거나, 동베를린에 있는 가족이 서베를린으로 방문하면서 가족 간의 경조사를 경험한 P의 사례, 한인 교회의 단체 야유회를 동베를린으로 가곤 했던 H, 또는 독일 남편과 함께 관광 삼아 동베를린을 방문했던 K 등 적지 않은 한인들이 한반도에서는 불가능한 탈경계를 사적인 영역에서 체험했던 것이다.

"…75년, 76년, 77년… 이렇게 두 번인가 세 번 내가 소풍으로 동베를린
에 갔다 온 거예요. 그러니까 아침에 비자를 받으면 아인 탁(ein Tag), 하
루 비자예요. 아침에 갔다가 저녁에 와야 돼. 그리고 하루 쓸 수 있는 돈이
꼭 그거는 바꿔가지고 가야 돼. 20몇 무슨 마르크인지, 그때. 그걸 바꿔가
지고 가서 쓸 만큼 그거는 꼭 무스(muss, 반드시)로 가지고 가야 돼."

독일 이주 전에 공산주의 땅이라 배웠고, 그래서 절대 들어가거
나 소통도 하지 말아야 할 장벽 너머 동베를린으로 "소풍"을 갔던 경험
은, 윌리엄스의 개념을 빌리자면, 탈경계의 감성을 불러일으켰을(emer-
gent) 것이다. 분단국가에서 온 이주민들에게 낯설지만 마치 금기를 깬
것 같은 경계 넘기의 짜릿함은 연구자와 대화를 나누는 표정에도 역력히
드러났다. 그것은 신선한 감동이었기에, 몸과 정서로 기억된 서사처럼
보였다. 체험으로 생성된 감성은 자신들이 떠나온 고국 상황과의 비교,
즉 한반도의 분단 상황에 대한 성찰을 불러일으키는 기제로 작동하였다.

"그렇게 해서 내가 그렇게 다녔어요. … 이제 그렇게 다니면서 내가 '우리
한국은 언제 남북이 이렇게 하루만이라도 반나절만이라도 휴가를 받아서
저기 올라가서 내려가서 서로 보고 구경하고 올 수 있는가. 가서 케이크도
먹고 이렇게 할 수 있는가. 커피도 마시고 그런 게 너무너무 그거했어요
(부러웠어요)."

독일과 한반도는 각각 유럽과 아시아 냉전의 최전선으로서의 국토
분단이라는 유사성을 지니고 있지만, 분단의 내용은 차원을 달리했다.
분단의 원인과 그로 인한 참혹한 내전의 유무, 그리고 체험과 제도로 각
인된 이분법적 적대감의 유무라는 감정 영역이 두 공간에서 상이하게 나

타났던 것이다. 대부분의 독일통일 연구가 독일과 한반도의 역사적 차이, 즉 내전의 유무로 인해 두 가지 경우를 단순히 비교하여 정책을 적용하는 것의 부적합성을 지적한다. 하지만 한국 전쟁 시기에 태어나 반공교육을 받고 자란 베를린 거주 한인들의 경우 "학습된" 반공교육의 잔재와 그 폐해가 자신들의 베를린 적응 초기에 걸림돌이었음을 성찰하는 계기를 겪기도 했다. 즉, 동베를린을 몇 번 조심스럽게 방문하거나 육로를 통해 동독 지역을 거쳐 가는 등의 경험이 반복되면서 지배적이었던 반공정서는 서서히(때에 따라 급격히) 사그라들었고, 거기에 독일 현지에서 맞닥뜨린 탈경계의 경험을 통해 적대적 남북관계가 개선되기를 바라는 마음이 생성되었던 것이다. 이것은 곧 윌리엄스의 개념을 빌리자면, 베를린 한인들이 국경을 넘은 이주를 통해 구성하게 된 탈경계의 감정구조라 할 수 있겠다.

여기서 접두어 "탈"은 극복이나 초월, 이후 등을 의미한다기보다는 과도기적 상황을 가리킨다고 이해할 필요가 있다. 이는 포스트사회주의(post-socialism) 연구에서 해석한 전이 과정으로서의 "포스트"(post-)와 같다. 즉, 동서독 분단 시기 베를린 한인 이주민들이 지니게 된 탈경계적 감수성은 반공 이데올로기의 잔재, 본국 군사독재 권력에 의해 자행된 동백림 사건과 유럽간첩단 사건의 역사, 그리고 국가보안법의 실재 등에 따른 두려움 혹은 자기 검열 기제 역시 포함하고 있다고 볼 수 있다. 따라서 베를린 장벽 붕괴 직후의 반응과 해석들이 독일 현지인들과 유사하면서도 다르게 나타남으로써 독일통일의 의미를 한층 복잡하고 풍요롭게 해준 것이다. 그리고 통일 이후에는 동독 출신 사람들을 직접 만나게 되면서, 그들의 체험 양상은 더욱 독특해지기도 했다.

3. 통일 이후 통합과정: 다문화적 감수성

1989년 베를린 장벽이 붕괴한 지 1년 후에 동서독은 통일을 이루었다. 분단 시기에는 동독 영토 안에 섬처럼 존재했던 서베를린에 사람과 자본이 밀려들기 시작했다. 한인 여성들이 간호사로 근무하던 병원에도 동독 출신 간호사들이 들어왔다. 병원은 동–서독 사람들뿐 아니라, 동독–한인 간호사들 사이의 상호 권력과 가치관이 작은 일상에서 충돌하며 협상하는 문화적 접촉 지점(contact zone)이 되었다. 서베를린의 병원에서 한인 간호사들은 비교적 높은 지위와 권한을 가지고 있는 경우가 많았다. 그들은 동독 출신 간호사들이 타민족과의 접촉 경험이 적어서 무뚝뚝했고, 한인 간호사들을 낮추어 보는 경향이 있었다고 평가한다. 한인 간호사들이 독일인인 자기들보다 낮은 지위에 있다고 보고, 허드렛일을 시키거나, 가르치려 하는 듯 위압적인 말투를 사용하기도 했다고 기억한다. 이 동독 출신 간호사들은 한인 수간호사로부터 업무 지시를 받는 것을 이해하지 못했다고 한다. 그리고 독일계 간호사·의사들과 한인 간호사 사이를 이간질하는 경우도 적지 않았다고 한다. 때문에 경력이 많이 쌓인 한인 간호사들은 느닷없이 받는 차별적 언행과 직장에서의 갈등 상황에 당황하기도 했다.

> "그래서 차근차근 얘기하니까, 애들(동독 출신 간호사들)이 알아듣더라고요. 자기들도 우리 같은 사람하고 일하는 게 처음이니까… 아마 사회주의식 습관이 들어서 그랬나 봐요. 그래도 얘기해 보니까 순수한 게 있더라고요. 뭘 몰라서 그런 것도 있고…"

L은 동독 출신 동료들과 불화가 있었지만, 그 원인을 그들에게 내재

하는 동독 사회주의식 위계서열 의식, 다문화 감수성의 결여 등에서 찾으면서 개인의 문제가 아닌 서로 다른 문화 간의 차이로 이해했다. 그러다 보니 개인적 관계에서는 오히려 "순수"한 성품을 강조하기도 하였다. 이는 상대에 대한 연민의 감정이 있음을 보여준다. 통일 초기의 혼란, 즉 화폐 개혁, 세금 인상, 복지 하락, 인구 증가, 급격한 도시 개발 등을 거치는 동안 동독 사람들은 서독 사람들보다 낮은 위치에 놓였는데, 간호직에서는 한인 간호사들이 더 높은 지위에 있다는 것을 받아들이기 힘들어했을 그들의 입장을 이해하려 했던 것이다.

서독의 일터 문화와 일상의 문화 역시 한인 간호사들에게 더 익숙해져 있었던 반면, 동독 출신 간호사들에게는 여전히 낯설었던 모양이다. S에 의하면, 같은 병원 동료 중 동독 출신 간호사들은 서베를린 근처로 이사왔다가도, 이내 다시 자신들이 살던 동네로 이주해가서 원거리 출퇴근을 했다고 한다. 그 이유를 물었더니, 자신의 동네에서 "이웃 간의 관계가 더 공동체적이고 그래서 사람 사는 맛이 더 나기 때문"이라고 했다고 한다. 직장이라는 공적 생활공간 및 관계와 사적인 활동 공간 및 관계를 구분하는 것은 독일적인 사회생활(social life)의 한 단면이라 할 수 있지만, 동독 사람들의 경우 사적인 생활공간이 서독의 자유주의 문화에 비해 사회주의식 공동체 문화를 유지하려는 경향이 있음을 이해한 것이라 볼 수 있다. 어떤 분은 이를 한국식으로 표현하여, 구동독 지역에는 이웃 간에 "정(情, affection)"이 더 있다는 것으로 해석하고, 자본주의 경쟁 구도에서 약삭빨라진 사람들에 비해 "순수"하다는 긍정적 평가도 했다.

이러한 한인 이주민들의 직접적인 통일 경험은 한반도 상황에도 시사하는 바가 크다. 즉, 신자유주의 물결 속에서 급격하게 다문화·다인종 사회로 변한 남한 사회와, 상대적으로 민족적 순혈주의를 강조해온 북한 사회가 서로 통합하는 과정에서 나타나게 될 미시적 사회 현상들에 대한 비교 준거를 보여준다는 것이다. 다시 말해, 남북한 사람들의 "마음의 통합" 추구는 민족 내부만의 과제가 아니라는 것이다. 국가적 차원에서 보더라도 다문화·다인종 상황이 변수로 작용한 사례를 독일 거주 한인들이 보여주고 있으며, 이는 초국적 움직임이 활발한 남한 사회 맥락에서는 더더욱 간과할 수 없는 현실이다. "마음"의 영역이 정서와 감정뿐 아니라, 인식과 이해 등의 지적 활동까지 포함한 광의적 개념이기에, 심지어 "민족"이라는 개념 역시 생물학적인 게 아니라 역사·문화적 산물이기에, 남북한 사람들만의 만남을 전제하는 통일 논의는 한계를 지닐 수 있겠다. 베를린 한인들의 독일통일 경험과 그에 대한 해석은, 다양한 문화를 공유한 이주민들의 일상적 교류와 소통까지 고려한 남북한 통합 논의가 필요함을 보여준다.

4. 통일된 독일에서 분단된 조국의 통일을 위한 염원

분단된 한국 출신 이주민들에게 독일의 통일은 한반도 평화통일에 대한 열망을 불어넣어 주는 역사적 현장이기도 하다. 특히 이들 중 진보적 시민운동가들 중심으로 2000년 김대중-김정일 두 남북한 정상의 6.15 선언 이후 남북한 통일에 기여하려는 적극적인 움직임도 있었다. 2008년에서 2017년 사이 보수적인 이명박-박근혜 정부하에서 냉전 논리가 부활했을 때, 이들 진보적 시민운동가들은 한국 방문을 거절당하는 등 탄압을 받기도 했다. 그러나 이들은 다양한 방식으로 평화통일 운동을 지속하고 있다. 이들이 초국가적 연대 활동을 통해 국내 통일 운동에도 참여함으로써 일종의 사회적 송금(social remittance)이 이루어지고 있다.

사회적 송금이란 직접적인 경제 자본의 송금(financial remittances) 유형이 아니라 새로운 지식, 노하우, 가치, 생활방식, 기술 등을 전달하는 것을 가리키며, 종종 이 무형의 자산은 경제적 자산보다 이주민들의 본국에 더 크게 기여하기도 한다.[14] 무형이기 때문에 그 기여 정도를 양적으로 측정하여 가늠하기는 어렵다. 그러나 독일통일에 대한 한인 이주민들의 관점과 인식이 구체적인 실천 활동으로 이어지는 양상을 유형화하여 그 특징을 살펴볼 필요가 있다. 현지에서의 몇 가지 사례에 대한 참여 관찰 결과를 통해 사회적 송금의 내용을 아래와 같이 정리할 수 있겠다.

첫째, 소통을 통한 적대 감정의 해소다. 분단 시기 동서독이 지속 가능한 교류를 활발히 이어갔던 것과 같이 남북한도 서로 소통을 이어가야 할 필요성이 제기되는 것이다. 앞 장에서 상술하였듯, 베를린 거주 한인 이주민들의 경우 분단 시기에 큰 문제없이 동독 땅을 밟았던 경험이 존재한다. 남북한 간에는 전쟁으로 인해 적대 감정이 생겼다고 보는 것이 일반적이지만, 이주민들이 북한에 대해 갖는 두려움과 공포는 사실 남한의 국가보안법이 이주민 사회에도 직간접적으로 영향을 미쳤기 때문이라는 견해들이 있다. 이렇게 허상에 불과할 수 있는 적대 감정을 해소하기 위해, 독일 상황과의 비교를 지속하면서 이산가족 상봉 및 교류 자유화, 그리고 민간단체들을 통한 교류 활성화 등 인도적 차원의 노력이 요청된다.

둘째, 미국 등 세계 열강들과의 관계에서 보다 적극적이고 주체적인 입장을 견지할 것을 강조하는 의견들이 있다. 광부 노동자 출신으로 현

---

14   사회적 송금 개념에 대해서는 Levitt, Peggy, "Social Remittances: Migration Driven Local-Level Forms of Cultural Diffusion," *International Migration Review*, Vol. 32, No. 4, 1998; Levitt, Peggy. *The Transnational Villagers*, Berkeley and Los Angeles: University of California Press, 2001; Levitt, Peggy. and D. Lamba-Nieves, "Social Remittances Revisited," *Journal of Ethnic and Migration Studies*, Vol. 37, No. 1, 2011 참조.

제 6.15 공동실천위원회 유럽지부 활동에 적극적인 칠십 대의 남성 M은 "미국에 의해 조장되는 한반도 긴장 상황을 보다 적극적으로 해소하려는 남한 정부의 노력이 필요하다"고 주장한다. 이는 "독일도 미국의 영향력이 컸고, 지금도 미국의 눈치를 보고 있지만, 한국처럼 그렇게 심한 종속 관계는 아니었다"는 식의 국제 관계 이해를 바탕으로 한다. 이의 연장선에서 미국이 주도하는 대북 제재를 비판하며, 1990년 중후반 이후 북한이 겪은 대기근(고난의 행군, the Arduous March)에 대해서도 인도주의적 차원의 연민, 그리고 최근 북미 관계의 아킬레스건인 북한의 핵 문제에 대해서도 단순한 '반핵'보다는 협상에 필요한 도구로서 인정하는 경향을 보이기도 한다. 이는 곧 빌리 브란트로부터 시작된 동방정책이 김대중 정권 시절의 햇볕정책과 유사하다고 판단하여, 보다 자주적이고 포용적인 남한의 대북 정책을 지지하는 견해에 해당한다고 볼 수 있다.

셋째, 이러한 동방정책이 시사하듯이, 독일 내 한인 이주민들은 성과나 결과 중심으로 통일을 바라보는 것이 아니라, 과정(process) 중심으로 바라보는 패러다임의 전환을 중시하고 있다. 위에서 기술했듯, 독일통일에 대한 평가에서 등장하는 언술에는 "의도하지 않았던 결과로서의 통일," 즉, 불현듯 찾아온 통일이라는 표현이 있다. 이는 통일 자체를 결과로 보지 않고 서독이 동유럽 진출이라는 거대 목표를 향해 정권 교체와 관계없이 일관된 정책을 실행하다 보니, 사회주의 연합체가 쇠퇴하고 베를린 장벽이 붕괴하는 성과가 부수적으로 나타났다고 이해하는 관점에서 비롯되었다.[15] 반면에 한국 사회는 근현대 개발 과정에서 성과주의가 지배하여 과정의 중요성을 간과하는 경향이 생겨났음을 그들은 지적한다. 과정 중심의 실천 행위는 지난한 토론과 검토 과정을 거쳐 합의

---

15 독일통일을 바라보는 이러한 관점은 베르너 캄페터(Werner Kamppeter, 2010)의 글이 번역 발표되어 한국에서도 소개된 바 있다.

에 이르러야 하므로 '인내'라는 가치를 필요로 한다. 따라서 압축적 근대화(compressed modernity)가 익숙해진 한국 사회에서 과정 중심의 패러다임을 실행하기는 쉬운 일이 아니다. 하지만 이를 중요한 "가치"로 전하고자 하는 시도들이 다양하게 이루어지는 현장이 목격된다.

이상의 논의는 궁극적으로 독일 내 한인 이주민들의 독일 분단-통일의 경험이 단지 과거에 머물지 않고 현재와 미래라는 비전과 유의미하게 연결되어 있음을 역설하고 있다. 그리고 이러한 시간 감각은 타국에서 상상하는 "조국" 또는 "고향"이라는 공간 역시 과거에서 미래로까지 이어질 수 있다는 점을 방증한다.

V. 글을 마치며

본 논문의 목적은 독일의 한국인 이민 1세대들을 중심으로 그들이 독일의 분단과 통일의 경험하는 방식을 분석하고 재고찰하는 것이었다. 분단국가 한국에서 역시나 분단국가였던 독일로 이주해와서 아시아와 유럽의 "다른 냉전"을 경험하였고, 이어서 급격한 탈분단 과정을 지켜보았으나 한국의 분단은 아직 현재진행형이다. 이들 한국인 이주민의 독일통일 경험과 그 해석은 여전히 분단된 한국의 현재 상황과 분리해서는 이해될 수 없다. 그러나 이들의 독일통일 서사에서는 한국 사회에서 이루어지는 독일통일 담론의 지배적인 키워드와는 다른 화두가 존재한다. 오히려 통일된 한국의 미래 속에 자신과 베를린을 자리매김하는 경향이 분명히 드러난다. 시간적 '경계'가 그 의미를 상실한 것이다.

변화하는 독일과 한국의 정치적 상황을 동시에 고려해야 하는 한국인 이주민들에게 경계라는 개념은, 연대와 과정적 서사(narrative)의 장

(場, field)이 되었다. 이러한 경계 감수성은 그들의 생애사가 과거의 비극적 서사로만 머물게 하지 않는다. 베를린 장벽 붕괴와 함께 남북의 통일을 꿈꾸기 시작한 후, 그들은 베를린 거리에서 분단된 한국의 통일이라는 '미래'를 지향하는 의례를 행하고 있다. 그러한 의례를 통해 그 한반도의 휴전선도 베를린 장벽처럼 허물거나 넘어설 수 있는 유동적 공간이 되기를 기원한다. 그들에게 경계를 뜻하는 독일어 'Grenze'와 경계인(境界人)을 뜻하는 'Grenzegaenger'라는 단어는 넘나듦, 초월, 혹은 양립성 등의 의미를 내포함과 동시에 그 자체로 시공간적 의미를 지닌 것이 되었다. 그들은 물리적 경계가 허물어진 통일된 베를린이 서울과 평양을 잇는 제3의 공간이 되어주기를 바라고 있다.

제7장

남북통일의 사회적 부담 인식이
통일에 대한 지지도에 미치는 영향:
세대별 독일통일에 대한 인식의 조절효과를 중심으로

양계민(한국청소년정책연구원)

I. 문제제기

2018 남북정상회담으로 인하여 한반도 평화와 비핵화가 곧 이루어질 것으로 기대되었으나 이후 북미 정상회담에서 합의를 도출하지 못한 채 현재까지 더 이상 진전을 보이지 못하고 있다. 그러나 통일에 대한 남북한 주민의 염원과 가능성에 대한 인식은 과거 그 어느 때보다 높은 것으로 보인다. 2018년 남북정상회담 당시 한반도의 완전한 비핵화와 남북관계개선, 연내 종전선언 등이 논의되면서 통일이 결코 먼 미래가 아닌 단기간에 경험할 수 있는 현실임을 인식하게 되었고, 이러한 변화는 일반 국민의 통일의식에도 영향을 미친 것으로 보인다. 예를 들면, 서울대학교 통일평화연구원에서 실시한 2018통일의식조사에 따르면 '통일이 필요하다'는 인식이 전체의 59.8%로 2007년 이후 가장 높고, 2017년에 비하여 5.7% 증가한 수치인 것으로 나타났다. 이는 과거 다소 모호한 프레임으로 구체적인 통일정책이 제시되지 않았던 때에 비하여 남북 및 북미

정상회담과 같은 구체적인 사건이 발생하고, 그에 따라 실제 통일을 향한 방안들이 모색됨에 따라 국민들이 통일에 대해 더 많은 관심을 가지게 되었기 때문으로 해석된다. 특히 동 연구에 나타난 20대와 30대의 인식이 대폭 개선된 결과는 과거 그 어느 때보다도 통일에 대한 국민적 관심과 실질적 기대가 높아졌음을 보여주고 있다.[1]

사실상 한국사회의 통일에 대한 관심과 논의는 꾸준히 있어왔다. 다만, 통일에 대하여 어떤 태도를 지니는가는 입장 차이가 있을 뿐이다. 통일이 경제적으로 도약을 견인할 기회가 될 것이라는 기대가 있는가 하면 반대로 과도한 통일비용으로 남한경제가 피폐해질 것이라는 우려의 시각이 있고, 따라서 가능한 한 빨리 통일을 추진하는 것이 바람직하다는 입장과 가능한 한 서둘지 말고 남북한 간 관계 개선을 통해 점진적으로 나아가자는 입장이 존재한다.[2] 이는 남북한통일을 이루어야 한다는 당위성에 대해서는 동의한다 할지라도, 실제 통일이 되었을 때 한국사회에 나타날 수 있는 결과는 현실적으로 긍정적 결과만 있는 것은 아닐 것이라는 생각을 동시에 가지고 있기 때문인 것으로 보인다. 2018 KINU통일의식조사 결과에서도, 통일의 필요성에 대하여 긍정적으로 응답하는 비율이 2018년에 들어 크게 반등하였고, 통일에 대하여 긍정적으로 응답한 비율도 전년도 대비 증가하였으며, 국가차원과 개인차원 모두에서 통일이 이익이 될 것이라고 낙관적 판단을 하는 집단의 비율이 과거에 비하여 증가하는 등 긍정적 태도가 전반적으로 증가하였으나, 이와 동시에 통일 이후에 나타나게 될 갈등이나 문제에 대한 우려도 함께 증가한

---

1 정동준·김선·김희정·나용우·문인철·송영훈·최규빈·임경훈·이정욱, 『2018통일의식조사』(2019), p. 34.

2 서현진, "청소년기 통일교육과 세대간 통일인식 차이," 『통일문제연구』, 제29권 1호 (2017), p. 94.

것으로 나타났다. 이는 통일의 가능성을 높게 지각하게 됨에 따라 그전에는 깊이 생각하지 않았던 통일 이후의 계층 및 이념 갈등 등의 문제를 현실적인 자신의 문제로 인식하게 되기 때문에 나타난 현상으로 해석된다.[3]

한국인이 통일 이후의 한국사회 변화에 단순히 긍정적인 낙관론만을 지니지 않은 이유에는 많은 것들이 있을 수 있으나 그중 큰 요인 중하나는 독일의 통일에 대한 간접적 경험을 들 수 있다. 기존의 독일통일에 대한 논의들이 긍정적인 측면보다는 부정적 측면들에 대한 염려를 중심으로 이루어진 경향이 있고, 따라서 준비 없이 서둘러서 통일을 이루려고 할 경우 한국도 사회적, 경제적 어려움 등 사회적 혼란에 처할 것이라는 함의를 전달하고 있기 때문이다. 그러나 실제로 독일통일에 대하여 한국인이 어떻게 생각하고 있는지에 대한 객관적 자료에 근거한 분석은 지금까지 이루어진 바가 거의 없다. 그간 우리 사회에서 연구를 한것은 주로 한국사회의 내적 요인의 영향이었다. 즉, 한국국민을 대상으로 성별, 연령, 거주지역, 소득수준 등 그들이 지닌 배경 특성에 따라 통일의식이 어떤지를 비교하는 연구들이 주로 이루어졌고, 이 과정에서 과거 통일을 해야 하는 주요 근거로 여겨졌던 한민족 정체성과 비교적 최근 젊은 세대들의 주요 관심 요인인 통일의 편익과 비용에 대한 기대들을 분석한 연구들이 대부분이다.

이에 본 연구에서는 한국인의 통일의식에 영향을 미치는 요인 중 독일의 통일에 대한 국민 인식의 효과를 살펴보고자 하였다. 좀 더 구체적으로 설명하면, 한국국민이 남북통일의 사회적 부담을 얼마나 느끼는지에 따라 통일에 대한 지지도가 달라질 것으로 예측되는데, 그 가운데에

---

3 구본상, "통일인식의 변화와 의의," 『[일반]국민과 함께 하는 통일·대북정책 2018 KINU 통일의식조사 결과 발표회 자료집』(2018), p. 11.

서 독일통일에 대한 인식이 어떤 영향을 미치는지 살펴보고, 그 결과를
토대로 통일교육의 시사점을 도출하고자 하였다.

II. 선행연구 분석

1. 통일의 사회적 부담이 통일의식에 미치는 영향

국내 통일에 관한 기존의 연구결과들을 살펴보면 주로 성별, 연령, 학
력, 소득수준, 지역 등 배경변인에 따라 이루어진 분석이 대부분이고, 특
히 젊은 세대의 통일의식을 기성세대와 비교하여 통일의 필요성이나 통
일에 대한 지지도가 낮은 경향성을 보이고 있다는 연구들이 주를 이루고
있다.[4] 예를 들면, '젊은 연령층의 경우 통일 관련 이슈에서 부정적 응답
비율이 높게 나타나고, 통일 이후 계층갈등에 대한 우려가 급격히 증가
한다'는 등의 결과는[5] 대부분의 다른 여러 연구에서도 일관되게 나타나
는 현상이다. 예를 들면, 오재록과 윤향미(2015)의 연구에서는 20~30
대 젊은 층보다는 40대 이상의 중장년이 통일에 대해 더 많은 관심을 가
지고 있는 것으로 나타났고,[6] 한석지(2016)의 연구에서도 통일에 대한
무관심이나 소극적 인식이 청소년층 등 젊은 세대에서 더욱 두드러지게

---

4   이내영, "한국인의 통일의식의 결정요인: 새로운 분석모델의 모색," 『평화연구』, 2014년
     봄호(2014), p. 175.
5   구본상, "통일인식의 변화와 의의," 11쪽.
6   오재록·윤향미, "통일의식조사를 통한 사회통합교육 활성화방안 연구: 전라북도 사례를
     중심으로," 『입법과 정책』, 제7권 1호(2015), p. 113.

나타났으며,[7] 2017년도 KBS에서 수행한 국민통일의식조사[8]에서도 40대 이상이 30대 이하인 집단에 비해 통일에 대하여 '관심 있다'는 응답률이 높은 것으로 나타났다. 서현진(2017) 역시 청소년과 대학생들이 전반적으로 통일문제에 대부분 소극적이고 부정적인 입장을 지니며, 통일에 대한 관심도, 통일의 필요성, 북한을 한민족으로 여기는 정도 등에서 모두 연령이 낮아질수록 평균값이 낮아지는 결과를 나타내었고,[9] 연령이 낮아질수록 통일의 당위성보다는 통일 이후에 야기될 수 있는 변화에 주목하는 현실주의적 인식을 하고 있다고 보고하고 있다.[10]

통일의식에서 젊은 세대의 특성으로 보고되는 결과들은 통일의 현실적 측면에 대한 접근으로, 젊은 세대의 경우 기성세대에 비하여 통일이 반드시 되어야 한다는 당위성보다는 통일이 가져올 변화와 영향에 주목하는 현실주의적 통일의식을 가지고 있기 때문일 것이다.[11] 이러한 현실주의적 통일의식을 좀 더 구체적으로 보여준 연구인 이내영 등(2015)의 연구에서는 기대이익이 통일인식에 미치는 영향력이 20대와 30대의 젊은 층에서 강한 것으로 나타났고,[12] 윤민재의 연구(2017)에서도 20대와 30대 젊은 층의 경우 통일에 대한 태도를 형성하는 데 있어서 본인의 이익이 중요한 영향요인인 것으로 나타났다.[13] 이러한 현상이 나타나

7   한석지, "통일대박의 조건과 전망: 국민적 통일의식 증진을 중심으로," 『세계지역 연구논총』, 제34권 2호(2016), p. 139.
8   KBS한국방송공사, "국민통일의식조사," 『통일방송연구』, 제30호(2017), p. 26.
9   서현진, "청소년기 통일교육과 세대간 통일인식 차이", p. 116.
10   서현진, 위의 글, p. 100.
11   이미경, "대학생 통일의식 제고를 위한 통일교육 방안 모색," 『한국동북아논총』, 제70호(2014), p. 178.
12   이내영 · 조철호 · 정한울 · 허석재, 『통일인식에 대한 세대격차의 원인분석과 갈등해소를 통한 국민통합방안』(통일부 용역과제, 2015), p. 8.
13   윤민재, "한국사회의 이념적 갈등과 특징: 세대별 통일문제 인식을 중심으로," 『인문사회 21』, 제8권 5호(2017), p. 843.

는 이유에 대하여 서현진(2017)은 세대별로 청소년기에 받았던 통일교육 때문일 것이라고 가정하였다. 즉, 민주화 세대의 경우는 이념적 통일교육을 받은 결과 통일에 대한 관심과 필요성, 북한을 한민족이라고 생각하는 정도가 높은 경향이 있으나, 보다 실질적이고 현실적인 통일교육을 받은 정보화세대의 경우는 주로 통일 후 발생할 수 있는 문제들에 대비하는 문제에 관심이 많아, 통일에 대해 가장 냉담하고 통일세 부담의지가 가장 낮은 특성을 보이고 있다는 것이다.[14]

　　그러나 이러한 경향성은 반드시 젊은 층에서만 나타나는 현상은 아닌 것으로 보인다. 전 세대를 대상으로 분석한 우경봉(2017)의 연구에서도 통일로 인한 세금부담이 증가한다고 인식할수록 통일에 대한 선호도는 감소하는 결과를 나타내었고,[15] 오재록과 윤향미(2015)의 연구에서도 통일이 어려운 이유에 대하여 통일비용은 북한의 군사적 위협 다음으로 높은 응답비율을 나타낸 항목이었다.[16] 또한 가장 최근의 2018년 서울대학교 통일의식조사에서도 통일이 되지 말아야 할 이유로 가장 많이 꼽힌 응답은 '통일에 따르는 경제적 부담'이었다. 이는 국가 수준에서는 통일의 편익이 크다고 할지라도 국민 개인의 삶에서 추가로 부담해야 하는 비용을 고려하게 되면 결국 통일에 대하여 부정적 태도를 지닐 수밖에 없기 때문일 것이다.[17]

　　이러한 연구결과들을 볼 때 최근 국민의 통일의식에서 중요한 요인 중 하나는 '통일이 가져올 사회적 부담'으로, 과거와 같이 '같은 민족이기 때문에' 통일을 해야 한다는 당위적 주장은 통일의식을 변화시키기에는

14　서현진, "청소년기 통일교육과 세대간 통일인식 차이," p. 122.

15　우경봉, "통일의식에 관한 연구," 『통합인문학연구』, 제9권 2호(2017), p. 218.

16　오재록·윤향미, "통일의식조사를 통한 사회통일교육 활성화방안 연구: 전라북도 사례를 중심으로," p. 114.

17　정동준 외, 『2018통일의식조사』(서울: 서울대학교 통일평화연구원, 2018), p. 40.

한계가 있는 것으로 보인다. 따라서 향후 통일에 대한 담론은 단일민족이나 한민족 정체성보다는 국민들이 느끼는 통일의 사회적 부담을 어떻게 다룰 것인가에 대해 보다 집중할 필요가 있을 것이다. 통일의 결과에 대해 국민들이 느끼는 경제적 부담은 향후 남북통일을 이루는 데 있어서 큰 걸림돌이 될 수 있기 때문이다.

2. 독일통일에 대한 한국인의 인식

독일통일은 세계 어느 나라보다도 한국인에게 큰 영향을 미친 역사적 사건일 수 있다. 독일이 통일이 됨으로써 전 세계에서 한국만이 유일한 분단국으로 남아 있게 되었고, 독일의 통일이 얼마나 성공적이었는지에 대한 평가와 통일 후 나타난 다양한 긍정적, 부정적 결과들이 남북한 통일에 좋은 예시가 될 수 있기 때문이다. 이와 관련하여 한국의 여러 학자들이 독일의 통일에 대해 정치적·사회적·경제적 측면의 성과를 분석한 바 있다. 그러나 전반적으로 볼 때 독일통일이 한국사회에 준 시사점은 '준비되지 않은 통일은 사회적·경제적으로 많은 부정적 결과들을 초래할 것'이라는 점이었다. 이에 대해 한운석(2015)은 한국인들의 경우 독일통일이 성공적이라고 해도 남한이 서독과 같은 수준의 경제력과 발전된 민주주의와 복지를 갖추지 못한 상황이기 때문에 독일의 모델은 우리에게 맞지 않는다고 생각하게 된 경향이 있는데, 그런 생각을 다수가 가지게 된 배경에는 독일통일을 연구하는 학자들의 역할이 컸다고 분석하고 있다.[18] 즉, 독일통일을 연구하는 학자들이 독일통일의 다양한 측면을 분석하는 과정에서 주로 부정적 결과에 초점을 두어 논의를 하였고, 이러한

---

18   한운석, "독일통일에 대한 한국에서의 인식," 『내일을 여는 역사』, 제58호(2015), pp. 333-334.

부정적 측면에 대한 논의가 언론을 통해 과도하게 알려지게 되면서 나타
난 결과라는 것이다.[19]

실제 기존의 독일통일에 대한 선행연구들을 살펴보면, 통일 후 독일
이 경험한 사회적, 경제적 부담과 어려움에 대한 내용이 다수 포함되어
있다. 그러나 그것은 통일 후 독일에서 나타난 실제 현상에 대한 기술이
기에 객관성이 결여되어 있다고 보기는 어렵다. 다만, 선행연구가 이루
어진 시기에 따라 객관적 사실을 보는 관점이 점차 변화되어온 경향성을
지니는 것으로 보인다. 독일이 통일된 지 10년, 15년까지의 시기에는 주
로 막대한 세금부담과 사회적 혼란, 구 서독과 구 동독의 격차에 초점을
두고 독일통일이 평가된 것으로 보인다. 예를 들면, 이정희(2000)의 저
서에서는 동서독지역의 경제적 격차와 막대한 통일비용으로 인한 후유
증의 문제,[20] 막대한 통일비용에도 불구하고 여전히 동서독 간의 경제적
격차가 해소되지 않는 문제, 구 동독지역의 높은 실업률과 장기실업자
의 증가문제, 저조한 생산성, 상대적으로 낮은 임금 등의 문제,[21] 구 동독
주민들이 상대적 박탈감으로 인하여 느끼는 옛 동독 시절에 대한 향수
(Ostalgie)의 문제 등[22]을 설명하고 있다. 이기식(2008) 역시 독일통일
15년이 지난 시점에서 볼 때 구 서독인들은 세금을 더 많이 내고 있지만
구 동독인들의 경제적 상황은 더 나아지지 않고 있고, 동서독의 경제적
격차는 점차 더 벌어지고 있으며,[23] 독일 정부가 막대한 돈을 동독에 쏟
아부어 해마다 독일 국내총생산의 4~5%를 동독에 제공하였고 결국 통

19   한운석, 위의 글, p. 335.
20   이정희, "독일의 통일과 유럽통합," 『시인과 사상가의 나라 독일이야기 2: 통일독일의 사회
      와 현실』(2000), pp. 319-320.
21   이정희, 위의 글, p. 321.
22   이정희, 위의 글, p. 322.
23   이기식, 『독일통일 15년의 작은 백서』(서울: 고려대학교 출판부, 2008), p. 5.

일 이후 2005년 말까지 동독을 위해 지불된 돈이 1인당 10만 유로였다고 설명하고 있다.[24] 통일 전에는 동독의 인프라를 개선함으로써 경제부흥이 일어날 것이라고 생각하였으나 통일 후 동독에 들어가는 비용이 너무나 막대하여 재정부채가 증가하였고 독일이 국가부채를 감당하기 힘들 정도라는 것이다.[25] 이는 손기웅(2009)의 저서에서도 일관되게 제시되는 결과로, 통일 전에는 경제적으로 부강해질 것으로 생각했으나 통일비용이 예상보다 더 증가하여 독일 정부가 각종 세금에 연대추가징수금 7.5%를 덧붙여 징수한 결과 매달 3.5%의 세금인상 효과를 초래하였고,[26] 통일이 15년 지난 시점에서는 경제적 재난으로 평가되고 있다고[27] 분석하고 있다. 이렇게 통일 후 독일의 세금부담과 지역 간 격차, 사회적 갈등 등의 문제에 초점을 둔 시각에는 기본적으로 한국사회가 독일통일에 대하여 막연한 환상으로 준비되지 않은 상태에서 무작정 남북통일을 추진하는 것에 대한 염려가 깔려 있는 것으로 보인다.

그러나 시간이 더 지난 후 독일통일 20년 후부터는 다른 측면이 부각되기 시작하였다. 윤덕룡(2011)은 독일통일 20년이 지난 시점에서 통일 후 서독으로 이전된 통일비용이 연평균 1,000억 유로가 넘는 것으로 알려져 있는데 이는 서독지역 GDP의 5% 수준으로, 높아진 세금과 사회보장 부담은 서독 주민들에게는 분노를, 동독지역 주민들에게는 피해의식을 일으켜서 동서독 주민들 간에 갈등이 일어난 현상을 제시하면서,[28]

---

24 이기식, 위의 책, p. 123.
25 이기식, 위의 책, pp. 128-129.
26 손기웅, 『독일통일 쟁점과 과제 2』(서울: 늘품플러스, 2009), p. 272-274.
27 손기웅, 위의 책, p. 255.
28 윤덕룡, "독일통일 20년 구동독지역의 경제적 변화와 통일비용," 황병덕 외 엮음, 『독일의 평화통일과 통일독일 20년 발전상』(『KINU 통일대계연구』, 2010-03) (서울: 늘품플러스, 2011), pp. 252-289.

독일통일 초기에는 한국인들이 우리도 독일처럼 통일을 해야 한다는 생각을 강하게 하였으나 통일 후 엄청난 규모의 통일비용 발생의 문제가 알려지면서 통일에 대한 한국인의 자신감을 약화시키는 결과를 초래했음을 제시하고 있다.[29] 그러나 결론적으로는 통일비용의 부담이 적지 않았지만 통일비용이라는 것은 영구적으로 발생하는 비용이 아니라 한 세대에 해당되는 문제이고, 통일비용이 나가는 대신 더 이상 분단비용을 지불하지 않고 있으며, 동서독 갈등이나 군비경쟁에서 영원히 해방되었고, 오히려 통일 후 확대된 경제력을 바탕으로 유럽 통합의 중심적 역할을 수행하는 등 유럽경제의 핵심동력이 되고 있다[30]는 긍정적 결론을 내리고 있다.

이러한 시각은 손선홍(2016)의 저서에서도 나타나는데, 그는 통일 후 초기에는 막대한 통일비용에 대한 부담으로 독일 내 우려의 목소리가 강했으나 점차 통일비용에 대한 독일인의 생각이 바뀌게 되어, 통일 초기에는 통일비용이 많이 드는 것에 대해서만 생각했지만, 점차 통일로 인한 비용보다도 동서독이 통일을 이루었다는 사실이 더 중요하다고 생각하며, 국가부채는 통일을 하지 않았어도 증가할 수 있는 문제였다고 인식을 하게 되었고,[31] 통일 직후 독일의 경제는 저성장으로 한동안 어려움을 겪었으나, 이후 경제개혁으로 안정된 성장을 하게 되었으며, 그 결과 독일의 경제력은 더 크고 견고해졌다고 평가하고 있다.[32] 또한 통일 후 국제사회에서 독일의 정치적 위상이 크게 높아졌고, 현재는 EU뿐 아니라 국제사회가 주요 국제문제를 해결하는 데 있어서 독일의 참여를 요

---

29 윤덕룡, 위의 글, p. 287.
30 윤덕룡, 위의 글, p. 286.
31 손선홍, 『독일통일 한국통일』(2016), p. 310.
32 손선홍, 위의 책, p. 312.

청하는 등 영향력이 높아진 점을 강조하고 있다.[33] 결국 독일인들은 통일
이 막대한 비용이 들었고 어려움이 있었지만 시간이 지남에 따라 긍정적
인 면이 훨씬 더 크다는 것을 인식하게 되었다는 것이다.[34] 최근 통일 30
주년을 맞은 독일에 대한 평가는 적어도 경제적 성공에 대해서는 논란의
여지가 없는 것으로 보인다.[35] 독일이 통일 이후 더 크고 강력해져서 현
재는 정치·경제·군사 측면에서 모두 거대한 나라로 재탄생한 유럽의 지
도적 권력으로 평가되고 있기 때문이다.[36]

결론적으로 초기에는 독일통일의 부정적 측면이 많이 드러났으나
최근 들어서는 사회적 혼란과 갈등, 통일비용 등을 극복하고 난 후의 독
일의 위상에 대한 긍정적 시각이 부각되고 있다고 볼 수 있다. 아마도 이
러한 논의들은 일반 국민들에게 어떤 방식으로든 영향을 미쳤을 것으로
생각되며, 우리 국민들이 독일의 통일에 대하여 어떻게 생각하는지는 남
북통일에 대한 태도에 영향을 미칠 수 있는 중요한 부분일 수 있다. 그러
나 지금까지 일반 국민들이 독일의 통일에 대해 지니고 있는 인식이나
태도를 조사하고 분석한 연구는 거의 찾아보기 힘들다. 이에 본 연구에
서는 독일의 통일에 대한 일반 국민의 인식을 분석하고 이것이 남북한통
일에 대한 지지도에 어떤 영향을 미치는지 그 관계를 분석함으로써 통일
교육의 시사점을 도출하고자 하였다.

---

33   손선홍, 위의 책, p. 313.
34   손선홍, 위의 책, p. 313.
35   2016년 『동아일보』의 "베를린 장벽 붕괴 30년…독일 통일은 필연이라지만 후회없었을까"
      라는 기사에서 동독인의 불만을 포함하기는 하였으나 "동독은 통일 후 경제적으로는 성공
      을 거두었다"고 표현하고 있다.
36   "통일 30주년 독일은 지금," 『시사인』, 2019년 7월 31일.

III. 연구문제

본 연구의 목적은 크게 두 가지이다. 첫째는 남북통일의 사회적 부담, 남북통일에 대한 지지도, 독일통일에 대한 일반 국민의 인식을 배경변인에 따라 분석하는 것이다. 둘째는 남북통일의 사회적 부담이 남북통일에 대한 지지도에 영향을 미치는 가운데 독일통일에 대한 인식이 조절효과를 가지는지 파악하는 것이었다. 이를 다음의 네 가지 연구문제로 정리할 수 있다.

연구문제 1. 남북통일의 사회적 부담, 남북통일에 대한 지지도에서 배경변인에 따른 차이가 나타나는가?

연구문제 2. 독일통일에 대한 인식이 배경변인에 따라 다르게 나타나는가?

연구문제 3. 남북통일의 사회적 부담, 남북통일에 대한 지지도, 독일통일에 대한 인식 간의 관계는 어떠한가?

연구문제 4. 남북통일의 사회적 부담이 남북통일에 대한 지지도에 영향을 미치는 관계에서 독일통일에 대한 인식은 조절효과를 지니는가?

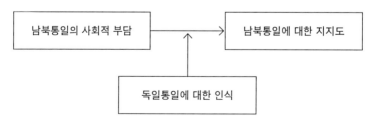

그림 1. 본 연구의 조절효과 모형

IV. 연구방법

1. 조사대상 및 절차

본 연구에 참여한 조사대상자는 2018년 6월 전국 17개 시도지역에 거주하는 20대 이상 남녀 총 1,000명이었다. 그중 남자와 여자가 각각 500명이었고, 연령별로는 20대부터 60대 이상까지 각각 200명씩이었다. 거주지역은 서울이 36.0%로 가장 많았고, 다음이 경기(23.2%), 부산(7.1%), 인천(6.7%) 등의 순서였다. 조사대상자의 학력은 4년제 대학 졸업자가 53.0%로 가장 많았고, 다음이 고등학교 졸업자가 19.1%였으며, 2~3년제 대학교 졸업자가 14.3%, 대학원졸업자가 11.5%, 중학교 졸업자가 1.0%, 초등학교 졸업 이하인 경우는 0.8%로 나타났다. 소득수준별로는 200만 원 미만이 6.9%, 200만 원에서 300만 원 미만이 14.7%, 300만 원에서 400만 원 미만이 16.8%, 400만 원에서 500만 원 미만이 14.9%, 500만 원에서 600만 원 미만이 17.9%, 600만 원에서 700만 원 미만이 6.9%였고, 800만 원에서 900만 원 미만이 4.4%, 900만 원에서 1000만 원 미만이 2.8%였으며 1,000만 원 이상이라고 응답한 경우는 6.0%인 것으로 나타났다. 객관적 경제수준과는 별개로 주관적 경제수준인 가정형편에 대해서도 질문하였는데, 아주 어렵다고 응답한 비율이 4.7%, 어려운 편이라고 응답한 비율이 24.5%, 보통이라고 응답한 비율이 62.6%로 가장 많았다. 또한 잘사는 편이라고 응답한 비율은 7.9%, 아주 잘산다고 응답한 비율은 0.7%였다.

표 1. 조사대상자의 배경적 특성

범주		빈도(%)	범주		빈도(%)
성별	남	500(50.0)	학력	초등학교졸업 이하	8(.8)
	여	500(50.0)		중학교졸업	10(1.0)
연령	20대	200(20.0)		고등학교 졸업	191(19.1)
	30대	200(20.0)		2~3년제 대학 졸업	143(14.3)
	40대	200(20.0)		4년제 대학 졸업	530(53.0)
	50대	200(20.0)		대학원졸업(석사 이상)	115(11.5)
	60대 이상	200(20.0)		기타	3(.5)
거주 지역	서울	360(36.0)	소득 수준	200만원 미만	69(6.9)
	부산	71(7.1)		200-300만원 미만	147(14.7)
	대구	39(3.9)		300-400만원 미만	168(16.8)
	인천	67(6.7)		400-500만원 미만	149(14.9)
	광주	28(2.8)		500-600만원 미만	179(17.9)
	대전	29(2.9)		600-700만원 미만	87(8.7)
	울산	21(2.1)		700-800만원 미만	69(6.9)
	세종	3(.3)		800-900만원 미만	44(4.4)
	경기	232(23.2)		900-1000만원 미만	28(2.8)
	강원	13(1.3)		1000만원 이상	60(6.0)
	충북	15(1.5)	가정 형편	아주 어렵다	47(4.7)
	충남	28(2.8)		어려운 편이다	245(24.5)
	전북	14(1.4)		보통이다	622(62.2)
	전남	15(1.5)		잘사는 편이다	79(7.9)
	경북	28(2.8)		아주 잘산다	7(.7)
	경남	29(2.9)	전체		1,000(100)
	제주	8(.8)			

2. 조사내용

1) 배경변인

본 연구에 포함한 배경변인은 성별, 연령, 학력, 거주지, 월평균 소득수준, 주관적인 경제수준 등이었다.

2) 남북통일의 사회적 부담 인식

남북통일의 사회적 부담에 대한 인식은 '남북통일이 전반적으로 남한에 얼마나 이익 또는 부담이 될 것이라고 생각하십니까?'라는 질문에 대해서 '부담보다는 이익이 매우 클 것이다(1)', '부담보다는 이익이 다소 큰 편일 것이다(2)', '부담과 이익이 비슷한 수준일 것이다(3)', '이익보다는 부담이 다소 큰 편일 것이다(4)', '이익보다는 부담이 매우 클 것이다(5)' 등 5점 척도상에 표시하도록 하였다. 따라서 점수가 높을수록 남북통일이 사회적 측면에서 이익보다는 부담이 크다고 인식하는 것을 의미하는 것으로 해석되었다.

3) 남북통일에 대한 지지도

남북통일에 대한 지지도는 '귀하께서는 남북한 통일을 얼마나 지지하십니까?'라는 질문에 대해서 '전혀 지지하지 않는다(1)'에서 '매우 지지한다(5)'까지 5점 척도상에 표시하도록 하였다. 따라서 점수가 높을수록 남북통일에 대해 지지하는 태도를 지닌 것으로 해석되었다.

4) 독일통일에 대한 인식

독일통일에 대한 인식은 독일통일이 서독 출신 주민의 입장에서 볼 때 독일 사회에 얼마나 긍정적인 또는 부정적인 방향으로 영향을 미쳤다고 생각하는지, 경제적 발전, 정치적 발전, 군사력 증강, 국제적 위상, 사회적 안정, 개인적 삶의 질, 실업률, 빈부격차, 국가재정, 세금부담, 지역갈등, 범죄율, 주택문제 등 총 13가지 영역에 대해 '매우 긍정적인 방향(1)'부터 '매우 부정적인 방향(5)'까지 총 5점 척도상에 응답하도록 하였다. 그러나 분석 시에는 역코딩하여 점수가 높을수록 긍정적으로 인식하는 것으로 해석되었다. 이를 요인분석한 결과는 〈표 3〉에 제시되어 있다. 그 결과를 보면 안정 및 발전요인(국제적 위상, 정치적 발전, 사회적 안정, 개인적 삶의 질, 경제적 발전, 군사력 증강)과 부담 및 갈등요인(세금부담, 빈부격차, 지역갈등, 국가재정, 범죄율, 주택문제, 실업률)의 2개 요인이 추출되었다. 첫 번째 요인인 안정 및 발전요인에 대한 요인부하량은 .50~.73까지였고, 신뢰도는 .82였다. 두 번째 요인인 부담 및 갈등요인에 대한 요인부하량은 .63~.79까지였고 신뢰도는 .91로 매우 높은 수준이었다. 이때 안정 및 발전요인이나 부담 및 갈등요인 등 두 요인 모두 점수가 높을수록 독일통일에 대하여 긍정적으로 인식하고 있음을 의미하는 것으로 해석된다.

V. 결과

1. 배경변인에 따른 남북통일의 사회적 부담과 남북통일에 대한 지지도의 차이

위에서 제시한 '연구문제 1'인 남북통일의 사회적 부담, 남북통일에 대한 지지도에서 성별, 연령별, 학력수준별, 경제수준별 차이가 나타나는지 분석하기 위하여 각 배경변인에 따른 변인별 평균값을 비교하였다. 이

때 배경변인 중 학력수준은 원래 7개 범주로 조사되었으나 자료의 간명성을 위하여 '중졸 이하', '고졸', '전문대졸', '4년제 대졸', '대학원졸' 등 5개 범주로 재구성하였고, 주관적 경제수준인 가정형편 역시 원래는 '아주 어렵다', '어려운 편이다', '보통이다', '잘사는 편이다', '아주 잘산다'의 총 5개 범주를 '어렵다', '보통이다', '잘산다'의 3개 범주로 재구성하여 분석하였다.

첫 번째로 성별에 따른 차이를 살펴본 결과 〈표 2〉에 나타난 바와 같이 남북통일의 사회적 부담, 남북통일에 대한 지지도에서 성별 집단 간 통계적으로 유의미한 차이가 나타났는데, 남북통일의 사회적 부담의 경우는 남자에 비해 여자의 평균값이 높은 것으로 나타났고, 남북통일에 대한 지지도에서는 남자들의 평균값이 여자들에 비해 높은 것으로 나타났다.

두 번째로 연령에 따른 차이를 비교하였는데, 남북통일에 대한 사회적 부담의 경우 연령집단 간 통계적으로 유의미한 차이가 나타나지 않았고 남북통일에 대한 지지도에서는 연령집단 간 차이가 나타났다. 좀 더 구체적으로 살펴보면, 남북통일에 대한 지지도는 연령이 증가함에 따라 평균값이 증가하는 경향성을 보였으나 집단 간 차이에 대한 사후검증을 실시한 결과 20대와 30대 집단이 40대 이상 집단에 비하여 낮은 지지도를 보였다.

세 번째로 학력수준에 따른 차이를 비교한 결과, 남북통일에 대한 지지도에서만 학력수준에 따른 차이가 나타났는데, 〈표 2〉에 나타난 평균값을 보면 연령집단과 유사하게 학력수준이 높아질수록 남북통일에 대한 지지도가 높아지는 경향성을 보였다. 그러나 사후검증분석 결과 중졸 이하와 나머지 집단 간의 차이가 통계적으로 유의미한 것으로 나타났다. 마지막으로 주관적 경제수준에 따른 남북통일의 사회적 부담 인식,

남북통일에 대한 지지도의 차이는 통계적으로 유의미한 수준에서 나타나지 않았다.

표 2. 배경변인에 따른 남북통일의 사회적 부담 인식, 남북통일에 대한 지지도의 차이

		남북통일의 사회적 부담	남북통일에 대한 지지도
전체		3.33(1.16)	3.62(1.17)
성별	남자	3.13(1.26)	3.83(1.19)
	여자	3.52(1.09)	3.42(1.13)
	t	-5.17***	5.61***
연령	20대	3.44(1.06)	3.26(1.05)b
	30대	3.42(1.16)	3.39(1.21)b
	40대	3.14(1.29)	3.68(1.17)a
	50대	3.29(1.18)	3.89(1.16)a
	60대	3.36(1.25)	3.91(1.14)a
	F	2.07	12.80***
학력수준	중졸이하	3.61(.92)	3.00(1.09)b
	고졸	3.32(1.13)	3.55(1.19)a
	전문대졸	3.38(1.15)	3.49(1.11)a
	4년제대졸	3.36(1.19)	3.65(1.16)a
	대학원졸	3.06(1.22)	3.92(1.22)a
	F	1.89	3.88**
주관적 경제수준	어렵다	3.40(1.24)	3.53(1.26)
	보통이다	3.29(1.16)	3.68(1.12)
	잘산다	3.31(1.28)	3.56(1.23)
	F	0.87	1.76

* $p\langle.05$, ** $p\langle.01$, *** $p\langle.001$, Duncan: a〉b〉c

2. 배경변인에 따른 독일통일에 대한 인식의 차이

독일통일에 대한 인식을 배경변인에 따라 살펴보기 전에 우선 독일통일에 대한 인식의 구체적 항목에 대한 특성을 알아보기 위하여 요인분석 결과와 평균값을 제시하였다. 본 문항이 5점 척도임을 생각해볼 때 중간 점수인 3점 이상이면 긍정적인 영향을 미쳤다고 생각하는 것이고, 3점은 중간이고, 그 이하는 부정적이었다고 평가하는 것을 의미한다. 앞에서 기술한 바와 같이 두 개의 요인이 추출되었는데, 첫 번째 요인은 사회적 안정 및 발전요인으로 이 요인에 포함된 항목의 평균값은 모두 3점이 훨씬 넘었다. 이 중 긍정성 평가에서 가장 높은 평균값을 보인 항목은 국제적 위상이었다. 다음이 정치적 발전, 군사력 증강, 사회적 안정, 경제적 발전, 개인적 삶의 질 등의 순서였다. 그에 비해 두 번째 요인은 부담 및 갈등요인으로 이 요인에 해당하는 항목들에 대한 인식은 긍정적이지 않았는데, 세금부담에 대한 인식이 가장 부정적이었고 빈부격차, 지역갈등, 범죄율, 국가재정, 주택문제, 실업률 등의 순서였다. 이 중 국가재정, 주택문제, 실업률의 경우는 평균값이 3점 이상이었으나 요인분석결과 부정적 측면의 요인으로 구분되었다.[38]

표 3. 독일통일의 영역별 인식의 요인분석, 평균(표준편차) 및 신뢰도

요인	내용	요인부하량	평균(표준편차)	α
안정 및 발전	국제적 위상	0.726	4.24(.85)	0.82
	정치적 발전	0.698	3.79(.95)	
	사회적 안정	0.612	3.71(1.01)	
	개인적 삶의 질	0.595	3.43(.94)	
	경제적 발전	0.557	3.56(1.09)	
	군사력 증강	0.495	3.75(.88)	

	세금부담	0.793	2.67(1.12)	
	빈부격차	0.762	2.80(1.05)	
	지역갈등	0.754	2.84(1.02)	
부담 및 갈등	국가재정	0.739	3.00(1.11)	0.91
	범죄율	0.72	2.88(.97)	
	주택문제	0.706	3.00(.99)	
	실업률	0.634	3.11(1.03)	

다음으로, 독일통일에 대한 평가의 각 문항별로 성별 차이와 연령별 차이를 살펴보았다. 우선 성별 차이를 보면, 안정 및 발전요인 중에서 국제적 위상에 대하여 성별 차이가 있었고 개인적 삶의 질에서도 성별 차이가 있었으며, 그 외의 문항에 대해서는 통계적으로 유의미한 수준의 차이는 나타나지 않았다. 그런데, 국제적 위상과 개인적 삶의 질 모두에서 남자가 여자보다 평균이 높았다. 나머지 통계적으로 유의미한 차이가 나타나지 않은 항목에서도 평균 자체는 일관되게 남자가 여자보다 높은 경향성을 보였다. 이러한 경향성은 부담 및 갈등요인에 대해서도 마찬가지로 나타났는데, 기본적으로는 부담 및 갈등요인에 대해 긍정적으로 인식하는 수준이 낮았으나 독일통일 후 세금부담과 지역갈등, 그리고 주택문제에 있어서 남자가 여자보다 통계적으로 유의미한 수준에서 더 긍정적으로 평가하고 있는 것으로 나타났다.

37　부담 및 갈등 요인도 평균값이 높을수록 독일통일에 대해 긍정적으로 평가하는 것으로 해석된다.

표 4. 배경변인에 따른 독일통일에 대한 인식의 성별 차이

영역	문항	남자	여자	t
안정 및 발전	국제적 위상	4.33(.83)	4.14(.86)	3.46***
	정치적 발전	3.83(.98)	3.75(.91)	1.22
	사회적 안정	3.75(1.04)	3.68(.98)	1.18
	개인적 삶의 질	3.49(.97)	3.36(.90)	2.11*
	경제적 발전	3.62(1.13)	3.51(1.04)	1.6
	군사력 증강	3.78(.92)	3.73(.84)	0.9
부담 및 갈등	세금부담	2.79(1.18)	2.54(1.03)	3.54***
	빈부격차	2.85(1.12)	2.75(.97)	1.46
	지역갈등	2.90(1.06)	2.77(.96)	1.96*
	국가재정	3.01(1.17)	2.99(1.04)	0.32
	범죄율	2.91(.99)	2.84(.96)	1.21
	주택문제	3.08(1.00)	2.91(.96)	2.62**
	실업률	3.14(1.06)	3.07(1.00)	1.05

* $p < .05$, ** $p < .01$, *** $p < .001$

다음으로 연령별 차이를 살펴보았는데, 〈표 5〉에 나타난 바와 같이 국제적 위상과 정치적 발전 그리고 경제적 발전 등 안정 및 발전요인에 대하여 연령집단 간 통계적으로 유의미한 차이가 있는 것으로 나타났다. 국제적 위상의 경우 연령이 높은 집단일수록 긍정적으로 평가를 하였으며, 정치적 발전의 경우 20대와 30대가 유사한 수준이고 40대 이상이 유사한 수준인 것으로 나타나, 20~30대 집단에 비해 40대 이상 집단이 더 긍정적으로 평가하고 있는 경향성을 나타내었다. 이는 경제적 발전의 경우도 마찬가지로 20~30대 집단에 비해 40대 이상 집단이 더 긍정적으로 인식하고 있었다. 그 외 다른 문항에 대해서는 통계적으로 유의미한

수준의 연령 차이는 나타나지 않았다.

표 5. 배경변인에 따른 독일통일에 대한 인식의 연령별 차이

영역	문항	20대 이하	30대	30대	30대	30대	F
안정 및 발전	국제적 위상	4.07(.87)$_{de}$	4.09(.95)$_{cd}$	4.25(.83)$_{bc}$	4.33(.83)$_{ab}$	4.46(.70)$_a$	7.42***
	정치적 발전	3.60(1.00)$_b$	3.57(1.00)$_b$	3.87(.86)$_a$	3.91(.94)$_a$	3.96(.89)$_a$	7.08***
	사회적 안정	3.56(1.00)	3.66(1.10)	3.73(1.04)	3.84(.90)	3.77(.98)	2.09
	개인적 삶의 질	3.30(.97)	3.37(.99)	3.44(.91)	3.53(.94)	3.47(.89)	1.62
	경제적 발전	3.48(1.11)$_b$	3.38(1.13)$_b$	3.71(1.03)$_a$	3.63(1.09)$_a$	3.60(1.05)$_{ab}$	2.77*
	군사력 증강	3.80(.88)	3.71(.91)	3.79(.86)	3.77(.85)	3.69(.91)	0.62
부담 및 갈등	세금부담	2.59(1.08)	2.69(1.10)	2.69(1.18)	2.70(1.09)	2.65(1.14)	0.29
	빈부격차	2.75(1.12)	2.85(1.11)	2.78(1.00)	2.82(1.00)	2.79(1.04)	0.24
	지역갈등	2.71(1.02)	2.81(1.06)	2.85(1.01)	2.92(.98)	2.89(1.01)	1.22
	국가재정	2.87(1.05)	2.96(1.14)	3.18(1.15)	3.02(1.05)	2.97(1.13)	2.00
	범죄율	2.84(1.01)	2.90(1.01)	2.84(.94)	2.87(.96)	2.94(.97)	0.32
	주택문제	2.98(.99)	2.97(1.01)	3.03(.97)	2.98(1.01)	3.04(.95)	0.20
	실업률	3.10(1.06)	3.10(.97)	3.15(1.05)	3.11(1.01)	3.08(1.06)	0.13

* $p < .05$, *** $p < .001$, Duncan: a〉b〉c〉d〉e

다음으로 독일통일의 각 영역에 대한 학력수준별 차이를 살펴보았다. 그 결과 〈표 6〉에 나타난 바와 같이 국제적 위상에 대한 차이만이 통계적으로 유의미하고 나머지 다른 영역에서는 통계적으로 유의미한 차이가 나타나지 않았다. 국제적 위상에 대한 평가의 경향을 보면 전문대 졸업자 이하와 4년제 대학 졸업 이상인 집단의 차이로, 4년제 대학 졸업 이상인 집단이 가장 긍정적으로 평가하고 있는 것으로 나타났다.

표 6. 배경변인에 따른 독일통일에 대한 인식의 학력수준별 차이

영역	문항	고졸 이하	전문대졸	4년제 대졸	대학원졸	F
안정 및 발전	국제적 위상	4.21(.86)$_b$	4.09(.91)$_b$	4.25(.85)$_{ab}$	4.42(.75)$_a$	3.25*
	정치적 발전	3.84(.90)	3.65(.96)	3.79(.93)	3.87(1.09)	1.51
	사회적 안정	3.61(1.01)	3.62(1.03)	3.77(.98)	3.79(1.07)	1.99
	개인적 삶의 질	3.44(.93)	3.23(.98)	3.47(.91)	3.46(1.00)	2.41
	경제적 발전	3.62(1.02)	3.38(1.12)	3.62(1.06)	3.45(1.25)	2.39
	군사력 증강	3.70(.86)	3.73(.89)	3.77(.88)	3.79(.94)	0.39
부담 및 갈등	세금부담	2.75(1.09)	2.59(1.12)	2.69(1.13)	2.54(1.13)	1.08
	빈부격차	2.79(1.02)	2.72(1.02)	2.84(1.07)	2.74(1.11)	0.67
	지역갈등	2.90(.96)	2.70(.96)	2.86(1.03)	2.79(1.13)	1.21
	국가재정	3.11(1.06)	2.90(1.14)	3.01(1.10)	2.92(1.19)	1.21
	범죄율	2.87(.92)	2.84(.99)	2.92(.99)	2.74(.97)	1.19
	주택문제	3.02(.94)	3.02(1.00)	2.99(.98)	2.99(1.08)	0.07
	실업률	3.03(1.01)	3.05(.99)	3.18(1.04)	3.03(1.05)	1.42

* $p < .05$, Duncan: a > b

　　마지막으로 독일통일에 대한 인식수준의 요인분석 결과를 근거로 안정 및 발전요인과 부담 및 갈등요인별로 배경변인에 따른 평균을 비교하였다(〈표 7〉). 우선 성별 차이를 보면 독일통일의 안정 및 발전요인과 부담 및 갈등요인 모두에서 남자가 여자보다 높게 긍정적으로 인식하고 있는 것으로 나타나 전반적으로 독일통일에 대한 평가는 남자들이 긍정적임을 보여주었다. 그에 비해 연령에 따른 차이는 안정 및 발전요인에서만 통계적으로 유의미하게 나타났는데, 연령이 증가할수록 독일통일의 안정 및 발전요인에 대하여 긍정적으로 평가하는 경향성이 높은 것으로 나타났다. 부담 및 갈등요인에 대한 평가에서는 연령집단 간 차이가

나타나지 않았다. 그 외 학력수준과 주관적·경제적 수준에 따른 독일통일에 대한 인식 간의 차이는 나타나지 않았다.

표 7. 배경변인에 따른 독일통일에 대한 인식 차이

배경변인		독일통일에 대한 인식	
		안정 및 발전	부담 및 갈등
전체		3.73(.70)	2.88(.82)
성별	남자	3.79(.71)	2.93(.87)
	여자	3.67(.67)	2.82(.76)
	t	2.43*	2.03*
연령	20대	3.63(.68)$_{bc}$	2.82(.86)
	30대	3.60(.79)$_c$	2.87(.85)
	40대	3.77(.65)$_{ab}$	2.92(.85)
	50대	3.82(.69)$_a$	2.91(.80)
	60대	3.82(.63)$_a$	2.87(.77)
	F	4.09**	0.38
학력수준	중졸이하	3.65(.66)	2.98(.56)
	고졸	3.74(.68)	2.88(.76)
	전문대졸	3.59(.74)	2.83(.83)
	4년제대졸	3.75(.67)	2.90(.83)
	대학원졸	3.80(.77)	2.83(.90)
	F	1.73	0.30
주관적 경제수준	어렵다	3.70(.69)	2.81(.83)
	보통이다	3.75(.69)	2.91(.80)
	잘산다	3.73(.70)	2.87(.95)
	F	0.40	1.16

* $p<.05$, ** $p<.01$, *** $p<.001$, Duncan: a⟩b⟩c

3. 남북통일의 사회적 부담 인식, 남북통일에 대한 지지도 및 독일통일에 대한 인식의 상관관계

다음으로 앞의 연구문제 3에 제시된 남북통일의 사회적 부담, 남북통일에 대한 지지도, 독일통일에 대한 인식 간의 관계를 살펴보기 위하여 상관분석을 실시하였다. 이때 30대 이하와 40대 이상으로 나누어서 살펴보았다. 앞의 이론적 배경에서 나타난 바와 같이 통일의식과 관련하여 세대 간 차이가 매우 두드러지기 때문에 여러 세대가 포함된 자료를 전체적으로 분석하기보다는 통일에 대한 인식이 유사한 집단끼리 분석을 하는 것이 자료의 이해와 통일교육에 대한 함의에서 좀 더 유의미한 의미를 파악할 수 있을 것으로 생각되었기 때문이다. 세대별로 두 집단의 남북통일에 대한 지지도, 남북통일의 부담 인식, 독일통일의 안정 및 발전 측면과 부담 및 갈등 측면에 대한 인식 등의 변인 간 상관관계를 비교한 결과 〈표 8〉과 〈표 9〉에 나타난 바와 같이 전반적으로 남북통일에 대하여 부담을 느낄수록 통일에 대한 지지도가 낮아졌고, 독일통일의 두 가지 측면 모두 긍정적으로 인식할수록 남북통일에 대한 지지도가 높아졌다. 또한 독일통일에 대한 인식이 부정적일수록 남북통일의 부담 인식이 높은 것으로 나타났다. 그런데 두 세대를 비교해 보았을 때 남북통일에 대한 부담과 통일에 대한 지지도의 관계는 40대 이상에서 좀 더 강하게 나타났다. 또한 독일통일의 안정 및 발전측면에 대한 인식이 낮아질수록 남북통일의 지지도가 낮아지는 경향성 역시 40대 이상에서 강하게 나타났다. 그에 비해 독일통일의 안정 및 발전측면에 대한 인식이 높을수록 통일에 대한 지지도가 높아지는 경향성은 30대 이하 집단에서 약간 더 높게 나타났다.

표 8. 남북통일에 대한 지지도, 남북통일의 부담에 대한 인식, 독일통일에 대한 인식의 관계: 30대 이하

	남북통일에 대한 지지도	남북통일의 부담 인식	독일통일에 대한 인식 : 안정 및 발전	독일통일에 대한 인식 : 부담 및 갈등
남북통일에 대한 지지도	1.00			
남북통일의 부담 인식	-.41**	1.00		
독일통일에 대한 인식: 안정 및 발전	.48**	-.35**	1.00	
독일통일에 대한 인식: 부담 및 갈등	.19**	-.37**	.64**	1.00

** $p < .01$

표 9. 남북통일에 대한 지지도, 남북통일의 부담에 대한 인식, 독일통일에 대한 인식의 관계: 40대 이상

	남북통일에 대한 지지도	남북통일의 부담 인식	독일통일에 대한 인식 : 안정 및 발전	독일통일에 대한 인식 : 부담 및 갈등
남북통일에 대한 지지도	1.00			
남북통일의 부담 인식	-.53**	1.00		
독일통일에 대한 인식: 안정 및 발전	.44**	-.43**	1.00	
독일통일에 대한 인식: 부담 및 갈등	.27**	-.38**	.59**	1.00

** $p < .01$

4. 남북통일의 부담 인식이 통일에 대한 지지도에 미치는 영향에서 독일통일에 대한 평가의 조절효과 분석을 위한 위계적 회귀분석

마지막으로 본 연구의 주요 주제인 남북통일에 대한 부담 인식이 통일에 대한 지지도에 미치는 영향 중 독일통일에 대한 인식의 조절효과를 세

대별로 분석하였다. 이때 안정 및 발전요인에 대한 평가와 부담 및 갈등
요인에 대한 평가로 각각 나누어서 조절효과를 분석하였다. 우선 첫째로
30대 이하의 젊은 세대를 대상으로 남북통일에 대한 부담이 남북통일에
대한 지지도에 미치는 영향을 분석함에 있어서 독일통일의 사회적 안정
및 발전요인에 대한 인식의 조절효과를 분석하기 위하여 위계적 회귀분석
을 실시하였다. 그 결과 〈표 10〉과 같이 남북통일에 대한 부담감과 독일통
일의 안정 및 발전요인에 대한 인식이 남북통일에 대한 지지도에 영향을
미치는 것으로 나타났다. 즉, 남북통일에 대하여 부담을 느낄수록 남북통
일에 대한 지지도는 낮아진 반면, 독일통일의 안정 및 발전적 측면 측면에
대한 인식이 긍정적일수록 남북통일에 대한 지지도는 높아지는 것으로 나
타났다. 그러나 두 변인의 상호작용효과는 나타나지 않았다.

표 10. 30대 이하의 남북통일의 부담 인식이 남북통일에 대한 지지도에 미치는 영향 중 독일
통일에 대한 인식의 조절효과: 안정 및 발전측면

변인	모델1		모델2	
	β	t	β	t
남북통일의 부담(A)	-0.27	-5.52***	-0.27	-5.49***
독일통일에 대한 인식: 안정 및 발전측면(B)	0.39	7.88***	0.37	7.29***
A×B			0.04	0.84
F	70.16***		46.97***	
R^2	.292***		.291***	
ΔR^2	–		-.001	

* $p<.05$, *** $p<.001$

다음으로 30대 이하의 젊은 세대를 대상으로 남북통일에 대한 부담
이 남북통일에 대한 지지도에 미치는 영향을 분석함에 있어 독일통일의

사회적 부담과 갈등요인에 대한 인식의 조절효과를 분석하였다. 그 결과 〈표 11〉에 나타난 바와 같이 남북통일의 부담은 남북통일에 대한 지지도에 영향을 미쳤으나 독일통일의 부담과 갈등요인에 대한 평가는 직접적으로 영향을 미치지 않는 것으로 나타났다. 그리고 남북통일의 부담과 독일통일의 부담과 갈등 측면에 대한 평가의 상호작용효과는 유의미하게 나타나 이 모델에서 독일통일의 부담과 갈등 측면에 대한 인식수준이 조절효과를 지니는 것으로 나타났다.

표 11. 30대 이하의 남북통일의 부담 인식이 남북통일에 대한 지지도에 미치는 영향 중 독일통일에 대한 인식의 조절효과: 부담 및 갈등측면

변인	모델1		모델2	
	β	t	β	t
남북통일의 부담(A)	-0.42	-7.93***	-0.42	-8.01***
독일통일에 대한 인식: 부담 및 갈등측면(B)	0.03	0.57	0.01	0.24
A×B			0.13	2.51*
F	38.55		28.21	
R^2	.189***		.205***	
ΔR^2	–		.015*	

* $p < .05$, *** $p < .001$

30대 이하를 대상으로 남북통일의 사회적 부담이 남북통일에 대한 지지도에 영향을 미치는 데 있어서 독일통일에 대한 인식의 조절효과를 그림으로 나타내면 〈그림 2〉, 〈그림 3〉과 같다. 즉, 30대 이하의 경우 통일의 사회적 부담에 대해 낮게 인식하거나 높게 인식하거나에 관계없이 독일통일의 안정적 발전에 대한 인식의 수준이 높으면 통일에 대한 지지도가 높아지는 것으로 나타났다. 그러나 독일통일의 사회적 부담과 갈등

측면에 대한 인식의 경우는 다른 양상을 보여주었다. 즉, 통일의 사회적 부담을 적게 느끼는 경우는 독일통일에 대한 부담 및 갈등측면에 대한 인식이 낮은 집단이 통일에 대한 지지도 수준이 약간 높은 것으로 나타났다. 그러나 사회적 부담이 높은 경우에는 독일통일 부담 및 갈등 측면에서 긍정적 인식 수준이 높은 집단의 통일에 대한 지지도가 높은 것으로 나타났다. 이는 향후 통일교육에서 독일의 통일 결과 나타난 측면에 대한 객관적 자료 제시가 필요하며, 특히 30대 이하의 젊은 층을 대상으로 하는 경우 사회적 부담과 갈등에 대한 부분을 좀 더 의식함을 시사하는 결과로 볼 수 있다.

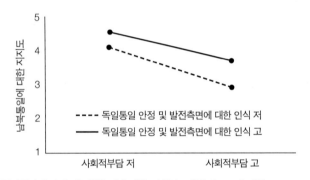

그림 2. 독일통일의 안정 및 발전측면에 대한 인식의 조절효과: 30대 이하

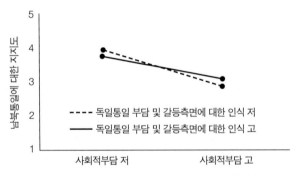

그림 3. 독일통일의 부담 및 갈등측면에 대한 인식의 조절효과: 30대 이하

두 번째로 40대 이상을 대상으로 동일한 위계적 회귀분석을 실시한 결과는 다음과 같다. 〈표 12〉에 나타난 바와 같이 40대 이상의 경우 남북통일의 사회적 부담과 독일통일의 사회적 안정과 발전측면에 대한 평가 모두 남북통일에 대한 지지도에 영향을 미치는 것으로 나타났고, 두 변인의 상호작용도 유의미한 것으로 나타났다. 이는 통일의 사회적 부담을 낮게 지각하는 경우에 비하여 통일의 사회적 부담을 높게 지각하는 경우, 독일통일의 사회적 안정 및 발전측면에 대한 평가가 남북통일에 대한 지지도에 미치는 영향이 더 크다는 것을 의미한다.

표 12. 40대 이상의 남북통일의 부담 인식이 남북통일에 대한 지지도에 미치는 영향 중 독일통일에 대한 인식의 조절효과: 안정 및 발전측면

독립변인	모델1		모델2	
	β	t	β	t
남북통일의 사회적 부담(A)	-0.43	-11.13***	-0.45	-11.45***
독일통일에 대한 인식: 안정 및 발전측면(B)	0.26	6.73***	0.25	6.58***
A×B			0.09	2.47*
F	143.83***		98.82***	
R²	.346***		.354***	
ΔR²	–		.007*	

*p〈.05, ***p〈.001

다음으로 40대 이상의 남북통일의 부담 인식이 남북통일에 대한 지지도에 미치는 영향 중 독일통일의 부담 및 갈등측면에 대한 인식의 조절효과를 분석한 결과, 〈표 13〉에 나타난 바와 같이 모델 1에서 남북통일의 사회적 부담이 통일에 대한 지지도에 미치는 직접적인 영향은 통계적으로 유의미한 것으로 나타났으나 독일통일의 부담 및 갈등측면의 직

접적 영향은 통계적으로 유의미하지 않은 것으로 나타났다. 그러나 모델 2에서 상호작용효과를 투입하였을 때는 독일통일의 부담 및 갈등측면의 상호작용효과가 통계적으로 유의미한 것으로 나타났다.

표 13. 40대 이상의 남북통일의 부담 인식이 남북통일에 대한 지지도에 미치는 영항 중 독일통일에 대한 인식의 조절효과: 부담 및 갈등측면

독립변인	모델1		모델2	
	β	t	β	t
남북통일의 사회적 부담(A)	-0.51	-12.70***	-0.51	-12.82***
독일통일에 대한 인식: 안정 및 발전측면(B)	0.08	1.93	0.10	2.48*
A×B			0.12	3.25***
F	107.79***		76.70***	
R^2	.292***		.306***	
ΔR^2	-		.014***	

*$p<.05$, ***$p<.001$

40대 이상 집단을 대상으로 남북통일의 사회적 부담이 남북통일에 대한 지지도에 미치는 영향 중 독일통일에 대한 인식의 조절효과를 그림으로 다시 한번 살펴보면 다음과 같다. 〈그림 4〉에 나타난 바와 같이 사회적 부담을 낮게 지각하는 집단에 비하여 사회적 부담을 높게 지각하는 경우 독일통일의 안정 및 발전측면에 대한 인식의 정도에 따라 통일에 대한 지지도의 차이가 더 큰 것으로 나타났다. 또한 〈그림 5〉에 나타난 바와 같이 남북통일에 대한 사회적 부담에 대한 인식이 낮을 때는 독일통일의 부담 및 갈등요인에 대한 인식에 따라 남북통일에 대한 지지도에 영향을 미치지 않으나 남북통일에 대한 사회적 부담이 클 때는 독일통일의 부담 및 갈등요인에 대한 인식의 수준이 부정적일수록 남북통일에 대

한 지지도는 낮아지는 것으로 나타났다. 따라서 40대 이상의 집단은 통일의 사회적 부담의 수준에 따라 독일통일의 안정 및 발전요인과 부담 및 갈등요인이 모두 영향을 미치는 요인이며, 30대 이하의 집단과 마찬가지로 통일교육에서 독일통일의 결과에 대한 시사점을 제공하는 것이 효과적일 수 있음을 시사하였다.

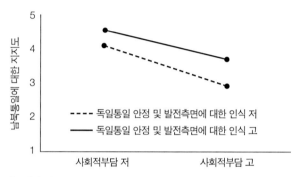

그림 4. 독일통일의 안정 및 발전측면에 대한 인식의 조절효과: 40대 이상

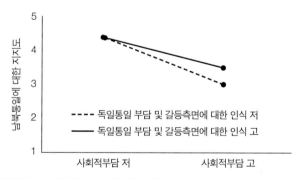

그림 5. 독일통일의 부담 및 갈등측면에 대한 인식의 조절효과: 40대 이상

Ⅵ. 논의

본 연구는 통일의 사회적 부담이 남북통일에 대한 지지도를 설명하는 중

요한 독립변인으로 작용할 것으로 가정하였으며, 이 과정에서 독일의 통일에 대한 국민의 인식수준에 대해 알아보고, 독일의 통일에 대한 개인적인 인식수준이 조절효과를 지니는지 검증하기 위하여 수행되었다. 연구결과를 살펴보면, 첫째, 남북통일에 대한 사회적 부담을 여성이 남성에 비해 더 많이 느끼고 남북통일에 대한 지지도도 남성에 비해 여성이 낮은 것으로 나타났다. 이는 기존의 여러 연구에서도 일관되게 나타나는 결과로 2017년도 KBS에서 수행한 국민통일의식조사에서도 남성이 여성에 비해 통일에 대한 관심도가 높은 것으로 나타났고,[38] 오재록과 윤향미의 연구에서도 여성에 비해 남성이 통일에 대하여 많은 관심을 가지고 있었으며, 통일로 인한 비용의 문제에 대하여 남성보다 여성이 더 크게 걱정하고 있는 것으로 나타난 결과[39]와 일치하는 결과이다. 여성이 남성에 비해 통일에 대하여 덜 지지적이고, 부정적인 결과에 대해 더 크게 인식한다는 것은 여러 연구에서 나타났지만, 왜 이런 결과가 나오는지에 대해서는 현재의 자료로써는 설명하기 어렵고 본 연구의 핵심주제는 아니었다. 기존의 연구에서도 성별 차이를 분석만 했을 뿐 그 이유에 대한 분석은 거의 찾아보기 어렵다. 따라서 향후 연구에서는 여성이 남성에 비하여 통일에 대해 더 소극적인 이유를 분석할 필요가 있다.

둘째, 남북통일의 사회적 부담의 경우 연령, 학력수준 및 주관적 경제수준에 따라 통계적으로 유의미한 차이는 나타나지 않았다. 그에 비하여 남북통일에 대한 지지도의 경우는 연령과 학력수준에 따른 차이가 나타났는데, 30대 이하 집단에 비하여 40대 이상 집단의 남북통일에 대한 지지도가 높았고, 학력의 경우는 통계적 유의미성은 중졸 이하의 집단과

---

38   KBS 한국방송공사, "국민통일의식조사," 『통일방송연구』, 제30호(2017), 26쪽.

39   오재록·윤향미, "통일의식조사를 통한 사회통일교육 활성화방안 연구: 전라북도 사례를 중심으로," 114쪽.

나머지 집단 간의 차이였으나 평균을 살펴보면 학력이 높을수록 남북통일에 대한 지지도가 높아지는 경향이 있었다.

셋째, 독일통일에 대한 인식의 경우 안정 및 발전요인과 부담 및 갈등요인 모두 통계적인 수준에서 성별 차이가 나타났는데, 두 요인 모두 남성의 평균값이 여성의 평균값보다 높았다. 이에 비해 연령별 차이는 안정 및 발전요인에 대해서만 통계적으로 유의미한 것으로 나타났는데, 연령이 높을수록 독일통일의 안정 및 발전요인에 대하여 더 긍정적으로 평가하는 경향이 있었다. 그 외 학력수준이나 주관적 경제수준에 따른 차이는 나타나지 않았다.

넷째, 독일통일에 대한 인식을 각 항목별로 살펴본 결과 국제적 위상이나 정치적 발전, 군사력 증강, 사회적 안정, 경제적 발전, 개인적 삶의 질 등에 대하여 긍정적이었다고 평가하는 경향이 높았고, 실업률과 국가재정의 경우는 중간수준으로 평가하였으며, 세금부담이나 빈부격차, 지역갈등, 범죄율 등에 대해서는 부정적으로 평가하는 경향이 있었다. 이는 본 조사에 참여한 조사대상자들의 경우 독일통일이 전반적으로 독일의 국제적 위상이나 정치적 발전, 군사력 증강, 사회적 안정, 경제적 발전, 개인적 삶의 질과 같은 측면에서는 긍정적 효과를 가져왔으나, 동시에 세금부담이나 빈부격차, 지역갈등, 범죄 등의 문제도 초래했다고 인식하고 있음을 의미한다. 이는 한국인들이 독일통일과 관련하여 기존의 염려와 같이 세금부담이나 빈부격차 등 부정적인 측면에 대한 이미지만 가지고 있는 것이 아니라 통일로 인한 사회적 안정과 발전에 대한 긍정적인 측면에 대해서도 충분히 인식하고 있음을 보여주는 결과로 생각된다.

다섯째, 남북통일에 대한 지지도, 남북통일의 부담 인식 및 독일통일에 대한 인식의 상관관계를 분석한 결과 연령집단과 상관없이 남북통일에 대하여 부담을 인식할수록 남북통일에 대한 지지도는 낮아졌고, 독일통일에 대하여 긍정적으로 인식할수록 남북통일에 대한 지지도가 높아진 것으로 나타났다. 특히 독일통일에 대한 인식 중 독일통일의 안정 및 발전요인에 대하여 긍정적으로 평가할수록 남북통일에 대한 지지도가 높아지는 경향성이 매우 높아서 향후 통일교육의 방향에서 독일통일의 긍정적 효과에 대한 내용이 강조될 필요성을 시사하였다. 또한 독일통일의 결과에 대하여 긍정적으로 인식할수록 남북통일의 부담에 대한 인식은 낮아지는 것으로 나타나 독일통일에 대한 객관적 인식이 한국의 남북한 통일교육의 중요한 요인이 될 수 있음을 다시 한번 시사하였다.

마지막으로 남북통일의 사회적 부담이 남북통일에 대한 지지도에 영향을 미치는 과정에서 독일통일에 대한 인식이 조절효과를 지니는지 분석한 결과, 30대 이하의 경우는 독일통일의 사회적 부담과 갈등측면에 대한 평가만이 조절효과를 지니는 것으로 나타났고 사회적 안정 및 발전측면에 대한 인식의 조절효과가 나타나지 않은 반면, 40대 이상의 경우는 독일통일의 사회적 안정 및 발전측면과 사회적 부담 및 갈등측면에 대한 평가 모두가 조절효과를 지니는 것으로 나타났는데, 독일통일의 사회적 안정 및 발전측면에 대한 평가보다는 사회적 부담 및 갈등측면에 대한 인식의 조절효과가 더 큰 것으로 나타났다. 즉, 통일의 사회적 부담을 크게 느끼는 경우 독일통일의 부담 및 갈등요인에 대한 인식이 통일에 대한 지지도에 더 큰 영향을 미치고 있음을 의미한다.

따라서 향후 통일교육에서 좀 더 효과적인 프로그램을 구성하기 위해서는 독일통일의 다양한 측면에 대한 객관적인 논의가 반영될 필요가 있고, 특히 통일의 사회적 부담의 문제를 보다 객관적으로 다루고 대안을 모색하는 내용이 제공될 필요가 있다. 예를 들면, 독일통일의 부정적 효과로 가장 많이 지목되었던 막대한 세금부담의 문제가 독일통일 초기에는 매우 심각한 문제로 제기되었으나 한 세대의 문제이고, 대신 더 이상 분단비용이 지불되지 않고, 군비경쟁의 부담에서 해방되었으며 안보 불안의 문제가 없어지고 결국 경제적 성공을 이루었으며, 국제사회에서의 정치적 위상이 높아지는 등 더 많은 긍정적 효과가 있음을 강조하는 내용, 부담 및 갈등요인이 어떻게 극복되었는지에 대한 객관적 결과를 제시하는 내용을 통일교육의 자료로 구성하여 활용하는 것이 통일에 대한 지지도를 높이는 데 긍정적 효과를 지닐 수 있을 것으로 생각된다. 또한 이와 더불어 국민들이 염려하는 사회적 부담에 대하여 한국적 상황에서는 어떻게 효과적으로 해결할 수 있는지, 부담에 대한 심리적 저항감을 어떻게 다룰 것인지 등에 대한 구체적인 고민도 함께해볼 필요가 있을 것으로 생각된다.

제8장

불편한 진실:
남북통일 시나리오에서 조선로동당이 지닌
문제점과 잠재력

이봉기(주독일한국대사관)·하네스 모슬러(뒤스부르크-에센대학교)

I. 서론

정당은 특정 정체(polity)에서 시민들의 다양한 이해를 수렴하고 제도화
된 정치적 영역에서 시민들을 대표하는 주요한 정치적 기관이다. 정당은
시민들의 의지를 정치체제의 블랙박스로 옮기는 컨베이어 벨트와 같은
기능을 수행한다. 이에 따라 정당은 정치체제와 생활세계(Lebenswelt)
를 연결할 뿐만 아니라 사회를 정치공동체에 포함시키는 역할도 한다.
정당이 단절효과(divisive effect)를 야기할 수 있음을 부정하기는 어려
우나, 이상적인 형태의 정당은 사회통합 효과뿐만 아니라 선출된 정부에
정당성을 부여함으로써 정치체제를 전반적으로 안정화하는 효과도 가져
올 수 있다. 명백하고 근본적인 차이가 존재함에도 불구하고 그러한 효
과는 자유민주주의 다당제뿐만 아니라 사회주의 독재 체제하의 일당제
에서도 가능하다. 따라서 대의정치를 통한 통합이라는 정당의 기능이 국
토 분단을 포함한 극심한 국내 갈등 상황 또는 그러한 근본적 분열의 극

복에도 적용되리라고 가정하는 것이 합리적이다. 독일의 통일 과정에서
독일사회주의통일당(SED: Sozialistische Einheitspartei Deutschlands)
이 담당한 역할은 수명을 다한 체제의 시민들이 겪는 소외의 경감 및 시
민들의 마음과 생각(hearts and minds)의 통합(다시 말해 대의정치를 통
한 이해관계의 통합)과 관련된 대표적 사례이다.[1, 2]

　이러한 배경하에 본고에서는 지속 가능한 통일을 지향하는 과정에
서 조선로동당이 지닌 촉진적 잠재력(facilitative potential)에 대한 경
험적 탐구를 시도한다. 조선로동당은 다른 많은 사회주의 국가의 경우와
마찬가지로 김씨 일가의 통치권 보호를 통해 권력 세습 도구로서의 역
할을 담당해왔을 뿐만 아니라, 북한 내 대부분의 공공 생활 및 사적 생활
영역에 침투해 있다.[3] 이렇듯 사회에 깊숙이 뿌리내린 절대적 국가기구
를 북한인들이 어떻게 인식하고 있는지를 이해하는 것은 향후 조선로동
당의 잠재적 역할을 파악하는 데 필수적이다. 조선로동당에 대한 북한주
민들의 사고방식을 파악하는 것은 비록 궁극적인 남북통일까지는 아니

1　강원택, 2011, p. 72; 김경미, "독일 통일과 정당체제의 변화: 민주사회주의당(PDS)을 중
　심으로," 『사회과학연구』, 제10권, 2002, p. 47; 박종철 외, 『통일 이후 통합을 위한 갈등
　해소 방안 : 사례연구 및 분야별 갈등해소의 기본방향』, 서울: 통일연구원, 2004, pp. 75-
　93; 볼프강 메르켈·아우렐 크루아상, "정당 및 정당제도가 한국의 통일과 민주화에 미치
　는 영향," 좌승희·문정인·노정호 편, 『한반도 통일핸드북 (Ⅰ)』, 서울: 한국경제연구원,
　2003, p. 310; 박광기, 2000, p. 156; 송태수, "독일 통일에서 정당의 역할," 『사회과학 연
　구』, 제14권 1호, 2006, p. 275; Lars Vogel & Heinrich Best, "Political Elites in Transi-
　tion and Unification: German Lessons for the Korean Peninsula?" *Historical Social
　Research,* Vol. 41, No. 3, 2016, p. 347; Thorsten Holzhauser, "Neoliberalismus und
　Nostalgie Politische Re-Formationen und die Entstehung der Linkspartei im ver-
　einten Deutschland," *Geschichte und Gesellschaft,* Vol. 44, 2018, p. 614.
2　물론 인용된 저자들은 독일사회주의통일당(SED) 또는 민주사회주의당(PDS)의 역할에
　부정적 측면도 존재하고 한국의 상황에 무조건적으로 적용하기 어렵다는 (비록 위험하지
　는 않더라도) 점을 의식하여 이를 지적하고 있다.
3　박영자, 『김정은 시대 조선로동당의 조직과 기능 : 정권 안정화 전략을 중심으로』, 서울:
　통일연구원, 2017, pp. 263-268.

더라도 한반도의 분단 상황을 극복하기 위한 일종의 선행 단계로서 '개혁을 통한 변화'라는 잠재적 시나리오를 고려할 때 특히 적절하다고 할 수 있다. 그러한 단계에서는 한반도 분단 이후(post-division) 시대로의 순조롭고 지속 가능한 전환에 조선로동당이 기여할 수 있는 바가 매우 클 것이기 때문이다.

북한주민들은 남북통일의 도래 과정에서 조선로동당이 담당하는 역할을 어떻게 인식하고 있는가? 본고에서는 이렇듯 중요한 질문에 대한 답을 구하기 위해 북한주민들이 조선로동당의 과거와 현재 역할 및 성과, 그리고 미래의 잠재력을 어떻게 평가하고 있는지에 대해 조사하였다. 이 과정에서, 방법론상의 어려움이 있음에도 불구하고[4] 전체 북한주민의 가장 효과적인 대리변수(proxy)가 될 것으로 간주한 한국 거주 북한이주민[5](N=356)을 대상으로 설문조사를 실시하였다. 설문지는 북한

---

4   정은미, "북한연구방법으로서 탈북자 조사의 활용과 연구 동향," 『현대북한연구』, 제8권 3호, 2005; Jay Song & Steven Denney, "Studying North Korea through North Korean migrants: lessons from the field," *Critical Asian Studies,* Vol. 52, No. 3, 2019.

5   북한을 떠나 한국에 최종적으로 정착하여 삶을 영위하는 사람을 가리키는 용어는 북한 '귀순자(defector)', '탈북자(North Korean refugee)', '탈북민(North Korean escapee)', '북한이탈주민(resident who escaped from North Korea)', '새터민(new settler)' 등 다양하며, 이들 용어 모두 모종의 사상적 색채를 띠거나(최유숙, "신문기사에 나타난 북한이탈주민 지칭어 분석," 『어문논집』, 제67권, 2016; Choi Gyubin, "North Korean Refugees in South Korea: Change and Challenge in Settlement Support Policy," *The Korean Journal of International Studies,* Vol. 16, No. 1, 2018, p. 88; Chung Byung-Ho, "Between Defector and Migrant: Identities and Strategies of North Koreans in South Korea," *Korean Studies,* Vol. 32, 2008, pp. 3-4; Kim Sung Kyung, "Defector,' 'Refugee,' or 'Migrant'? North Korean Settlers in South Korea's Changing Social Discourse," *North Korean Review,* Vol. 8, No. 2, 2012, pp. 95-96), 염두에 두고 있는 특정 집단을 정확하게 지칭하기에 불충분하다. 한편 집단의 여러 구성원에게 부정적으로 인식되는 장소를 등졌으며 그러한 사실을 통해 자신의 정체성을 드러낸다는 의미를 포함시키기 위한 일종의 타협책으로 '귀순자-이주민(defector-migrant)'이라는 용어가 사용되는 경우도 있다(Steven Denney & Christoher Green, "Unification in action? The national identity of North Korean defector-migrants: insights and implications,"

거주 당시 및 현재 기준으로 조선로동당에 대한 응답자의 일반적 평가
와 신뢰도, 조선로동당의 성과에 관한 의견, 통일 이후 조선로동당의 개
혁 가능성 등에 관한 문항들로 구성되었다. 북한이주민을 대상으로 하는
설문조사에 기반한 대부분의 연구에서는 한국과 북한에서의 건강, 정체
성, 고용, 사회생활 및 한국의 정치체제에 대한 태도에 초점을 맞추고 있
으며[6], 조선로동당과 같은 북한의 정치적 기관에 대한 태도를 조사하는
연구는 드물다.[7] 그렇기 때문에 본 연구에서는 '불편한 진실'처럼 명백하

KEIA Academic Paper Series, Oct 1, 2018, p. 1). 본고에서는 본 연구의 초점과 관련하
여, 또한 국제사회의 독자들을 대상으로 이러한 특정 집단을 최대한 객관적이고 중립적이
고 정확하게 기술하기(최소한 영어로 표현함에 있어서) 위해 '북한이주민(North Korean
migrant)'이라는 용어를 사용하기로 하였다.

6   김병로, "탈북자 면접조사를 통해 본 북한사회의 변화 : 2008∼2011," 『현대북한연구』, 제
15권 1호, 2012; 안지언·김석호, "북한이탈 청소년의 북한에서의 문화교육 경험과 한국
내 사회문화적 적응 간 관계에 대한 근거이론 연구," 『국정관리연구』, 제10권 2호, 2015;
An Ji-hyun et al, "Prevalence and Correlates of Suicidal Thoughts and Behaviors
among North Korean Defectors," Psychiatry Investigation, Vol. 15, No. 5, 2018;
Andrei Lankov, "Bitter Taste of Paradise: North Korean Refugees in South Korea,"
Journal of East Asian Studies, Vol. 6, No. 1, 2006; Cho Dong Wun & Kim Yong Tae,
"A Study on Settlement Service for North Korean Defectors," Journal of Korean
Public Police and Security Studies, Vol. 8, No. 2, 2011; Hur Aram, "Adopting to de-
mocracy: identity and the political development of North Korean defectors," Jour-
nal of East Asian Studies, Vol. 18, 2018; Jeon Woo-Taek et al, "Correlation between
traumatic events and posttraumatic stress disorder among North Korean defectors
in South Korea," Journal of Traumatic Stress, Vol. 19, No. 2, 2005; Steven Denney
& Christoher Green, "Unification in action? The national identity of North Korean
defector-migrants: insights and implications," KEIA Academic Paper Series, Oct 1,
2018; Sung Jiyoung & Go Myong-Hyun, "Resettling in South Korea: Challenges for
Young North Korean Refugees," The Asan Institute for Policy Studies Issue Brief.
Aug. 8, 2014; Virginie Grzelczyk, "New Approaches to North Korean Politics after
Reunification: The Search for a Common Korean Identity," Communist and Post-
Communist Studies, Vol. 47, 2014.

7   물론 북한의 사회, 문화, 식량 공급, 교육, 경제 및 그 밖의 여러 주제에 관한 연구도 존재하
나(정은미, "북한연구방법으로서 탈북자 조사의 활용과 연구 동향," 『현대북한연구』, 제8권
3호, 2005, pp. 151-152), 조선로동당 및 통일 과정에서 조선로동당이 담당할 수 있는 역

면서도 사람들이 거론하기를 꺼려하는 문제를 다룸으로써 조선로동당이 결부된 잠재적 통일 시나리오에 관한, 쉽지 않으면서도 필요한 대화를 시작해보고자 한다.

본고의 나머지 부분은 다음과 같이 구성되어 있다. 우선 조선로동당의 기원, 변천 과정 및 특징을 소개함으로써 조선로동당 및 북한의 전반적인 정치체제와 사회에서 조선로동당이 담당해온 역할을 개괄하고, 전환 시나리오에서 조선로동당이 수행할 수 있는 잠재적 역할에 대해 파악해보고자 한다. 이후 본고에서는 독일통일 과정에서 독일사회주의통일당(SED) 및 그 후속 정당이 담당한 역할에 대해 논의하고, 이들 정당이 한국의 상황과 관련된 교훈을 도출할 수 있는 준거가 될 수 있는가에 대해 비판적으로 검토한다. 뒤따르는 절에서는 설문조사 표본 및 해당 표본이 지닌 한계에 대해 설명하고, 후속되는 주요 절로 안내하기 위한 일종의 사전 정보로서 일부 조사 문항을 소개한 뒤 분석 결과를 제시한다. 마지막으로 조사 결과를 신중하게 해석하고 탈권위주의 시대로 전환 시 조선로동당이 담당할 수 있는 역할에 대한 규명을 시도하면서 글을 마무리하고자 한다.

II. 조선로동당의 준거 사례로서의 독일사회주의통일당

자유민주주의 체제에서 정당이 수행하는 이상적·핵심적 기능은 시민들의 이해를 대변하고 시민들의 참여 기회를 제공함으로써 정치체제의 정당화 및 다원적 사회의 통합에 기여하는 것이다. 다시 말해 정당은 민주

할에 대한 북한주민들의 인식을 규명하려는 노력은 시도된 바가 없다.

주의 체제와 그 사회의 안정 및 결속을 구현하고 유지하는 데 있어서 결정적 역할을 한다. 따라서 민주주의로의 전환 과정에서 정당의 역할은 핵심적 요소라고 할 수 있다. 이는 정당이 변혁에 성공하면 긍정적인 결과를 촉진할 수 있기 때문이다. 독일의 분단과 한반도의 분단 사이에 모종의 근본적인 차이가 존재함에도 불구하고 독일의 통일 과정 및 그 이후에 있었던 정당의 변혁은 시의적절한 사례라고 할 수 있다.[8] 따라서 본 장에서는 우선 조선로동당 및 그 특수성을 개괄하고, 일종의 준거 사례(reference case)로서 독일사회주의통일당(SED)의 사례에 대해 간략히 논의하는 과정에서 두 정당 사례의 공통점과 차이점 등을 다루고자 한다.

1. 조선로동당

일반적으로 조선로동당은 구(舊) 소비에트사회주의공화국연방(소련), 구 독일민주공화국(동독) 또는 중화인민공화국(중국)과 같은 다른 사회주의 정치체제의 정당들과 상당히 유사하면서도 북한만의 독특한 성격을 지니고 있다.[9] 조선로동당은 1948년 북한 정권 수립 직후 창당되었다. 조선로동당은 1920년대부터 한반도 내 초기 공산주의 운동 세력으로 존재해온 다양한 공산주의·좌파 파벌과 정당들의 결합체였다. 1925년에 조선공산당이 결성되었고, 일제 강점으로부터 해방된 1945년 이후에는 다양한 공산주의 파벌이 분리와 결합을 반복하였다. 당시 한반도의 북부

8   Hans Maretzki, "Probleme koreanischer Wiedervereinigung aus deutscher Sicht," *Welt Trends,* Vol. 5, 1994.
9   이대근, "조선로동당의 조직체계." 세종연구소 북한연구센터 엮음. 『북한의 당·국가기구·군대』. 서울: 한울아카데미, 2011.

지역은 소련군이 점령하고 있었고, 남부 지역은 재조선미육군사령부군
정청(USAMGIK: United States Army Military Government in Korea)
이 점령하고 있었다. 조선공산당은 서울에 본부를 두고 있었으며, 1945
년 9월에는 박헌영이 의장으로 선출되면서 공식적으로 재건되었고[10], 10
월에는 조선공산당 북조선 분국이 평양에 설치되었다. 그러나 북조선 분
국은 독자적인 행동을 보이기 시작하다가 이내 남쪽에 위치한 본부에서
완전히 독립한 기구로 공식적으로 자리 잡게 되었다. 1946년 초에는 중
국 공산당 군대에서 복무한 공산주의자 세력이 한반도 북부로 돌아와 조
선인민당을 결성하였으며, 얼마 지나지 않아 조선공산당과 합당하여 북
조선로동당으로 개칭하였다.[11, 12] 1946년 말 남한의 조선공산당은 조선
인민당, 남조선신민당과 합당하여 남조선로동당이 결성되었으며, 3년
후인 1949년 6월에는 북조선로동당과 합당하여 오늘날의 조선로동당이
결성되었다. 공식적으로는 동등한 지위의 합당인 것으로 선언되었으나,
남조선로동당은 사실상 북조선로동당에 흡수되었다고 할 수 있다.[13]

공식적으로 조선로동당의 조직과 운영은 민주집중제(democratic
centralism)라는 원칙에 기반을 두고 있다. 이는 조선로동당이 아래로
는 두세 명 정도로 구성된 당 세포조직부터 위로는 3,000여 명으로 구성
된 당 대회에 이르는 피라미드형 조직임을 의미한다. 하부 조직 단위는
상부 조직 단위에 철저하게 종속되며, 상부 조직 단위는 하부 조직 단위

---

10   서대숙, 『한국 공산주의 운동사 연구』, 서울: 이론과 실천, 1995, pp. 276-277.

11   서대숙, 『한국 공산주의 운동사 연구』, pp. 177-178.

12   소련 점령 시기에 인민민주주의혁명이라는 기치 아래서 전개된 이러한 일련의 상황은
      1946년 4월 동독에서 독일공산당(KDP: Kommunistische Partei Deutschlands)과 독일
      사회민주당(SPD)이 강제 합당되어 SED가 된 것과 동일한 맥락에서 이해해야 한다(Maly-
      cha/Winters, Geschichte der SED 2009, 35).

13   이종석, 『현대 북한의 이해』, 서울: 역사비평사, 2011, pp. 209-210.

에 대해 의사결정상의 특권을 지닌다. 아울러 모든 지도 단위는 공식적으로 유권자에게 책임을 지며, 전반적으로 의사결정의 다수결 원칙이 준수된다. 명목상 당 대회는 최고 기구로서 당 중앙위원회 및 당 중앙검사위원회 구성원을 선출하고 당 위원장을 추대할 수 있는 권한을 보유한다.[14] 그러나 당 대회는 매우 드물게 소집되며, 당 대회 사이에는 당 중앙위원회가 최고 지도기관으로 권한을 보유하며 230여 명으로 구성된 회의를 매년 최소 1회 개최한다. 따라서 조선로동당의 일상적인 운영과 의사결정은 중앙위원회 산하 정치국이나 정무국(과거 비서국)과 같은 소규모 조직 단위에 위임된다. 정치국은 30여 명으로 구성되며, 그중 3인으로 구성된 상임 운영위원회가 당내 실질적 의사결정 권한을 보유한다. 정무국은 당내 모든 사업을 조직 및 감독하기 때문에 당의 사업 집행을 보장하는 실질적 집행 기구라고 할 수 있다. 20인 이내로 구성된 정무국은 당과 관련된 모든 대내외 현안에 대해 심의 및 의결한다. 당 중앙군사위원회는 북한군과 관련된 모든 정책 및 사업을 감독하기 때문에 당의 또 다른 핵심 기관이라고 할 수 있다. 당 중앙군사위원회는 20인 이내로 구성되며, 대부분의 위원은 정치국 구성원 중에서 선출된다. 이러한 고위급 의사결정 기구의 하부에서는 19개의 전문부서가 산업, 교육, 재정, 경제, 농업, 국제관계 등의 국무와 관련된 다양한 업무를 담당한다. 또한 이들 전문부서는 정부, 사회, 군부 및 산업계의 모든 단위가 당이 결정한 노선 및 정책을 따르도록 하는 업무를 담당한다. 이를 위해 당은 시·도, 군, 지구, 읍 및 당 세포 단위의 위원회를 운영하고 있다. 각급 당원들은 정부 부처, 사회기관, 군부대 및 생산 시설의 개별 의사결정 단위로 파견된다.

---

14   그 밖의 책무로는 당 중앙위원회와 당 중앙검사위원회의 사업 총화, 당 노선·정책의 심의 및 수립, 당 강령·규약의 개정 등이 있다.

　무시할 만한 수준의 일부 위성정당 외에 조선로동당은 정치체제와 사회체제에서 경쟁 상대가 없는 헤게모니를 장악하고 있다. 당 조직은 국가 전체를 주도적으로 통제하기 위해 거의 모든 수준의 정부 및 생산 부문에 침투해 있다. 조선로동당은 노선 및 정책을 결정하고 자원을 동원하며 모든 사회기관을 감시하는 한편, 정부기관은 일종의 집행기구로서 당의 정책을 실행하는 기능을 수행한다. 조선로동당은 북한 체제의 안정성을 보장하기 위해 '정당화(legitimation)', '억압과 통제(repression)', '선출(co-optation)' 및 '통치자금 제공(funding)'이라는 4개의 기둥을 근간으로 운영된다.[15] 조선로동당의 활동은 사실상 하향식으로 이루어지며, 당 위원장(현재 김정은)에게 무소불위의 권력이 집중되어 있다. 김정은 위원장은 정치국 상무위원, 정무국 위원장, 무력 최고사령관 및 당 중앙군사위원회 위원장을 겸하고 있다. 이렇듯 조선로동당 권력 구조의 핵심적인 결절점(nodal point)을 차지함으로써 '위대한 수령'은 정부, 군부, 사회 및 경제계의 여타 조직을 장악하고 있다. 다시 말해 조선로동당은 극도로 중앙집권적이고 관료화되어 있으며 상부에서 하부에 이르기까지 사회 전반에 침투해 있는 당 조직을 통해 '위대한 수령'의 의지를 실현하려는 목적으로만 존재하는 조직체계로 구성되어 있다.[16]

　일반적으로 조선로동당이 전형적인 레닌주의 방식을 채택하고 있는 것은 다른 대부분의 사회주의 일당체제 설계 및 운영과 유사하나, 조선로동당의 특수성은 '유일적 영도체계'라는, 북한의 독특한 리더십 스타일을 가능케 하는 기능을 수행한다는 점에서 드러난다. 유일적 영도체계

15　박영자, 『김정은 시대 조선로동당의 조직과 기능 : 정권 안정화 전략을 중심으로』, 서울: 통일연구원, 2017, pp. 263-268.

16　이대근, "조선로동당의 조직체계," 세종연구소 북한연구센터 엮음, 『북한의 당·국가기구·군대』, 서울: 한울아카데미, 2011, pp. 213-217.

는 2013년 김정은이 자신의 통치권을 강화하기 위해 선언한 '당의 유일적 영도체계 확립의 10대 원칙'[17]의 본질을 이룬다. 김정은은 유일적 영도체계를 "수령의 혁명사상을 유일한 지도적 지침으로 삼고 유일적 영도 밑에 혁명사업과 건설사업을 진행하는 사상체계이자 영도체계"라고 규정하였다.[18, 19] 이러한 발언이 무엇을 의미하는지는 김정은의 다음과 같은 요구에 명확히 드러나 있다.

---

17 이 10대 원칙은 다음과 같다.
    1. 온 사회를 김일성-김정일주의화하기 위하여 몸 바쳐 투쟁하여야 한다.
    2. 위대한 김일성 동지와 김정일 동지를 우리 당과 인민의 영원한 수령으로, 주체의 태양으로 높이 받들어 모셔야 한다.
    3. 위대한 김일성 동지와 김정일 동지의 권위, 당의 권위를 절대화하여 결사옹위하여야 한다.
    4. 위대한 김일성 동지와 김정일 동지의 혁명사상과 그 구현인 당의 노선과 정책으로 철저히 무장하여야 한다.
    5. 위대한 김일성 동지와 김정일 동지의 유훈, 당의 노선과 방침 관철에서 무조건성의 원칙을 철저히 지켜야 한다.
    6. 영도자를 중심으로 하는 전당의 사상의지적 통일과 혁명적 단결을 백방으로 강화하여야 한다.
    7. 위대한 김일성 동지와 김정일 동지를 따라 배워 고상한 정신도덕적 풍모와 혁명적 사업방법, 인민적 사업작풍을 지녀야 한다.
    8. 당과 수령이 안겨준 정치적 생명을 귀중히 간직하며, 당의 신임과 배려에 높은 정치적 자각과 사업실적으로 보답하여야 한다.
    9. 당의 유일적 영도 밑에 전당, 전국, 전군이 하나와 같이 움직이는 강한 조직규율을 세워야 한다.
    10. 위대한 김일성 동지가 개척하고 김일성 동지와 김정일 동지가 이끌어 온 주체혁명위업, 선군혁명위업을 대를 이어 끝까지 계승완성하여야 한다.
18 김정은, "혁명발전의 요구에 맞게 당의 유일적 령도체계를 더욱 철저히 세울데 대하여," 이시마루 지로 편, 『북한내부영상·문서자료집: 김정은의 새 '10대 원칙' 책정·보급과 장성택 숙청』, 동경: ASIAPRESS, 2014.
19 1970년대 중반 제정된 '당의 유일사상체계 확립의 10대 원칙'을 개정한 내용이다. 본문의 주요 내용은 주 17을 참조. 변경사항 및 그 의의에 대해서는 강동완·김현정, "북한의 '당의 유일적 령도체계 확립의 10대 원칙' 개정 의미와 북한주민들의 인식," 『북한연구학회보』, 제19권 1호, 2015 또는 오경섭, "10대 원칙 개정의 주요 내용과 정치적 의미," 『정세와 정책』, 9월호, 2013을 참조.

"당의 유일적 영도체계 확립의 10대 원칙은 모든 당원과 근로자들이 10대 원칙을 자기의 뼈와 살로, 확고부동한 신념으로 만들고, 장소와 하는 일을 불문하고 10대 원칙에 따라 생활하고 투쟁할 수 있도록 모든 단계의 조직에 자리 잡아야 한다."

물론 그 의미는 모든 북한 주민이 10대 원칙을 준수하고 이에 따라 생활해야 한다는 것이다. 다시 말해 유일적 영도체계라는 사상은 지도자가 최상층에 있는 하나의 유기적 전체로 북한 사회를 개념화하기 때문에 사회 전체에 대한 절대적 무소불위 권력인 김정은에게 절대적으로 복종할 것을 요구한다. 이는 김정은이 자신의 부친 김정일과 조부 김일성을 지속적으로 우상화하면서 주체사상 및 선군사상과 관련된 이들의 "위업"을 "대를 이어 끝까지 계승 완성하여야" 한다고 요구하고 있다는 사실이 뒷받침한다.[20] 이에 따라 모두가 당 중앙의 사상을 추종하고 죽음을 무릅쓰고라도 당 중앙 지도자들의 명령과 지시를 따라야만 혁명을 지속 및 완수할 수 있다는, 단순하면서도 반박이 쉽지 않은 논리가 자리 잡게 된다.[21] 10대 원칙은 북한의 정치체제에서 가장 강력한 규제적 권위를 지니고 있으며, 심지어 조선로동당의 규약, 강령 및 일반 법규보다도 상위에 있다. 오직 '수령의 교시'만 10대 원칙에 우선할 수 있다.[22]

---

20 김정은, "혁명발전의 요구에 맞게 당의 유일적 령도체계를 더욱 철저히 세울데 대하여."
21 이종석, 『현대 북한의 이해』, pp. 221-233.
22 이상신, "북한의 정당체계와 통일," 이현출 편, 『북한 체제전환기 민주화 유도 및 정당의 역할』, 서울: 한국정치학회, 2012, p. 92.

2. 독일통일 과정에서의 독일사회주의통일당

1989년 10월 동독 혁명 당시 동독과 서독의 많은 시민들은 동독 정부가 1989년 6월 천안문 광장에서 있었던 대학생 시위를 중국 정부가 폭력적으로 진압한 것과 같은 방식을 따를 것이라고 우려하였다. 천안문 사태 이후 중국을 방문한 에곤 크렌츠(Egon Krenz)는 성명서를 통해 시위대에 대한 중국 군대의 잔혹한 조치를 옹호하였다. 동독 정부가 심각한 사상자를 초래할 수 있는 무력 진압에 호소하였다면 독일사회주의통일당(SED)은 그 책임에서 자유로울 수 없었을 것이며, 이에 따라 통일 과정에서 시민들이 법 규정과 무관하게 SED의 해산을 요구하였을 것이나, 결과적으로 그러한 일은 발생하지 않았다.[23]

40년간 동독의 국가 정당이었던 SED의 처리 방식에 대한 논란이 있었으나, 다음과 같은 두 가지 이유 때문에 주요 현안으로 다루어지지 않았다. 첫째, 전문가들은 통일 이후 SED의 후신인 민주사회주의당(PDS: Partei des Demokratischen Sozialismus)이 전환 과정에 적응하지 못하고 자본주의에 반대하며 항의만 하는 시위정당 또는 구 공산주의 관료들만이 지지하는 결손정당(deficit party)에 불과해질 것이므로 구 동독 지역의 경제 재건이 이루어지면 과거 동독에서의 정치적 활동으로 인해 시민들의 지원을 받지 못한 채 사라지거나 독일사회민주당(SPD: Sozialistische Partei Deutschlands) 또는 녹색당(Die Grüne)에 흡수될 것이라고 판단하였다. 실제로 통일 후 최초로 치러진 1990년 12월 총선에서 PDS의 득표율은 비례대표 의석 배분에 필요한 최소 득표율

---

23 Werner Pfennig, "Wandlungen der Sozialistischen Einheitspartei Deutschlands," Lee Eun-Jeung und Werner Pfennig. Hrsg, *20 Jahre Deutsche Wiedervereinigung Band 23*, Berlin: Institut für Koreastudien, 2011 참조.

인 5%에 미치지 못하였으나, 통일에 따른 예외 조항 덕분에 득표율에 따른 의석을 배분받을 수 있었다.[24] 둘째, SED는 예컨대 총선에 참여하기로 결정하고 통일 과정에 동의하면서 자유민주주의라는 새로운 체제를 절차적으로 수용하였다. 1989년 12월 초 인민의회(Volkskammer)는 공식적으로 부여된 SED의 최고 지위를 헌법에서 삭제하였고, 얼마 후에는 연속적으로 개최된 두 차례의 당 회의를 통해 SED의 당명을 SED-PDS로 변경하였고 스탈린주의와 취소 불가능한 방식으로 결별한다는 선언을 발표하였다. 이 시기에 SED는 인력, 조직 및 프로그램 내용과 관련된 자체 개혁에 착수하였다. 이후 1990년 초에는 당명을 PDS로 재차 개정하였고, 15년 후인 2005년 총선 준비 기간에는 1990년 12월 독일 통일 이후 최초 총선에서 SPD의 총리 후보로 나서기도 했던 오스카 라퐁텐(Oskar Lafontaine)이 몸담고 있던 서독 좌파 정당인 '노동과 사회정의를 위한 선거 대안(WASG: Arbeit und soziale Gerechitigkeit – Die Wahlalternative)'과 선거연대를 하였다. 이후 2007년 WASG와 최종적으로 합당하여 탄생한 신생 정당은 당명을 좌파당(Die Linke)으로 채택하였으며, 좌파당은 오늘날까지 이어지고 있다.

동독이 40년간 유지되는 동안 당원 약 250만 명의 지지를 받아온 SED가 강제해산을 당하였다면 통일 직후 정치적 불안정을 초래하였으리라고 가정하는 것이 합리적일 것이다. 따라서 SED의 운명을 SED 자체 및 유권자의 개혁 의지에 맡긴 것은 적절하였다고 볼 수 있다. 시간이 흐르면서 SED는 구 동독 지역에 거주하는 많은 시민의 이해를 대변하는 정당으로 변혁되었고, 이에 따라 완전히 새로운 독일에서 민주적 의회

---

24   Marten Breuer, "Die erste gesamtdeutsche Bundestagswahl 1990 und die Folgen für das Parteiensystem," Eckhard Jesse and Eckart Klein. eds. *Das Parteienspektrum im wiedervereinigten Deutschland,* Berlin: Duncker & Humblot, 2007.

제도가 신속하고 원활하게 운영되는 데 기여하였다.[25] 〈표 2.1〉에 제시된 바와 같이, 통일 직후에는 선거 지지율이 상대적으로 미약하였고 지금까지 10% 선을 넘어선 경우가 단 1회(2009년)에 불과하였으나, 전반적인 추세를 살펴보면 지지율이 분명히 상승하였음을 알 수 있다. 명백한 이유로 인해 그러한 추세는 특히 구 동독 지역에서 두드러지지만 구 서독 지역에서도 유사한 추세를 보이고 있으며, 이는 비록 지지하는 유권자의 비율이 낮더라도 꾸준한 지지를 받고 있음을 반영하고 있다. 지방 단위(Länder)의 경우, 비록 구 서독 지역에서의 성과가 구 동독 지역에 미치지는 못하고 있으나 좌파당의 정치적·사회적 적절성을 보다 확연하게 보여준다. 구 동독 지역의 경우 좌파당은 모든 주의회에 의원을 두고 있고, 3개 주정부에서 연립정부(governing coalition)의 일부를 구성하고 있으며, 튀링겐주에서는 제1당으로 통일 이후 최초로 주총리를 당선시키기까지 하였다.

표 2.1. 통일 이후 독일사회주의통일당(SED)의 후속 정당 득표율

연도	득표율(%)			의회 의석수 (600석 내외)
	전국	구 동독 지역	구 서독 지역	
1990	2.4	11.1	0.3	17
1994	4.4	17.7	0.9	30
1998	5.1	19.5	1.1	35
2002	4	16.8	1.1	2
2005	8.7	25.4	4.9	54
2009	11.9	27.2	10.3	76
2013	8.6	21.2	5.3	64
2017	9.2	17.4	7.4	69

출처: Bundeswahlleiter(www.bundeswahlleiter.de)

25   김경래·허준영, "통일과정에서의 동서독 정당체계의 변모와 정책적 시사점," 통일부 편, 『(독일통일 총서) 정당분야 통합 관련 정책문서』, 서울: 통일부, 2014, p. 93.

독일통일 과정에서 SED 또는 그 후속 정당(PDS, Die Linke)의 역할에 결함이나 실수가 없었던 것은 아니나, 당의 변혁과 그 영향은 통일 과정에 전반적으로 기여하였다(아래의 3항 참조).[26] 일반적으로 SED와 그 후속 정당은 통일 과정이 상대적으로 순조롭게 진행되고 통일 이후 독일에서 정당정치가 상대적으로 건전하게 발전하고 정치적 안정이 자리 잡는 데 기여하였다. 민주적 절차를 통해 시민들이 당의 운명을 결정하도록 하였을 뿐만 아니라 구 동독 지역에 거주하는 많은 시민의 이해가 고려되고 대변되었다는 사실이 중요하다. 그러한 과정이 시민들의 마음과 생각의 통합을 촉진하였기 때문이다.

3. 한국의 향후 시나리오와 관련하여 독일 사례가 지닌 유용성 및 비교가능성

SED와 그 후속 정당이 통일 과정에서 담당한 역할을 포함하여 한국이 독일통일에서 도출할 수 있는 교훈에 관해 여러 문헌(각주1 참조)에서 다루고 있다. 조선로동당과 SED의 특성 및 발전 과정에 대한 앞선 논의에서는 두 사례를 연결할 수 있는 가능성을 시사하는 기본적 유사점을 제시하였다. 그러나 이에 대해 신중하게 접근하여야 할 두 가지 이유가 존재한다. 첫째, 독일의 사례가 국가 통일 과정이라는 맥락에서 정당이 사회·정치적 통합 과정에서 촉진적인 역할을 담당한 성공 사례이므로 한반도에도 그대로 적용할 만한 가치가 있다고 하기에는 이론의 여지가 있다. 둘째, 설령 독일의 사례가 독일통일을 저해하기보다는 도움이 되었다고 평가할 수 있다고 하더라도 한국의 향후 시나리오와의 비교가능

---

26   그러한 발전 과정에서 나타난 명백한 단점에 대해서는 김경래·허준영, "통일과정에서의 동서독 정당체계의 변모와 정책적 시사점," pp. 94-107 참조.

성과 관련하여 합리적인 준거 사례가 되는가에 대해서는 여전히 의심스러운 부분이 존재한다.

독일통일 과정에서 SED가 담당한 역할과 관련하여, 대부분의 연구에서는 SED의 활동과 영향이 방해가 되는 동시에 도움이 되었다고 주장한다.[27] 상당한 기간 동안 SED 및 그 후속 정당은 구 사회주의 독재체제의 사상, 방식 및 인물로부터 벗어나지 못하였으나, 현재는 많은 세대교체가 이루어져 새로운 정치체제에서 자유롭고 공정한 선거를 통해 정당성을 민주적으로 부여받았다. 그러나 이와 관련하여 문제점으로 지적되는 점은 후속 정당이 민주 혁명 및 이에 따른 권위주의 체제 극복과 양립 불가능할 정도는 아니더라도 이를 반대하는 위치에 있다는 사실이다. 또한 PDS는 초기에 구 동독 지역의 제도권에 진입할 수 있을 정도의 지지만 받고 있던 상태에서 국가 통합이 아니라 국가 분열을 초래할 수 있는 지역정당으로 자리 잡았다. 그러나 여러 연구에서는 부정적인 영향 외에도 그러한 새롭고 부분적인 이해의 대변이 진정한 자유민주주의 사회에서 다양성과 다원성을 다루기 위해 필요한 방식일 뿐만 아니라 그러한 사회의 일부를 대변하여 행동하는 정당이 존재함으로써 사회통합에 도움이 될 수도 있음을 잠재적으로 인정하고 있다.[28] 다시 말해 정치적 제

---

27 강원택, 2011, p. 72; 김경미, "독일 통일과 정당체제의 변화: 민주사회주의당(PDS)을 중심으로," 『사회과학연구』, 제10권, 2002, p. 47; 박종철 외, 『통일 이후 통합을 위한 갈등해소 방안 : 사례연구 및 분야별 갈등해소의 기본방향』, 서울: 통일연구원, 2004, pp. 75-93; Park KG 2000, p. 156; 송태수, "독일 통일에서 정당의 역할," 『사회과학 연구』, 제14권 1호, 2006, p. 275; Lars Vogel & Heinrich Best, "Political Elites in Transition and Unification: German Lessons for the Korean Peninsula?" *Historical Social Research,* Vol. 41, No. 3, 2016; Thorsten Holzhauser, "Neoliberalismus und Nostalgie Politische Re-Formationen und die Entstehung der Linkspartei im vereinten Deutschland," *Geschichte und Gesellschaft,* Vol. 44, 2018, p. 614.

28 Holzhauser(2018a)는 독일 녹색당과 좌파당의 사례를 분석하면서 극단적이거나 반체제적인 정당의 "교화(domestication)"가 민주주의에 도움이 될 수 있음을 예시하고 있다.

도권 내에서 그러한 소수 계층이 목소리를 낼 수 있도록 함으로써 이들이 새로운 주류에서 소외되었다는 생각을 덜 하게 되며, 이에 따라 SED를 강제로 해산시켰을 경우 나타날 수 있는, 훨씬 심각한 방식으로 통일체제의 안정을 저해할 수 있는 극단적 형태의 항의 시위 또는 전면적인 대결에 호소할 가능성이 낮아졌다고 볼 수 있다. 마지막으로, 지난 수십년간 SED는 독일 대부분의 지역에서 지지층을 보유한 주요한 좌파정당으로 발전하였으며, 강력한 소수정당으로서 중요한 역할을 담당하고 있음을 지적하고자 한다.

기존의 문헌에서는 독일의 사례가 한국의 시나리오를 위한 교훈을 도출하기에 적절한 것인가와 관련해서도 확정적인 결론에 이르지 못하고 있다. 두 사례 간에 근본적인 차이점이 존재하는 것으로 알려져 있으며, 이에 따라 독일의 사례를 참고할 때는 신중해야 한다.[29] 무엇보다도 정당의 제도화 결여, 강한 지역정서, 부패 문화, 취약한 민주주의 공고화, 정당들의 극단적인 조직 이기주의 등의 측면에서 한국의 정당제도가 처한 상황은 구 서독에 비해 훨씬 열악하기 때문에 한국에서 통일 과정을 건전하게 뒷받침하기가 더 어려운 실정이다.[30] 또한 북한의 경제 상황은 통일 당시의 동독보다 훨씬 열악하다. 아울러 북한은 동독과 같은 수준의 민주주의 경험이 결여되어 있으며, 동독은 소멸할 때까지 소련의 지원을 향유한 반면 북한은 소련 및 중국으로부터의 자율성을 최대

---

29 김경래·허준영, "통일과정에서의 동서독 정당체계의 변모와 정책적 시사점," ; 이상신, "북한의 정당체계와 통일," 이현출 편, 『북한 체제전환기 민주화 유도 및 정당의 역할』, 서울: 한국정치학회, 2012.

30 볼프강 메르켈·아우렐 크루아상, "정당 및 정당제도가 한국의 통일과 민주화에 미치는 영향," 좌승희·문정인·노정호 편, 『한반도 통일핸드북 (I)』, 서울: 한국경제연구원, 2003, pp. 304-305.

한 확보하기 위해 모든 노력을 기울여왔다.[31] 더구나 북한에는 전환 과정에서 한국 정당들의 도킹 스테이션 역할을 담당할 동독의 위성정당(bloc party)에 필적할 만한 정당들이 존재하지 않으며, 새롭고 민주적인 정당제도의 구축을 지원할 수 있는 사회·정치적 자율 조직도 북한에는 없다.[32] 또한 한 국가의 분단 지역 간 전쟁이었던 한국전쟁의 경험과 이의 영향이 고려되어야 한다는 것이 또 다른 근본적 차이로 자주 인용되고 있을 뿐만 아니라, 시대적 차이(독일의 통일은 이미 발생한 사건으로서 일종의 선례로 존재할 뿐만 아니라 통일 당시 및 현재 기준으로 상이한 국제적 위치를 점하고 있다는 점)가 차별적 지표(discriminative indicator)로 작용할 수 있다. 마지막으로, 상기 논의는 특성 및 정치적 세력 범위(political reach)와 관련하여 조선로동당과 SED가 현격한 차이를 보임을 시사한다. 그러나 이러한 차이에도 불구하고 독일의 통일과 SED는 한반도의 향후 시나리오와 관련된 교훈을 신중하게 도출하기에 유효한 사례라고 할 수 있다. 현재로서는 건설적인 사례로 고려할 만한 별다른 선례를 발견하기 어려운 것이 사실이다.[33]

---

31 이상신, "북한의 정당체계와 통일," pp. 87-88.
32 볼프강 메르켈·아우렐 크루아상, "정당 및 정당제도가 한국의 통일과 민주화에 미치는 영향," p. 306.
33 다른 견해에 대해서는 이상신, "북한의 정당체계와 통일," 이현출 편, 『북한 체제전환기 민주화 유도 및 정당의 역할』, 서울: 한국정치학회, 2012를 참조. 해당 연구에서는 한국과 독일 간의 차이가 크기 때문에 알바니아의 사례와 비교하는 방식이 더 유용할 것이라고 주장한다.

III. 한국 내 북한이주민 표본의 추출

2018년 12월 현재 북한이주민 3만여 명이 한국에 거주하고 있다.[34] 일반적으로 북한주민들은 북쪽의 중국 국경을 넘어 캄보디아, 중국, 몽골 또는 태국 등에서 수개월 또는 수년간 체류하다가 한국에 입국한다(〈그림 3.1〉 참조). 북한이주민은 정부로부터 정착금을 일시불로 지원받아 새로이 귀화한 시민으로서의 삶을 시작하기 전에 간첩 행위 및 기타 범죄와 관련하여 국가정보원의 철저한 조사를 받아야 하며, 지정된 정부 시설에서 3개월간의 교육 과정을 의무적으로 거쳐야 한다.

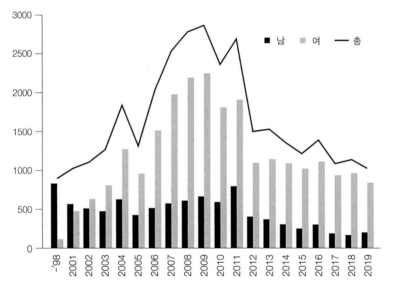

그림 3.1 한국에 연간 입국하는 북한이주민 수(단위: 명)
출처: 통일부 북한이탈주민 통계

---

34   공공데이터포털, "통일부 북한이탈주민 통계"; https://www.data.go.kr/data/15019661/fileData.do(검색일: 2020년 8월 1일).

한국에 거주하는 북한이주민들의 의견을 묻는 설문조사는 2016년 실시되었으며, 작성된 총 356건의 설문지가 수집되어 본 분석 연구의 기초자료로 사용되었다. 설문지에 수록된 25개 문항은 기본적인 인적 정보 및 사회경제적 정보, 탈북 및 한국 입국 사유, 조선로동당 가입 여부, 북한 거주 당시 및 현재 기준 조선로동당에 대한 평가 및 신뢰도, 탈권위주의 체제로 전환 시 조선로동당의 향후 발전 방향에 관한 의견 등을 묻는 내용이었다.

대부분의 응답자들은 2016년 하반기에 한국에 도착하였으며, 그중 대다수는 여성(n=282, 79.2%)이고, 남성(n=74, 20.8%)은 소수에 불과하였다. 연령의 경우, 전체의 3.9%는 20세 미만이었고, 20~40대가 가장 큰 비중인 85.1%를 차지하였으며, 50세 이상 응답자는 전체 표본의 10.4%에 해당하였다. 북한이주민들에게서 전형적으로 나타나는 바와 같이 본 설문조사에서 대부분의 응답자(81.5%)는 북한 국경 지역인 함경북도, 양강도, 자강도 및 평안북도 출신이었으며,[35] 함경북도 및 양강도에 거주한 응답자들은 전체의 4분의 3 이상(78.1%)을 차지하였다. 응답자 대부분은 북한 거주 당시 근로자(34.6%)였고, 농업인(13.7%), 가정주부(9%) 및 사업가(7.2%)가 뒤를 이었으며, 19.1%는 무직자였다. 다시 말해 응답자 중 거의 절반(근로자 및 농업인)이 노동자 계층(working class)에 속하였으며, 6%만이 전문직 종사자, 종업원 또는 교사였다. 대부분의 응답자(74%)는 중학교 교육까지 받았으며, 16.9%만이 전문대

35 Hur Aram, "Adopting to democracy: identity and the political development of North Korean defectors," *Journal of East Asian Studies, Vol.* 18, 2018, pp. 102-103; Steven Denney & Christoher Green, "Unification in action? The national identity of North Korean defector-migrants: insights and implications," *KEIA Academic Paper Series,* Oct 1, 2018.

를 포함한 고등교육을 받았다. 여타의 북한이주민 표본[36]과 마찬가지로 가장 많은 수의 응답자(56.4%)가 탈북 및 한국 입국 사유로 경제적 이유를 들었고, 23%는 정치적 자유를 얻기 위해서라고 응답하였다. 한국 입국 사유로는 더 나은 교육을 받기 위해서라는 응답(8.4%)도 있었다. 탈북 시점부터 한국에 입국하기까지 경과한 시간의 경우, 전체 응답자 중 27.0%는 한국에 입국하기 전 중국 등 제3국에 1년 미만으로 체류한 반면, 비슷한 비율인 28.4%는 제3국에 10년 이상 체류하였다.

우선 위에서 언급한 표본 설명과 관련하여 몇 가지 한계가 존재함을 지적하고자 한다. 첫째, 연령, 계층, 거주지, 교육 및 성별과 관련된 응답자들의 비율 분포는 전체 북한 주민을 대표하는 것이 아니다. 두드러진 차이는 응답자 대부분의 출신 지역으로, 거의 모든 응답자가 국경 지역 출신이다. 더 분명한 차이는 이들 응답자가 북한 생활에 상당한 정도로 불만을 느꼈기 때문에 북한을 떠났다는 사실로서, 이는 조선로동당에 대한 평가에 관한 문항과 관련하여 표본 왜곡을 발생시킬 수 있다. 이러한 단점에도 불구하고 해당 표본은 조선로동당에 대한 북한인들의 견해에 대해 가장 효과적으로 탐구할 수 있는 대리변수(proxy)로 간주되었다. 본 사례연구에서는 (1) 조선로동당에 대한 과거의 평가, (2) 조선로동당에 대한 현재의 평가 및 (3) 조선로동당의 향후 잠재력에 대한 전망을 분석하기 위해 다음과 같은 문항에 대한 응답들을 선정하였다.

---

36   Hur Aram, "Adopting to democracy: identity and the political development of North Korean defectors," *Journal of East Asian Studies, Vol.* 18, 2018, p. 103; Stephan Haggard & Marcus Noland, *Witness to transformation. Refugee insights into North Korea,* Washington D.C.: PIIE, 2011, p. 30.

조선로동당에 대한 과거의 평가

1-1. 북한에서 살고 있었을 때, 학교 등에서 로동당을 인민을 위한 당으로 배웠는데, 사회생활을 하면서 조선로동당에 대해 어떻게 생각하였습니까? (Q 1-1)

1-2. 북한에 살고 있었을 때, 조선로동당을 얼마나 신뢰하였습니까? (Q 1-2)

1-3. 북한에 살고 있었을 때, 조선로동당이 누구를 위한 당이라고 생각하였습니까? (Q 1-3)

조선로동당에 대한 현재의 평가

2-1. 귀하는 현재의 시각에서 조선로동당에 대해 어떻게 평가하고 있습니까? (Q 2-1)

2-2. 귀하는 현재의 시각에서 조선로동당이 누구를 위한 당이라고 생각하십니까? (Q 2-2)

조선로동당의 미래에 대한 전망

3-1. 남북한이 통일이 된다면, 조선로동당을 어떻게 하는 것(다루는 것)이 가장 바람직하다고 보십니까? (Q 3-1)

3-2. 남북한이 통일이 된다면 조선로동당이 어떻게 되리라고 예상하십니까? (Q 3-2)

IV. 조선로동당의 과거, 현재 및 미래에 대한 인식

1. 조선로동당에 대한 과거의 평가

첫 번째 문항 집합은 응답자들이 조선로동당의 기본적 신뢰성, 실제 성과 및 조직 목적에 대해 어떻게 평가하고 있는지 파악하기 위해 설계된 것이다. 조선로동당에 대한 응답자들의 평가는 조선로동당의 향후 역할에 대한 판단(아래 2항에서 논의되는)의 기초가 되는 것으로 이해할 수 있다.

첫 번째 문항(Q 1-1: 북한에 살고 있었을 때, 사회생활을 하면서 조선로동당에 대해 어떻게 생각했는지?)은 조선로동당이 인민을 위해 존재하고 학교와 직장에서의 사회적 삶에 있어서 조화를 촉진하기 위해 존재한다는 당의 주장을 어떻게 평가하는지를 묻는 내용이다(〈그림 4.1〉 참조). 이 문항은 구체적인 생활 여건과 직접적으로 관련되는 것이기 때문에 판단 기준이 덜 추상적이며, 자기검열의 정도가 낮은 상태에서 응답이 제시될 수 있을 것으로 가정하였다. 북한 거주 당시 조선로동당이 공약을 제대로 이행하였다고 응답한 비율은 소수(5.1%)에 불과하였으며, 거의 5배에 이르는 응답자들(27.8%)은 조선로동당이 스스로 주장하는 바를 이행하지 않았다고 응답하였다. 한편 23.6%는 중립적인 응답으로서, 조선로동당이 때로는 공약을 이행하고 때로는 그렇지 않았다고 평가하였다. 전체 응답자 중 4분의 1 이상(27.2%)은 조선로동당에 대해 일체 판단하지 않고 있는 그대로 받아들였다고 응답하면서 평가를 유보하였다. 다시 말해 북한이주민들은 북한 거주 당시 조선로동당에 대한 기본적 평가에서 명백히 비판적인 태도를 보였다.

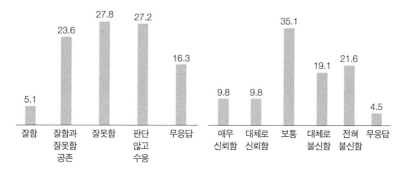

그림 4.1 북한 거주 당시 조선로동당의 성과에 대한 평가 (단위: %)

그림 4.2 북한 거주 당시 조선로동당의 신뢰성에 대한 평가 (단위: %)

　　두 번째 문항(Q 1-2: 설문–북한에 살고 있었을 때, 조선로동당을 얼마나 신뢰하였는지?)은 응답자들이 북한 거주 당시 조선로동당을 얼마나 신뢰하였는가에 대해 묻는 내용이다(〈그림 4.2〉 참조). 전체의 절반을 약간 넘는 응답자들(54.7%)은 조선로동당을 신뢰하였다고 응답한 반면, 40.7%는 신뢰하지 않았다고 응답하였다. 다분히 중립적인/중간적인 응답("보통")을 제외하고 개별 응답의 분포를 좀 더 자세히 살펴보면 조선로동당을 신뢰하지 않는다는 응답("전혀(완전히) 불신함"+"대체로 불신함"=40.7%)이 신뢰한다는 응답("매우 신뢰함"+"대체로 신뢰함"=19.6%)보다 2배 정도 많았다. 따라서 상당수의 응답자들은 북한 거주 당시 조선로동당을 그다지(또는 전혀) 신뢰하지 않았음을 알 수 있다.

　　세 번째 문항(Q 1-3: 북한에 살고 있었을 때, 조선로동당이 누구를 위한 당이라고 생각하셨습니까?)은 응답자들이 북한 거주 당시 조선로동당의 실제 존재 목적이 무엇이라고 생각하였는지를 파악하기 위한 것이다. 다시 말해 조선로동당에 대한 긍정적 평가 또는 부정적 평가의 이면에 존재할 수 있는 주요 원인을 발견하기 위한 문항이다(응답선택지: ①북한주민 모두를 위한 당, ②다수의 북한주민을 위한 당, ③북한 지도층 일부만을 위한 당, ④김정은 등 김씨 가족만을 위한 당의 4가지가 주어졌다). 전체 응답자 중 4분의 1에도 미치지 못하는 이들(23.9%)만이 조선로동당이 북한주민 전체 또는 다수를 위해 존재한다고 생각하였다. 반면 대부분의 응답자(69.6%)는 조선로동당이 일부 엘리트 계층 또는 김씨 일가만을 위해 존재한다고 생각하였다.

요컨대 세 문항 모두 응답자들의 북한 거주 당시 조선로동당에 대한 평가에 관한 것이었으며, 모든 응답이 조선로동당의 성과, 신뢰도 및 공약 이행 정도에 대해 상당히 비판적이었다.

2. 조선로동당에 대한 현재의 평가

두 번째 문항 집합은 북한이주민들이 한국 거주 중인 현재 조선로동당의 신뢰성 및 존재 목적에 대해 어떻게 평가하고 있는지에 관한 내용이다. 이러한 방식의 문항 재구성은 응답자들로 하여금 시간 및 맥락상의 차이로 인한 평가의 변화를 고려하도록 하기 위한 것이었다. 이들 문항은 북한주민들이 조선로동당에 관한 정보에 자유롭게 접근하고 당에 대한 의견을 자유롭게 제시할 수 있는 향후의 시나리오와 관련되어 있다. 제시된 응답들은 앞서 경우보다 훨씬 비판적인 판단을 담고 있었다(《그림 4.3》 참조). 첫 번째 문항(Q 2-1)의 경우, 북한 거주 당시 기준으로 조선로동당을 "전혀(완전히) 불신함"(21.6%) 및 "대체로 불신함"(19.1%)이라는 응답(40.7%)이 현재 기준 평가에서는 2배 정도 많은 72.7%로 증가하였으며, 북한 거주 당시 기준으로 "매우 신뢰함"(9.8%) 및 "대체로 신뢰함"(9.8%)이라는 응답(19.6%)은 현재 기준 평가에서는 크게 줄어 두 응답의 합계는 3.4%로 나타났다. 또한 중립적인(중간적인) 응답인 "보통"은 35.1%에서 18%로 감소하였다.

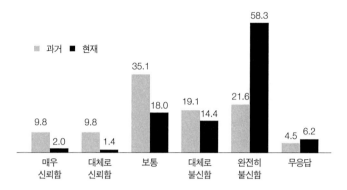

그림 4.3 조선로동당의 신뢰성에 대한 과거와 현재의 평가(단위: %)

조선로동당이 누구를 위한 당이라고 생각하느냐는 문항(Q 2-2)의 경우에는 더 뚜렷한 변화가 발견되었다. 전체 응답자 중 "김정은 등 김씨 일가"(40.4% → 64.9%) 및 "북한 지도층 일부"(29.2% → 25.8%)라고 응답한 비율은 69.6%에서 90.7%로 증가하였다(〈그림 4.4〉 참조).[37] 한편 "다수의 북한주민"(5.6% → 0.8%) 및 "북한주민 모두"(18.3% → 2.5%)이라고 응답한 비율은 23.9%에서 3.3%로 감소하였다.

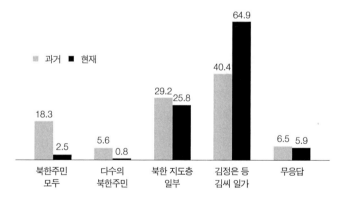

그림 4.4 조선로동당이 누구를 위한 당으로 인식되는가에 대한 과거와 현재의 판단(단위: %)

37 이와 관련하여 전체 응답자 중 86.8%가 조선로동당이 "매우"(47.5%) 또는 "대체로" (20.8%) 부패하였다고 응답하기도 하였다는 사실은 그리 놀랄 만한 일이 아니다.

전체 결과를 살펴보면 응답자 표본의 현재 의견과 관련된 응답들은 과거 의견에 비해 조선로동당에 대해 매우 비판적으로 평가하고 있음이 분명하며, 응답자들이 조선로동당에 대한 사상적 환상을 가지고 있을 여지가 없는 듯하다. 한편 일부 응답자는 조선로동당을 전적으로 거부하지는 않고 여전히 지지하고 있는 것으로 보인다. 예컨대 현재 조선로동당을 신뢰하고 있다는 응답자의 비율이 21.4%나 된다.[38] 조선로동당의 실제 존재 목적에 대한 의견의 경우, 3.3%만이 조선로동당이 "북한주민 모두" 또는 "다수의 북한주민"을 위해 존재한다는 데 동의하였다. 그러나 소위 자유민주주의 체제에서도 정당이 "일부 엘리트 계층"을 위해 존재한다고 응답할 수 있다. 다시 말해 본 조사의 응답 결과를 보면 탈북이주민들은 조선로동당에 대해 명백히 비판적인 경향을 보이고 있으나, 표본 중 소수에 해당하는 응답자들은 여전히 조선로동당을 가깝게 여기고 있다.

3. 조선로동당의 향후 잠재력에 대한 평가

세 번째 문항 집합은 분단 이후 체제로의 전환 과정, 즉 (남한의 체제로) 통일이 된다면 또는 그러한 체제에서 조선로동당이 촉진적 역할을 담당할 수 있는 잠재력 및 역량에 대해 응답자들이 어떻게 평가하고 있는지를 파악하기 위해 설계된 것이다. 이에 대한 응답자들의 견해는 통일 과정에서 남한 체제를 인지한 북한주민들의 입장과 어느 정도 유사할 것으로 가정할 수 있으므로, 현재의 분단 상황이 극복되면 조선로동당이 어느 정도로 그리고 어떤 방식으로 처리되어야 하는지를 파악하는 데 도움이 될 수 있다. 응답자들에게는 통일 시 조선로동당이 어떻게 처리되어

---

38 "매우 신뢰함"(2%), "대체로 신뢰함"(1.4%) 및 "보통"(18%).

야(다루어야) 한다고 생각하느냐는 문항(Q 3-1) 및 어떻게 될 것으로 예상하느냐는 문항(Q 3-2)이 제시되었다. 첫 번째 문항은 개인적이고 규범적인 판단에 관한 질문인 반면, 두 번째 문항은 개인적 전망에 관한 질문이었다.

상대적으로 다수에 속하는 응답자들(46.8%)은 독재에 대한 책임을 물어 조선로동당을 법률적 절차와 관계없이(초법적으로) 강제적으로 해산해야 한다고 응답하였다(〈그림 5.1〉 참조). 반면 21.4%는 정부의 초법적 개입이 아니라 법적 절차 또는 민주적 절차에 근거한 처리를 선호하였다. 그 밖에 20.3%는 조선로동당을 합법적인 정당으로 인정하고 선거를 통한 시민들의 결정에 맡겨야 한다고 응답하였다. 다시 말해 조선로동당의 강제해산을 선호한 응답자는 전체 표본의 약 절반(46.8%)이었으며, 나머지 절반 정도(41.7%)는 "법률적 절차에 따라 처리"하거나 "합법적 정당으로 인정하고 선거를 통해 선택"되는 과정을 선호하였다. 여기서 법규 및 선거를 따른다고 표현하였지만 독일의 사례에서 보듯이 정당해산 문제는 어떤 선택을 하든 그것이 정치적 판단일 수밖에 없게 된다. 독일의 경우 통일 이후 동독 사회주의통일당(SED)을 법률적 절차를 통하여 해산을 시도할 수도 있었다. 그러나 법률적 과정은 지난하고 사회적으로 논란이 많을 수밖에 없고 정당이 해산되더라도 그러한 법률적 절차에 승복하지 않을 수 있기 때문에—특히 동독 40년 동안 이데올로기화된 250만 명의 당원들은 수용하기 어려울 것이기 때문에—갈등은 해결되지 않은 상태로 남게 된다. 또 하나 남은 방식은 민주주의적 절차, 즉 선거의 결과를 따르는 것이다. 사회주의통일당은 이미 40년의 실정으로 통일 과정에서 동독 주민으로부터 외면당하였기 때문에 많은 사람들은 선거를 통해 자연스럽게 도태될 것으로 생각하였다. 통일 독일은 후자의 방식, 즉 선거를 통한 방식으로 동독 공산당의 체제 내 통합문제를 해결하였다. 물론 독일이 통일된 지 30년이 되는 지금 사회주의통일당의 후속 정당(좌파당)이 선거를 통해 도태되지는 않았고, 이제는 독일의 제도권으로 수용된 정당이 되었다. 결과적으로 독일의 방식이 정치통합에 효율적인 방식임이 증명된 것으로 볼 수도 있을 것이다. 통일 독일정부가 이를 의도했는지와는 관계없이 그것은 체제통합에 긍정적인 결과를 가져왔다고 평가할 수 있다.

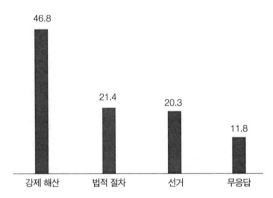

그림 5.1 통일 시 조선로동당의 바람직한 처리 방식(단위: %)

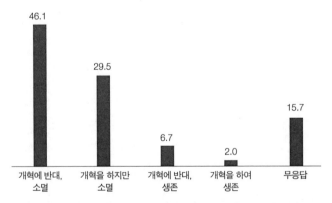

그림 5.2 통일 시 조선로동당이 어떻게 되리라고 예상하는지/강제 또는 법적으로 해산되지 않았을 때 당과 유권자들이 어떻게 선택할 것인지(단위: %)

상기 응답들과 관련하여 두 번째 문항은 "남북한이 통일이 된다면 조선로동당은 어떻게 되리라고 예상하느냐?"는 질문으로 이것은 결국 조선로동당이 강제로나 법적으로 해산되지 않고 그 운명이 시민들에게 맡겨지는 경우에 어떻게 될 가능성이 큰지를 물은 것이다. 대부분의 응답자(75.6%)는 조선로동당이 개혁을 단행하지 않아서(46.1%) 또는 개혁을 단행함에도 불구하고(29.5%) 시민들의 지지를 잃음으로써 소멸하게 될 것이라고 전망하였다. 응답자 중 8.7%만이 조선로동당이 자체 사상의 유지(6.7%) 또는 개혁(2%)을 통해 존속할 것이라고 판단하였다.

따라서 대다수의 응답자들은 조선로동당이 개혁을 단행할 것인가 여부를 불문하고 통일 한국에서 생존하지 못할 것으로 생각하였다. 조선로동당의 바람직한 처리방식에 대해서는 응답자들의 의견이 다소 엇갈리고 있으며, 가장 많은 비율에 속하는 응답자들은 조선로동당에 대한 전반적인 부정적 평가와 궤를 같이하면서 조선로동당의 초법적인 강제 해산을 지지하였으며, 법적 절차에 따른 처리 및 선거를 통한 선택이 뒤를 이었다. 이러한 결과 역시 조선로동당에 대한 불만을 여실히 드러내고 있다. 그러나 조선로동당의 바람직한 처리에 관한 문항의 경우 32.1%(선거 20.3%,[39] 무응답 11.8%)가, 그리고 조선로동당이 통일이 되면 어떻게 되리라고 예상하느냐는 문항의 경우 24.4%[40]는 조선로동당에 대한 거부감을 직접적으로 드러내지 않았다.

---

39 "선거"를 선택한 응답자(20.3%) 중 다수는 조선로동당이 자유롭고 공정한 선거를 통해서도 생존할 수 없으리라고 생각하였을 수 있으나, 이들 응답자 중 일부는 자유민주주의 체제에서 조선로동당에 스스로 가치를 입증할 수 있는 공정한 기회를 부여해야 한다는 의견일 수 있다고 가정하는 것이 합리적이다.

40 "사상 유지 및 존속"(6.7%), "개혁 및 존속"(2%) 및 "무응답"(15.7%).

V. 결론

본 탐색적 연구의 주된 목적은 북한사람들이 조선로동당의 과거, 현재 및 미래에 대해 어떻게 생각하고 있는지를 파악함으로써 향후의 통일 시나리오에서 조선로동당이 담당할 수 있는 역할을 전망하는 것이었다. 표본으로 추출된 한국 거주 북한이주민들에 대한 설문조사 결과에 따르면 응답자 대다수는 북한 거주 당시 조선로동당의 성과, 신뢰성 및 인민을 위한 당으로서의 공약 이행에 대해 비판적인 입장이었다. 북한이주민들의 이러한 부정적 평가는 한국에 거주하고 있는 현재 시점에서 조선로동당을 어떻게 평가하는지에 관한 문항들에 대한 응답에서 소수의 응답자만이 긍정적인 답변을 제시하였다는 점에서 더 두드러지게 나타났다. 이는 다른 여러 연구 결과 및 북한 체제 관련 현안과 관련한 북한이주민들의 의견에 대한 상식적 예상을 뒷받침하는 결과이다.

본 조사 과정에서 중요하게 참고한 사항은 독일의 사례에서 나타난 SED의 후속 정당의 역할과 발전 과정이었다. 후속 정당은 무시되거나 소외될 수 있었던 사회계층(구체제 및/또는 구체제와 관련된 사상에 대한 애착을 가졌고 현재도 가지고 있는)의 마음과 생각을 통합하였다는 의미에서 통일의 촉진제 역할을 하였다. 한국과 독일의 상황에 명백한 차이가 존재함에도 불구하고 구체제 정당의 후속 정당들에 대한 시민들의 양가적(ambivalent) 인식은 큰 차이를 보일 가능성이 희박하다. 한국인 대다수는 조선로동당이 과거에 보인 독재적 행태 및 향후에도 구체제 인사 및 사상이 유지될 가능성 때문에 조선로동당을 비난 및 거부할 것이나, 일부 계층은 조선로동당을 새로운 자유민주주의 체제에서 자신들의 이해를 대변할 수 있는 유일한 수단으로 인식하게 될 것이다. 설문조사 결과에 따르면, 북한을 의도적으로 떠난 사람들로 표본이 구성되었음에도 불구하고 모든 응답자가 조선로동당을 전적으로 거부하지는 않았다. 전체 응답자 중 20~30%는 조선로동당을 전적으로 거부하지 않는 것으로 나타났으며(261쪽 IV절 3항 마지막 문단 참고), 이러한 결과는 자본주의적 자유민주주의 체제의 규범 및 사상과 관련하여 북한이주민들이 한국생활에 순응하는 방식에 관해 실시된 여러 설문조사의 결과와 일맥상통한다.[41] 다시 말해 통일 한국에서도 비록 소수에 불과할지라도 북한의 구체제를 가깝게 여기는 사람들의 이해를 대변하라는 강력한 요구가 있을 것이며, 통일 한국에서 시민들의 마음과 생각이 전반적으로 통합될 수 있도록 촉진하기 위해 그러한 요구에 부응해야 할 것이다.[42] 따라서 한국의 통일 과정에서 조선로동당의 개혁을 위한 최적의 시나리오(독일 SED의 사례와 다소 유사한)에 따르면 조선로동당은 세대 간 통합[43] 및 엘리트 계층 간 통합[44]의 중요한 기반 및 보완 수단으로서 시민들의 마음과 생각이 통합될 수 있도록 촉진하는 데 기여할 수 있다. 최대한 지속 가능한 통일을 지향하기 위해 준비해야 할 사항이 무수히 많다. 그중 일부는 상대적으로 간접적이고[45] 일부는 보다 직접적이며,[46] 대의민주주의의 제도

41 예컨대 정동준, "북한주민의 남한 문화 경험이 통일의식에 미치는 영향," 『통일과 평화』. 제8권 2호, 2016, p. 130.

42 볼프강 메르켈·아우렐 크루아상, "정당 및 정당제도가 한국의 통일과 민주화에 미치는 영향," p. 310.

43 Michael Hofmann & Bernd Martens, "Generations and Social Structures in Socialist Countries: The German Democratic Republic and East Germany in Comparison with North Korea," *Historical Social Research*, Vol. 41, No. 3, 2016.

44 Lars Vogel & Heinrich Best, "Political Elites in Transition and Unification: German Lessons for the Korean Peninsula?" *Historical Social Research*, Vol. 41, No. 3, 2016.

45 예컨대 Hannes B. Mosler, "Decoding the 'Free Democratic Basic Order' for the Unification of Korea," *Korea Journal*, Vol. 57, No. 2, 2017.

46 볼프강 메르켈·아우렐 크루아상, "정당 및 정당제도가 한국의 통일과 민주화에 미치는 영향," 좌승희·문정인·노정호 편. 『한반도 통일핸드북 (Ⅰ)』. 서울: 한국경제연구원, 2003, pp. 307-313.

화 및 공고화와 관련된 사항들일 것이다. 조선로동당이라는 문제는 '불편한 진실'로 남아 있지 않아야 한다. 다시 말해 해결하기가 너무 어려워 보이는 나머지 모두가 다루기를 주저하는 명백하고 심각한 문제로 남아 있어서는 안 된다는 것이다. 이러한 맥락에서 본 연구는 한계가 있음에도 불구하고, 그 누구도 감히 침묵을 깨려고 하지 않아 역사에 수동적으로 휩쓸리게 되는 상황이 발생하기 전에 미래의 시나리오와 가능성에 대해 고려하기 위한 대화의 시작에 기여하고자 수행되었다.

참고문헌

제1부 제1장 1950년대 북한의 두 '평화의 마음'

1. 북한 문헌

• 단행본

박영근. "번역 문학의 발전을 위한 제 문제." 『제2차 조선 작가 대회 문헌집』. 평양:
　　조선작가동맹출판사, 1956.

• 논문

김정숙. "좋은 번역시들을!." '편집부에 온 독자의 편지.' 『조선문학』. 5월호, 1954.

바푸싸로브. "력사." 『조선문학』. 9월호, 1954.

박산운. "어머니에게." 『조선문학』, 7월호, 1956.

박영근. "외국 문학의 출판 사업 개선을 위하여." 『조선문학』, 9월호, 1956.

＿＿＿. "력사의 종'소리." 『조선문학』, 3월호, 1958.

브. 포름바큐. "이야기." 『조선문학』, 4월호, 1954.

신동철. "작가와 군사적 주제." 『조선문학』, 2월호, 1956.

아르까지 페르웬쩨브. "친우들과의 상봉." 『조선문학』, 5월호, 1956.

엄호석. "시대와 서정 시인." 『조선문학』, 7월호, 1957.

＿＿＿. "인민군대와 조선문학." 『조선문학』, 2월호, 1958.

윤세평. "인민군대의 형상화를 위하여." 『조선문학』, 2월호, 1955.

이완 밀체브. "조선 사람아 손을 다오!." 『조선문학』, 1월호, 1955.

저자불명. "문학에 있어서 전쟁 쩨마." '세계문학소식.' 『조선문학』, 8월호, 1955.

정하천. "조선에서 멀고먼 이 도시에서도 – 라이프치히에서–." 『조선문학』, 4월호, 1957.

＿＿＿. "동무." 『조선문학』, 4월호, 1957.

＿＿＿. "조선의 마음." 『조선문학』, 4월호, 1957.

조령출. "백림이여." 『조선문학』, 10월호, 1955.

한명천. "체코슬로바키야 시초." 『조선문학』, 5월호, 1957.

한설야. "현대 조선 문학의 어제와 오늘." 『조선문학』, 1월호, 1957.

＿＿＿. "아세아 아프리카 작가회의와 관련하여." 『조선문학』, 1월호, 1959.

홍종린. "조선민족은 하나이다!–조선 로동당 제3차 대회 선언을 받들고–." 『조선문학』, 5월호,
　　1956.

2. 국내 문헌

• 단행본

김재용. 『북한문학의 역사적 이해』. 서울: 문학과지성사, 1994.

_____. 『분단구조와 북한문학』. 서울: 소명출판, 2000.

서동만. 『북조선사회주의체제성립사 1945~1961』. 서울: 선인, 2005.

역사문제연구소. 『1950년대 북한의 선택과 굴절』. 서울: 역사비평사, 1998.

_____. 『한국전쟁에 대한 11가지 시선』. 서울: 역사비평사, 2010.

와다 하루키. 서동만 남기정 역. 『북조선: 유격대국가에서 정규군국가로』. 서울: 돌베개, 2002.

이우영 외. 『분단된 마음의 지도』. 서울: 사회평론아카데미, 2017.

이종석. 『조선로동당연구』. 서울: 역사비평사, 1995.

청카이(程凱). "평화염원과 정치동원: 1950년의 평화서명운동." 백원담·임우경, 『'냉전'
아시아의 탄생: 신중국과 한국전쟁』. 서울: 문화과학사, 2013.

• 논문

구갑우. "북한 '핵 담론'의 원형과 마음체계, 1947~1964년." 『현대북한연구』. 17권 1호, 2014.

_____. "북한 소설가 한설야의 '평화'의 마음(1), 1949년." 『현대북한연구』. 18권 3호, 2015.

권철근. "소비에트 전쟁문학의 흐름과 사회주의 리얼리즘." 『외국문학연구』. 8호, 2001.

김성수. "선전과 개인숭배: 북한 『조선문학』의 편집 주체와 특집의 역사적 변모."
『한국근대문학연구』. 32집, 2015.

_____. "사회주의 교양으로서의 독서와 문예지 독자의 위상–북한 『조선문학』 독자란의 역사적
변천과 문화정치적 함의–." 『반교어문연구』. 43권, 2016.

김태경. "제2차 조선작가대회와 사회주의 리얼리즘의 "조선화(Koreanization)"의 시작."
『문화와정치』. 4권 4호, 2017.

_____. "북한 '사회주의 리얼리즘의 조선화(Koreanization)': 문학에서의 당의 유일사상체계의
역사적 형성." 서울대학교 정치학과 박사논문, 2018.

_____. "1950년대 북한 작가들의 평화 재현." 북한연구학회 춘계학술회의 발표논문집, 3월 29일,
2019.

김태우. "냉전 초기 사회주의진영 내부의 전쟁·평화 담론의 충돌과 북한의 한국전쟁 인식 변화."
『역사와 현실』. 83집, 2012.

_____. "냉전 평화론의 사생아: 소련과 북한의 한국전쟁 '북침' 시나리오 조작의 정치적 배경과
과정." 『통일인문학』. 64권, 2015.

_____. "1948-50년 사회주의진영의 평화론과 평화운동의 동아시아적 수용과 변용: 국가별 사례
비교." 『동북아문화연구』. 58집, 2019.

김학재. "'냉전'과 '열전'의 지역적 기원–유럽과 동아시아 냉전의 비교 역사사회학."
『사회와역사』. 114권, 2017.

노경덕. "냉전사와 소련연구." 『역사비평』. 101호, 2012.

쉽첸꼬, 웨. "인류의 머리 우에 평화를!." 『문학신문』. 8월 7일, 1959.

오성호. "제2차 조선작가대회와 전후 북한문학 – 한설야의 보고를 중심으로." 『배달말』, 40권,
2007.

이상숙. "1958년 북한주둔 주국인민지원군 철수의 원인과 영향: 북한의 대중국 협력 확대와
대중동원 경제노선 강화를 중심으로." 『북한연구학회보』, 13권 1호, 2013.

정용욱. "6·25전쟁 이전 북한의 평화운동." 『역사비평』. 106권, 2014a.

_____. "6.25 전쟁~1950년대 후반 북한의 평화운동." 『역사와 현실』. 91권, 2014b.

최명해. "북중 동맹조약 체결에 관한 소고." 『한국정치학회보』. 42집 4호, 2008.

황동하. "냉전에 대한 러시아의 반응-'평화'를 투쟁의 언어로 만들기." 『역사연구』. 34호, 2018a.

_____. "냉전 초(1947~1953년) 소련 포스터에 나타난 '평화' 이미지." 『역사학보』. 238호, 2018b.

3. 외국 문헌

• 단행본

Fast, Piotr. *Ideology, Aesthetics, Literary History: Socialist Realism and its Others*. Peter Lang: Frankfurt am Main, 1999.

• 논문

Kim, Tae-Kyung. "The Making of the "Reader-people" in the 1950~1960s North Korean Socialist Literature." *Asian Perspective*, vol. 43, no. 3 (forthcoming).

Mark, Eduard. "Revolution by Degrees: Stalin's National-Front Strategy for Europe, 1941~1947." Working Paper No. 31, Cold War International History Project (February), 2001.

Zubkova, Elena, trans. and ed., Hugh Ragsdale. *Russia After the War: Hopes, Illusions, and Disappointments, 1945~1957*. London & New York: Routledge, 1998.

ШЕВЧКЕКО, В. "ПОД НЕБОМ ЯПОНИИ." *СМЕНА*, no. 767, 1959.

제1부 제2장 결핍에 대한 북한 주민의 마음의 변화: 『조선신보』를 중심으로

1. 북한 문헌

김일성. 『김일성저작집 14권』. 평양: 조선로동당출판사, 1981a.

_____. 『김일성저작집 15권』. 평양: 조선로동당출판사, 1981b.

_____. 『김일성저작집 20권』. 평양: 조선로동당출판사, 1982.

_____. 『김일성저작집 32권』. 평양: 조선로동당출판사, 1986.

삼일포정보센터. 『조선대백과사전』. 평양: 삼일포정보센터, 2005.

조선백과사전편찬위원회. 『광명백과사전 7』. 평양: 백과사전출판사, 2011.

2. 국내 문헌

강명구. 『한국저널리즘이론: 뉴스, 담론, 이데올로기』. 서울: 나남, 1994.

권재일. 『일반언어학이론』. 서울: 民音社, 1989.

김경호. "결핍과 치유: 관계성에 대한 성찰." 『인문과학연구』. 28호, 2011.

김성경. "북한 주민의 일상과 방법으로서의 마음." 이우영 외. 『분단된 마음의 지도』. 서울:
　　사회평론아카데미, 2017.
쌘딜 멀레이너선·엘다 샤퍼. 이경식 역. 2014. 『결핍의 경제학』. 서울: RHK, 2017.
아서 아사 버거. 이영주 외 옮김. 『커뮤니케이션의 이해, 이론과 사상』. 서울: 커뮤니케이션북스,
　　2012.
양문수. 『북한경제의 시장화: 양태·성격·매커니즘·함의』. 파주: 한울, 2010.
이우영·구갑우. "남북한 접촉지대와 마음의 통합이론: '마음의 지질학' 시론." 이우영 외.
　　『분단된 마음 잇기: 남북의 접촉지대』. 서울: 사회평론아카데미, 2016.
한스-요하임 마즈. 송동준 옮김. 『사이코의 섬: 감정정체, 분단체제의 사회심리』. 서울: 민음사,
　　1994.

3. 해외 문헌

Kornai, Janos. The Socialist Sistem: The Politlcal Economy of Communism. Princeton
　　University Press, 1992.

4. 기타

『로동신문』. 1998. "자립적민족경제건설로선을 끝까지 견지하자."(9월 17일).
＿＿＿. 1999. ≪로동신문≫, 신문 ≪조선인민군≫, ≪청년전위≫ 공동사설 "올해를
　　강성대국건설의 위대한 전환의 해로 빛내이자."(1월 1일).
＿＿＿. 2000. ≪로동신문≫, ≪조선인민군≫, ≪청년전위≫ 공동사설 "당창건 55돐을 맞는
　　올해를 천리마대고조의 불길속에 자랑찬 승리의 해로 빛내이자."(1월 1일).
『조선신보』. 1997. "우리는 가장 어려운 고비를 넘겼다."(6월 26일).
＿＿＿. 1997. "심각한 상태에 이른 가물피해."(7월 28일).
＿＿＿. 1997. "농사작황은 좋지만 긴장상태는 계속된다."(9월 20일).
＿＿＿. 1997a. "공화국의 경제정책은 어떤 방향으로 나아갈것인가?"(10월 31일).
＿＿＿. 1997b. "오늘의 초점."(10월 31일).
＿＿＿. 1998. "김정일시대를 빛내이는 사람들."(2월 23일).
＿＿＿. 2000. "남을 따르는 '세계화'는 필요없어요."(2월 28일).
＿＿＿. 2002. "나라가 허리를 펴면 우리 생활도 풀리겠죠."(10월 9일).
＿＿＿. 2002a. "집단의 힘으로 일어섰다."(11월 22일).
＿＿＿. 2002b. "해설, ≪실리사회주의≫리론의 맹아."(11월 22일).
＿＿＿. 2002. "실행단계에 들어선 조선의 새 세기전략."(12월 25일).
＿＿＿. 2003. "변혁의 현장에서: 두몫, 세몫 일해야 보람."(6월 28일).
＿＿＿. 2003. "변혁의 현장에서: 성황을 이룬 평양국제상품전람회."(8월 25일).
＿＿＿. 2003. "변혁의 현장에서: 평양·신의주 '화장품 질 경쟁'."(9월 23일).
＿＿＿. 2003. "변혁의 현장에서: 미래를 위한 선행투자."(10월 24일).
＿＿＿. 2003. "변혁의 현장에서: 검증되는 개선조치의 생활력."(12월 22일).
＿＿＿. 2004. "변혁의 현장에서: 한 경기 100원, 늘어나는 볼링인구."(4월 19일).

_____. 2004. "변혁의 현장에서: 봉사부문회사가 시작하는 단추생산, 합영으로 새 업종 진출."(8월 13일).

_____. 2005. "변혁의 현장에서: 『평양신문』 경제실리추구와 전자매체의 창간-'신문쟁이'의 기개를 떨치다."(2월 28일).

_____. 2005. "식량공급정상화는 전반경제개선의 징표: 수매량정성 처장이 강조, 종합시장에서는 쌀판매 없어져."(10월 31일).

_____. 2006. "≪겉보기중시≫, 평양의복추세."(2월 27일).

_____. 2008. "≪세계속의 조선≫, 경제의 선택은 ≪자력갱생≫."(1월 16일).

_____. 2009. "속성랭면 하루매상 1,000그릇: 삼일포특산물상점, 년중무휴 24시간 봉사."(7월 29일).

_____. 2010. "이동통신망 확대, 년내에 리용자 60여만명."(4월 21일).

_____. 2013. "농장원들의 높은 생산열의 최고 2.4t의 분배도."(4월 19일).

_____. 2013. "김정은원수님께서 1월 18일 기계종합공장을 현지지도."(6월 26일).

_____. 2016. "≪증산-판매-증산≫의 선순환."(11월 7일).

_____. 2016. "생활향상에 맞게 다양화, 고도화."(11월 29일).

_____. 2017. "제품의 다종화를 위한 노력."(3월 17일).

_____. 2017. "수요에 맞게 다종다양화."(9월 1일).

제2부 제3장 북중접경지역 국경 형성과 '조선인'의 혼종성: 식민시기와 냉전시기를 중심으로

1. 한국어 문헌

국립민속박물관. 『중국 길림성 한인동포의 생활문화』. 서울: 국립민속박물관, 1996.

국립민속민속박물관. 『중국 요녕성 한인동포의 생활문화』. 서울: 국립민속박물관, 1997.

김일성. "일제를 반대하는 무장투쟁을 조직전개할데 대하여: 연길현 명월구에서 진행된 당및공청간부회의에서 한 연설(1931년 12월 16일)." 『김일성저작집 1권』. 평양: 조선로동당출판사, 1979.

_____. "조국광복회창립선언(1936년 5월 5일)." 『김일성저작집 1권』. 평양: 조선로동당출판사, 1979.

_____. "조선공산주의자들의 임무: 조선인민혁명군 대내기관지 〈서광〉에 발표한 론문(1937년 11월 10일)." 『김일성저작집 1권』. 평양: 조선로동당출판사, 1979.

_____. "프로레타리아국제주의와 조선인민의 투쟁(1952년 4월 25일)." 『김일성 저작집 7권』. 평양: 조선로동당출판사, 1980.

_____. "조중 량국 인민의 전투적우의 중화인민공화국창건 10돐에 즈음하여 《인민일보》에 발표한 론설(1959년 9월 26일)." 『김일성저작집 13권』. 평양: 조선로동당출판사, 1981.

곽승지. 『조선족, 그들은 누구인가』. 서울: 인간사랑, 2013.

김재용. "안수길의 만주체험과 재현의 정치학: 국민국가체제 내에서의 디아스포라적 상상력." 『만주연구』, 제12집, 2011.

길재준·리상전.『중국 동북해방전쟁을 도와』. 평양: 외국문출판사, 2016.

김경일 외.『동아시아의 민족이산과 도시』. 서울: 역사비평사, 2003.

김병로. "북한의 시장화와 계층구조의 변화."『현대북한연구』. 제16권 1호, 2013.

김수정. "동아시아 대중문화물의 수용과 혼종성의 이해."『한국언론학보』. 50권 1호, 2006.

김춘선. "재만 한인의 국적문제." 중국해양대학교 해외한국학 중핵대학 사업단 편.『귀환과 전쟁, 그리고 근대 동아시아인의 삶』. 서울: 도서출판 경진, 2011.

마이클 새머스. 이영민 외 옮김.『이주』. 서울: 푸른길, 2013.

박명규. "네이션과 민족: 개념사로 본 의미의 간격."『동방학지』. 147권, 2009.

박종철. "귀국자를 통해서 본 북한사회."『JPI 정책포럼』. 제109호, 2012.

서재진.『북한사회의 계급갈등 연구』. 서울: 민족통일연구원, 1996.

션즈화. 김동길 외 역.『최후의 천조(天朝)』. 서울: 선인, 2017.

손춘일.『"滿州國"의 在滿韓人에 대한 土地政策 硏究』. 서울: 백산자료원, 1999.

_____. "해방 전후 재만조선인사회의 동향."『만주연구』. 8권, 2008.

_____. "한국전쟁 발발 후 북한난민에 대한 중국정부의 정책."『국가전략』. 제21권 3호, 2015.

신기욱. 이진준 역.『한국 민족주의의 계보와 정치』. 서울: 창비, 2009.

와다 하루끼. 남기정 역.『와다하루끼의 북한 현대사』. 서울: 창비, 2014.

아감벤. 박진우 역.『호모 사케르』. 서울: 새물결, 2008.

안수길.『북간도(상, 하)』. 서울: 삼중당, 1982.

염인호. "中國 延邊의 '反奸淸算鬪爭과 土地改革(1946) - 朝·中 民族 關係를 中心으로." 『역사교육』. 99호, 2006.

_____. "중국 연변 조선족의 민족정체성에 대한 일고찰(1945.8-1950. 말)."『한국사연구』. 제140호, 2008.

_____. "재만조선인 항일투쟁사 서술과 '중국 조선족'의 탄생."『한국학연구』. 28집, 2012.

_____. "재만조선인 항일투쟁사 서술: 국공내전·한국전쟁기에 진행된 선전 및 서술을 중심으로."『한국학논총』. 제45호, 2016.

윤휘탁. "〈滿洲國〉의 '2等 國(公)民', 그 實像과 虛像."『역사학보』. 169호, 2001.

_____. "'뿌리 뽑힌 자들의 放浪地!': 조선인에게 비쳐진 滿洲國 社會相." 『한국민족운동사연구』. 66권, 2011.

_____. "복합민족국가(複合民族國家)의 파탄: 만주국 붕괴와 만주국인(滿洲國人)의 충돌, 수난."『중국사연구』. 제78집, 2012.

이종석.『북한-중국관계 1945-2000』. 서울: 중심, 2000.

정판룡.『내가 살아온 중화인민공화국』. 서울: 웅진출판사, 1994.

조선로동당출판사.『중국동북해방전쟁참가자들의 회상기 1』. 평양: 조선로동당출판사, 2011.

_____.『중국동북해방전쟁참가자들의 회상기 2』. 평양: 조선로동당출판사, 2012.

중공연변조선족자치주위통일전선공작휘 편.『민족 문제 학습 자료 1』. 연변: 연변인민출판사, 1958.

통일교육원.『2016 북한이해』. 서울: 통일부, 2016.

한국문화인류학회.『처음 만나는 문화인류학』. 서울: 일조각, 2003.

_____.『중국 흑룡강성 한인동포의 생활문화』. 서울: 국립민속박물관, 1998.

한상복·권태환. 『중국 연변의 조선족: 사회의 구조와 변화』. 서울: 서울대학교출판부, 1993.

한석정. "만주국의 민족형성과 외래 거류민의 사회적 위치에 관한 연구: 조선인과 일본인의
    경우." 『한국사회학』. 제31집, 1997.

한석정·노기식. 『만주: 동아시아 융합의 공간』. 서울: 소명출판, 2008.

"동북지방조선인들 행복하게살고 있다(화교련합회시찰단담)." 『로동신문』. 1948. 6. 11, 1면.

"래조하였던 중국동북동포 대표단 각지에서 귀환보고." 『로동신문』. 1949. 1. 9, 1면.

"중국 동북 연변에 조선인민 대학 설립." 『로동신문』. 1949. 2. 24, 3면.

"중국 새 정치협상회의준비회에서 동북 조선인대표 연설." 『로동신문』. 1949. 7. 2. 4면;

"중국동북 조선인들 군기헌납운동 활발." 『로동신문』. 1951. 9. 6, 3면.

"〈중화인민공화국 인민정부의 옳은 정책하에서〉 동북지방 있어서의 조선 민족교육의 발전."
    『로동신문』. 1951. 8. 3, 4면.

"동북 목단강 재중 조선인 동포들로부터 선물 래도." 『로동신문』. 1952. 3. 16, 1면.

"중국 동북 길림성 연변 조선 민족 자치구 성립." 『로동신문』. 1952. 9. 12, 4면,

"중국 동북 연변 조선 민족 자치구 창설 2주년을 기념." 『로동신문』. 1954. 9. 8, 4면

2. 외국어 문헌

Anderson, J. "The Exaggerated Death of the Nation-State." in J. Anderson, C. Brook and
    A. Cochrane. *A Global World? Re-ordering Global Space*. Oxford: Open University,
    1995.

Anzaldúa, G. E. *Borderlands/La Frontera*. 2nd ed. San Francisco: Aunt Lute Books.

Armstrong, C. 2004. *The North Korean Revolution, 1945-1950*. Ithaca: Cornell University
    Press, 1999.

Bhabha, H. K. *The Location of Culture*. London & New York: Routledge, 1994.

Brubaker, R. *Citizenship and Nationhood in France and Germany*. Cambridge: Harvard
    University Press, 1998.

Caplan J. & J. Torpey. *Documenting Individual Identity: The Development of State
    Practices in the Modern World*. Princeton: Princeton University Press, 2001.

Cathcart, A. "Nationalism and Ethnic Identity in the Sino-Korean Border Region of
    Yanbian, 1945-1950." *Korean Studies*. Vol. 34, 2010.

Duus, P., Myers, R. H., & Peattie, M. R. *The Japanese informal empire in China, 1895-
    1937*. Princeton: Princeton University Press, 1989.

Duara, P. *Sovereignty and Authenticity: Manchukuo and the East Asian Modern*.
    Boulder: Roman and Lefflefield, 2003.

Eriksen, T. H. *Ethnicity and Nationalism*. London: Pluto Press, 1993.

Giddens, A. *The Nation-State and Violence: Volume two of a contemporary critique of
    historical materialism*. Cambridge: Polity Press, 1985.

Gupta, A. "The Song of the Nonaligned World: Transnational Identities and the
    Reinscription of Space in Late Capitalism." *Current Anthropology*. Vol 7, No. 1,

1992.

Harrell, S. *Cultural Encounters on China's Ethnic Frontiers.* Seattle: University of Washington Press, 2000.

Kim, J. "The making and unmaking of a 'transborder nation': South Korea during and after the Cold War." *Theory and Society.* Vol. 38, No. 2, 2009.

Koo. H. ed. *State and Society in Contemporary Korea.* Ithaca · NY: Cornell University Press. 1993.

Kraus C. & A. Cathcart. "Nation, ethnicity, and the post-Manchukuo order in the Sino-Korean Border region." A. Jackson ed., *Key papers on Korea: Essays Celebrating 25 years of the centre of Korean Studies.* SOAS, University of London. Boston: Global Oriental, 2014.

Lattimore, O. *Manchuria: Cradle of Conflict.* New York: The Macmillan Co, 1932.

Mullaney, T. S. *Coming to Terms with the Nation: Ethnic Classification in Modern China.* Berkeley: University of California press, 2011.

Newman D. & A. Passi. "Fences and Neighbours in the Postmodern World: Boundary Narratives in Political Geography." *Progress in Human Geography.* Vol. 22. No. 2, 1998.

Newman, D. "The lines that continue to separate us: borders in our 'borderless' world." *Progress in Human geography.* Vol. 30, No. 2, 2006.

Ohmae, K. *The End of Nation State.* New York: Free Press, 1995.

Olivier, B. V. *The implementation of China's nationality policy in the Northeastern provinces.* San Francisco: Mellen Research University Press, 1991.

Passi, A. "Boundaries as social processes: Territoriality in the world of flows." *Geopolitics.* 1998.

Park, H. O. *Two dreams in one bed: Empire, social life, and the origins of the North Korean revolution in Manchuria.* Durham & London: Duke University Press, 2005.
_____. *The Capitalist Unconscious: From Korean Unification to Transnational Korea.* New York: Columbia University Press, 2015.

Rumford, C. "Theorizing Borders." *European Journal of Social Theory.* Vol. 9, No. 2, 2006.

Tamanoi, M. A. "Knowledge, Power, and Racial Classification: The 'Japanese' in 'Manchuria'." *The Journal of Asian Studies.* Vol. 59, No. 2, 2000.

Shen, Z. & Y. Xia. "Chinese-North Korean Relations and China's Policy toward Korean Cross-Border Migration, 1950-1962." *Journal of Cold War Studies.* Vol. 16, No. 4, 2014.

Shin, G. W., J. Freda, and G. Yi. "The Politics of Ethnic Nationalism in Divided Korea." *Nations and Nationalism.* Vol. 5, No. 4, 1999.

Shin, G. W. *Ethnic Nationalism in Korea: Genealogy, Politics, and Legacy.* Stanford: Stanford University Press, 2006.

Smith, A. D. *The Ethnic Origins of Nations.* Oxford: Blackwell, 1986.

_____. *Nations and Nationalism in a Global Era.* Cambridge: Polity Press, 1995.

Vertovec, S. "Transnationalism and Identity." *Journal of Ethnic and Migration Studies.* Vol. 27, No. 4, 2001.

Waldinger, R. "Between 'Here' and 'There': Immigrant Cross-Border Activities and Loyalties." *International Migration Review.* Vol. 42, No. 1, 2008.

『滿鮮日報』, 1940년 3월 20일.

『滿鮮日報』, 1940년 3월 29일

刘俊秀. "在朝鲜族人民中间." 『延边党史资料通讯』. 第1期. 1987.

延边朝鲜自治州地方志编纂委员会. 『延边朝鲜族自治州志』. 北京: 中华书局. 1996.

H. Smith, "Explaining North Korean Migration to China. In NKIDP e-Dossier," Woodrow Wilson Center (2012), p. 2.

"Telegram from the Chinese Communist Party Central Committee to Gao Gang," July 18, 1950, History and Public Policy Program Digital Archive, Zhonggong zhongyang wenxian yanjiushi (CPC Central Historical Documents Research Office) and Zhongyang dang'anguan (Central Archives), eds., Jianguo yilai Zhou Enlai wengao (Zhou Enlai's Manuscripts since the Founding of the PRC), Vol. 3 (Beijing: Zhongyang wenxian chubanshe, 2008), 60. Translated by Jingxia Yang and Douglas Stiffler. https://digitalarchive.wilsoncenter.org/document/114204.

"On the Return of Korean Nationals to North Korea," July 04, 1950, History and Public Policy Program Digital Archive, PRC FMA 118-00080-10, 99-100. https://digitalarchive.wilsoncenter.org/document/114913.

"Chinese Foreign Ministry, 'Summary Report on Organizing Ethnic Koreans and Mobilizing Korean Immigrants to go to Korea to Take Part in Construction'," December 10, 1959, History and Public Policy Program Digital Archive, PRC FMA 118-00777-01, 43-48. Translated by Jeffrey Wang and Charles Kraus. https://digitalarchive.wilsoncenter.org/document/114177.

"Telegram from the Ministries of Foreign Affairs and Public Security to the Chinese Embassy in North Korea on Illegal Border Crossing among Ethnic Koreans," May, 1961a, History and Public Policy Program Digital Archive, PRC FMA 118-01026-03, 82-83. Obtained by Shen Zhihua and translated by Jeffrey Wang and Charles Kraus. https://digitalarchive.wilsoncenter.org/document/115321

"Report from the Ministry of Public Security on Illegal Border Crossings of Ethnic Koreans from Liaoning," May 10, 1961b, History and Public Policy Program Digital Archive, PRC FMA 118-01026-03, 69-70. Obtained by Shen Zhihua and translated by Jeffrey Wang and Charles Kraus. https://digitalarchive.wilsoncenter.org/document/115323.

"Telegram from the Ministry of Foreign Affairs and the Ministry of Public Security on the

Issue of Ethnic Koreans Crossing the Border to Korea," March 24, 1962, History and Public Policy Program Digital Archive, PRC FMA 118-01025-02, 4-6. Obtained by Shen Zhihua and translated by Jeffrey Wang and Charles Kraus. https://digitalarchive.wilsoncenter.org/document/115325.

"Protocol between the PRC Ministry of Public Security and the DPRK Social Safety Ministry for Mutual Cooperation in Safeguarding National Security and Social Order in Border Areas," June 09, 1964, History and Public Policy Program Digital Archive, PRC FMA 106-01434-04, 59-72. Obtained by Shen Zhihua and translated by Jeffrey Wang and Charles Kraus. https://digitalarchive.wilsoncenter.org/document/115328.

제2부 제4장 최양일 감독의 탈국가주의 영상 정치학: 다문화사회와 자이니치

1. 한국어 문헌

미즈노 나오키·문경수. 한승동 역. 『재일조선인: 역사 그 너머의 역사』. 서울: 삼천리, 2016.

오구마 에이지. 조현설 역. 『일본 단일민족신화의 기원』. 서울: 소명출판, 2003.

윤건차. 심성보 역. 『한국 근대 교육의 사상과 운동』. 서울: 청사, 1987.

윤건차. 박진우 역. 『교착된 사상의 현대사: 1945년 이후의 한국 · 일본 · 재일조선인』. 파주: 창비, 2009.

조현미. "일본의 '다문화공생' 정책을 사례로 본 사회통합정책의 과제." 『한국지역지리학회지』. 제15권 제4호, 2009, pp. 449~463.

하라지리 히데키. 김영미 역. 『동중국해역에서의 한반도와 일본열도: 그 기층문화와 사람들의 생활』. 서울: 민속원, 2017.

조관자. "1990년대 이후 한국에 소개된 재일조선인 지식인의 민족담론: 서경식의 '식민주의 저항' 담론에 관한 비판적 고찰." 『일본비평 14호』. 2016, pp 50~81.

2. 일본어 문헌

板垣竜太. "〈嫌韓流〉の解剖ツール." 『日韓新たな始まりのための20章』. 東京: 岩波書店, 2007.

板垣竜太. "映画「朝鮮の子」(1955)の製作プロセスをめぐって." 『評論·社会科学』. ???

佐藤忠男. 『日本映画史』. 東京: 岩波書店, 1995

上田正昭. 『歴史のなかの在日』. 東京: 藤原書店, 2005.

姜尚中. 『『在日』』. 東京: 集英社, 2008.

金時鐘. "「在日」を生きる." 上田正昭(編) 『歴史のなかの「在日」』. 東京: 富士原編集部, 2005, pp. 407~450.

崔洋一. 『月はどっち出ている ― 崔洋一の世界』. 東京: 日本テレビ, 1994.

崔洋一·梁石日·鄭義信. 『映画「血と骨」の世界』. 東京: 新幹社, 2004.

田中宏·板垣竜太 (編). 『日韓新たな始まりのための20章』. 東京: 岩波書店, 2007.

鄭大均. 『在日韓国人の終焉』. 東京: 文藝春秋, 2001.

野中広務·辛淑玉.『差別と日本人』. 東京: 角川書店, 2009.

水野直樹·文京洙.「在日朝鮮人歷史と現在」東京：岩波書店´2015 .

朴一.『「在日コリアン」ってなんでんねん?』. 東京: 講談社, 1995.

原尻英樹.『「在日」としてのコリアン』. 東京: 講談社, 1998.

四方田犬彦.『アジアのなかの日本映画』. 東京: 岩波書店, 2001.

四方田犬彦.『日本映画史100年』. 東京: 集英社, 2005.

尹健次.『在日を考える』. 東京: 平凡社, 2001.

李鳳宇·四方田犬彦. 『「パッチギ!」対談篇: 喧嘩·映画·家族·そして韓国』. 東京: 朝日新聞社,
2005.』.

3. 영어 문헌

Bhabha, Homi. *The Location of Culture*. London: Routledge, 1994.

Ching, Leo T. S. *Becoming 'Japanese' : Colonial Taiwan and the Politics of Identity
Formation*. Berkeley, Los Angeles and London: University of California Press,
2001.

Denoon, Donald et al. ??? *Multicultural Japan: Paleolithic to Postmodern,* Cambridge:
Cambridge Press, 2001.

Dew, Oliver. *Zainichi Cinema: Korean-in-Japan Film Culture*. London: Palgrave
Macmillan, 2016.

Fitzpatrick, Elizabeth Ann. 'The Emergence of a Post-national Aesthetic in Contemporary
Irish Drama, 1980-2000'. Ph. D. dissertation, University of Michigan, 2003.

Habermas, Jürgen. *The Postnational Constellation*. Cambridge: Polity, 2001

Hein, Laura & Mark Selden, eds. *Censoring History: Citizenship and Memory in Japan,
Germany, and the United States*. London and NY: M.E. Sharpe, 2000.

Iwabuchi, Koichi. 'Political Correctness, Postcoloniality and the Self-representation of
'Koreanness' in Japan', in Sonia Ryang. ed., *Koreans in Japan: Critical Voices from
the Margin*. London: Routledge, 2000, pp. 55-73, 68.

Ko, Mika. *Japanese Cinema and Otherness: Nationalism, Multiculturalism and the
Problem of Japaneseness*. London and New York: Routledge, 2010.

Lie, John. *Multi-Ethnic Japan*. Cambridge, MA and London: Harvard University Press,
2001.

Morris-Suzuki, Tessa. *Re-inventing Japan: Time, Space, Nation*. Armonk and London: M.
E. Sharpe, 1998.

Morris-Suzuki, Tessa. 'A Descent into the Past: the Frontier in the Construction of
Japanese History', in Donald Denoon, Mark Hudson, Gavan McCormark and Tessa
Morris-Suzuki, eds., *Multicultural Japan: Palaeolithic to Postmodern*. Cambridge:
Cambridge Press, 2001, pp. 81-94.

Ryang, Sonia, eds. *Koreans in Japan: Critical Voices from the Margin*. London:

Routledge, 2000.

Ryang, Sonia & John Lie, eds. *Diaspora Without Homeland: Being Korean in Japan,* Berkeley, Los Angeles and London: University of California Press, 2009.

Schilling, Mark. *Contemporary Japanese Film.* Trumbull, CT: Weatherhill Inc., 1999.

Shin, Gi-Wook. *Ethnic Nationalism in Korea: Genealogy, Politics, and Legacy.* Stanford: Stanford University Press, 2006.

Soysal, Nuhoglu Yasemin. *The Limits of Citizenship: Migrants and Postnational membership in Europe.* Chicago and London: The Unviersity of Chicago, 1994.

Stevenson, Nick. *Cultural Citizenship: Cosmopolitan Questions.* Berkshire: Open University Press, 2003.

Turim, Maureen. *The Films of Oshima Nagisa: Images of a Japanese Iconoclast.* Berkeley, Los Angeles and London: University of California Press, 1998.

Wedding, Danny, Mary Ann Boyd & Ryan M. Niemiec. *Movies & Mental Illness: Using Films to Understand Psychopathology.* Cambridge, MA: Hogrefe and Huber Publication, 2009.

4. 영화

渡島渚. 〈忘れられた皇軍〉. 東京 : 日本TV. 1963.

崔洋一. 〈月はどっちに出ている〉. 東京 : シネカノン (Cine Qua Non) , 1994.

崔洋一. 〈犬走る〉. 東京 : セントラル・アーツ(K.K Central Arts) . 1998.

崔洋一. 〈血と骨〉. 東京 : ビーワイルド'アーティストフイルム'東芝エンタテインメント'衛星劇場'朝日放送'ザナドゥー(Be Wild Artist Film, Toshiba Entertainment Satellite Theatre, Asahi Broadcast and Xanadu), 2004.

최양일, 〈수〉. 서울: 트리쯔클럽(Trizclub) 제작, 시네마서비스(Cinema Service) 배급, 2006.

제2부 제5장 영국 거주 북한이주민의 '안녕감'에 대한 관계적 이해

1. 국내 문헌

• 단행본

이용숙·이수정·정진웅·한경구·황익주. 『인류학 민족지 연구 어떻게 할 것인가』. 서울: 일조각, 2012.

• 논문

권석만. "심리학의 관점에서 본 욕망과 행복의 관계." 『철학사상』. 제36권, 2010, pp. 121-152.

김신영·백혜정. "한국청소년행복지수 개발연구." 『한국사회학』. 제42권 6호, 2008, pp. 140-173.

박종일·박찬웅·서효정·염유식. "한국 어린이-청소년 행복지수 연구와 국제비교." 『한국사회학』. 제44권 2호, 2010, pp. 121-154.

이수정. "접촉지대와 경계의 (재)구성: 임대아파트 단지 남북한 출신 주민들의 갈등과 협상." 『현대북한연구』. 제17권 2호, 2014, pp. 85~126.

이수정·이우영. "영국 뉴몰든 코리아타운 내 남한이주민과 북한난민 간의 관계와 상호인식." 『북한연구학회보』. 제18권 1호, 2014, pp. 137-174.

이진영. "런던의 코리아 타운: 형성, 구조, 문화." 『재외한인연구』. 제27호, 2012, pp. 177-211.

이현송. "소득이 주관적 삶의 질에 미치는 영향." 『한국인구학』. 제23권 1호, 2000, pp. 91-117.

이희영. "국제 인권장치와 비극의 서사: 탈북 난민들의 독일 이주에 대한 사례 연구를 중심으로." 『경제와 사회』. 제109호, 2016, pp. 191-228.

정향진. "감정의 인류학." 『한국문화인류학』. 제46권 3호, 2013, pp. 165-209.

2. 국외 문헌

• 단행본

Malinowski, Bronislaw. *Argonauts of the Western Pacific*. London: Routledge, 1922.

_____. *A Diary in the Strict Sense of the Term*. Stanford: Stanford University Press, 1989.

• 논문

Beatty, Andrew. "Anthropology and Emotion." *Journal of the Royal Anthropological Institute*. Vol. 20, No. 3, 2014, pp. 545-563.

Diener, Edward F. "Subjective well-being." *Psychological Bulletin*. Vol. 95, 1984, pp. 542-575.

Eimermann, Marco & Svante Karlsson. "Globalising Swedish countrysides? A relational approach to rural immigrant restaurateurs with refugee backgrounds." *Norsk Geografisk Tidsskrift-Norwegian Journal of Geography*. Vol. 72, No. 2, 2018, pp. 82-96.

Faier, Lieba & Lisa Rofel. "Ethnographies of Encounter." *Annual Review of Anthropology*. Vol. 43, 2014, pp. 363-377.

Haraway, Donna. "Situated knowledge: The Science Question in Feminism and the Privilege of Partial Perspective." *Feminist Studies*. Vol. 14, No. 3, 1988, pp. 575-599.

Hart, Gillian. "Denaturalizing Dispossession: Critical Ethnography in the Age of Resurgent Imperialism." *Antipode*. Vol. 38, No. 5, 2006, pp. 977-1004.

Pennacchini, Maddalena, Marta Bertolaso, Marta M. Elvira & Maria Grazia De Marinis. "A brief history of the Quality of Life: its use in medicine and in philosophy." *Media Humanities*. Vol. 162, No. 3, 2011, pp. 99-103.

Shin, Hae Ran. "The Territoriality of Ethnic Enclaves: Dynamics of Transnational Practices and Geopolitical Relations within and beyond a Korean Transnational Enclave in

New Malden, London." *Annals of the American Association of Geographers*. Vol. 108, No. 3, 2018, pp. 756-772.

Song, Jay Jiyoung & Markus Bell. "North Korean secondary asylum in the UK." *Migration Studies*. Vol. 7, No. 2, 2019, pp. 160-179.

Ward, Kevin. "Towards a relational comparative approach to the study of cities." *Progress in Human Geography*. Vol. 34, No. 4, 2010, pp. 471-487.

제3부 제6장 베를린 한인 이주민들의 경험으로 본 독일의 분단과 통일

1. 국내 문헌

이삼열. "독일에서의 민주화운동: 민주사회건설협의회를 중심으로." 『기억과 전망』. 34권, 2016, pp. 462-521.

재독한국여성모임. 『독일이주여성의 삶, 그 현대사의 기록』. 서울: 당대, 2014.

베르너 캄페터. 『독일통일의 기적과 그 교훈』. FES-Information-Series 2010-06. 프리드리히 에버트 재단 한국사무소. 2010.

2. 외국 문헌

Bhabha, Homi K. *The Location of Culture*. London: Routledge, 1994.

Clifford, James. "Diasporas." *Cultural Anthropology*. Vol. 9, No. 3, 1994, pp. 302-338.

Kollmorgen, Raj, Frank Thomas Koch & Hans-Liudger Dienel. eds. *Diskurse der deutschen Einheit – Kritik und Alternativen*. Wiesbaden: VS Verlag für Sozialwissenschaften, 2011.

Lee, Eun-Jeung. "Deutsche Einheit aus der koreanischen Perspektive." *Neue Gesellschaft, Frankfurter Hefte*. November – Dezember, 2014, pp. 9-12.

Lee, You Jae. "Die Ostberlin-Affäre 1967 und die transnationale Demokratisierung für Südkorea." *Paper presented at the 50th Anniversary of the Appeal for Isang Yun: Peace Talk and Concert,* Nov. 24, 2018.

Levitt, Peggy. "Social Remittances: Migration Driven Local-Level Forms of Cultural Diffusion." *International Migration Review*. Vol. 32, No. 4, 1998, pp. 926-948.

Levitt, Peggy. *The Transnational Villagers*. Berkeley and Los Angeles: University of California Press. 2001.

Levitt, Peggy & D. Lamba-Nieves. "Social Remittances Revisited." *Journal of Ethnic and Migration Studies*. Vol. 37, No. 1, 2011, pp. 1-22.

Ryang, Sonia. "Visible and Vulnerable: The Predicament of Koreans in Japan." Ryang, Sonia and John Lie. eds. *Diaspora without Homeland: Being Korean in Japan*. Berkeley and Los Angeles: University of California Press, 2009.

Safran, William. "Diasporas in modern societies: Myths of homeland and return."

Diaspora: A Journal of Transnational Studies. Vol. 1, No. 1, 1991, pp. 83-99.

Vertovec, Steven. "Three Meanings of "Diaspora," Exemplified among South Asian Religions." *Diaspora: A Journal of Transnational Studies.* Vol. 6, No. 3, 1997, pp. 277-299.

Williams, Raymond. *The Country and the City.* London: Chatto & Windus, 1973.

3. 기타

Deutschlandfunk kultur: www.deutschlandfunkkultur.de

제3부 제7장 남북통일의 사회적 부담 인식이 통일에 대한 지지도에 미치는 영향: 세대별 독일통일에 대한 인식의 조절효과를 중심으로

• 단행본

손기웅. 『독일통일 쟁점과 과제 2』. 서울: 늘품플러스, 2009.

손선홍. 『독일통일 한국통일』. 서울: 푸른길, 2016.

이기식. 『독일통일 15년의 작은 백서』. 서울: 고려대학교 출판부, 2008.

이내영·조철호·정한울·허석재. 『통일인식에 대한 세대격차의 원인분석과 갈등해소를 통한 국민통합방안』. 서울: 통일부, 2015.

임종대 외. 『시인과 사상가의 나라 독일이야기2: 통일독일의 사회와 현실』. 서울: 거름, 2000.

정동준·김선·김희정·나용우·문인철·송영훈·최규빈·임경훈·이정옥. 『2018통일 의식조사』. 서울: 서울대학교 통일평화연구원, 2019.

황병덕 외 엮음. 『독일의 평화 통일과 통일독일 20년 발전상』. 서울: 늘품플러스, 2011.

• 논문

KBS한국방송. "국민통일의식조사." 『통일방송연구』. 제30호, 2017.

구본상. "통일인식의 변화와 의의." 『[일반]국민과 함께 하는 통일·대북정책 2018 KINU 통일의식조사 결과 발표회 자료집』. 2018, pp. 11-21.

서현진. "청소년기 통일교육과 세대간 통일인식 차이." 『통일문제연구』. 제29권 1호, 2017, pp. 93-127.

오재록·윤향미. "통일의식조사를 통한 사회통일교육 활성화방안 연구: 전라북도 사례를 중심으로." 『입법과 정책』. 제7권 1호, 2015, pp. 107-129.

우경봉. "통일의식에 관한 연구." 『통합인문학연구』. 제9권 2호, 2017, pp. 207-225.

윤민재. "한국사회의 이념적 갈등과 특징: 세대별 통일문제인식을 중심으로." 『인문사회 21』. 제8권 5호, 2017, pp. 831-850.

이내영. "한국인의 통일의식의 결정요인: 새로운 분석모델의 모색." 『평화연구』. 봄호, 2014, pp. 167-206.

이미경. "대학생 통일의식 제고를 위한 통일교육 방안 모색." 『한국동북아논총』. 제70호, 2014,

pp. 175-195.

한석지. "통일대박의 조건과 전망: 국민적 통일의식 증진을 중심으로." 『세계지역연구논총』.
34권 2호, 2016, pp. 129-154.

한운석. "독일통일에 대한 한국에서의 인식." 『내일을 여는 역사』. 제58호, 2015, pp. 333-355.

홍석훈. "통일인식의 변화와 의의." 『[일반]국민과 함께 하는 통일·대북정책 2018 KINU
통일의식조사 결과 발표회 자료집』. 2018, pp. 23-32.

• 신문

"베를린 장벽 붕괴 30년...독일 통일은 필연이라지만 후회 없었을까?" 『동아일보』. 2016년 7월
5일.

"통일30주년 독일은 지금." 『시사인』. 2019년 7월 23일.

제3부 제8장 불편한 진실: 남북통일 시나리오에서 조선로동당이 지닌 문제점과 잠재력

1. 국내 자료

강동완·김현정. "북한의 '당의 유일적 령도체계 확립의 10대 원칙' 개정 의미와 북한주민들의
인식." 『북한연구학회보』. 제19권 1호, 2015, pp. 339-365.

강원택. 『통일 이후의 한국의 민주주의』. 서울: 나남, 2011.

김경래·허준영. "통일과정에서의 동서독 정당체계의 변모와 정책적 시사점." 통일부 편.
『(독일통일 총서) 정당분야 통합 관련 정책문서』. 서울: 통일부, 2014, pp. 11-115.

김경미. "독일 통일과 정당체제의 변화: 민주사회주의당(PDS)을 중심으로." 『사회과학연구』.
제10권, 2002, pp. 31-50.

김병로. "탈북자 면접조사를 통해 본 북한사회의 변화 : 2008~2011." 『현대북한연구』. 제15권
1호, 2012, pp. 39-84.

김정은. "혁명발전의 요구에 맞게 당의 유일적 령도체계를 더욱 철저히 세울데 대하여."
이시마루 지로 편. 『북한내부영상·문서자료집: 김정은의 새 '10대 원칙' 책정·보급과
장성택 숙청』. 동경: ASIAPRESS, 2014, pp. 27-30.

박광기. "남북한 정당통합을 위한 전제들: 동서독 정당통합을 중심으로." 『대한정치학회보』 8집
1호, 2000, pp. 140-170.

박영자. 『김정은 시대 조선로동당의 조직과 기능 : 정권 안정화 전략을 중심으로』. 서울:
통일연구원, 2017.

박종철 외. 『통일 이후 통합을 위한 갈등해소 방안 : 사례연구 및 분야별 갈등해소의 기본방향』.
서울: 통일연구원, 2004.

볼프강 메르켈·아우렐 크루아상. "정당 및 정당제도가 한국의 통일과 민주화에 미치는 영향."
좌승희·문정인·노정호 편. 『한반도 통일핸드북 (Ⅰ)』. 서울: 한국경제연구원, 2003, pp.
257-325.

서대숙. 『한국 공산주의 운동사 연구』. 서울: 이론과 실천, 1995.

송태수. "독일 통일에서 정당의 역할." 『사회과학 연구』. 제14권 1호, 2006, pp. 246-283.

안지언 · 김석호. "북한이탈 청소년의 북한에서의 문화교육 경험과 한국 내 사회문화적 적응 간 관계에 대한 근거이론 연구." 『국정관리연구』. 제10권 2호, 2015, pp. 217-240.

오경섭. "10대 원칙 개정의 주요 내용과 정치적 의미." 『정세와 정책』. 9월호, 2013, pp. 12-14.

오원환. "탈북 청년의 정체성 연구 : 탈북에서 탈남까지." 고려대학교 박사학위논문, 2011.

이대근. "조선로동당의 조직체계." 세종연구소 북한연구센터 엮음. 『북한의 당·국가기구·군대』. 서울: 한울아카데미, 2011, pp. 162-226.

이상신. "북한의 정당체계와 통일." 이현출 편. 『북한 체제전환기 민주화 유도 및 정당의 역할』. 서울: 한국정치학회, 2012, pp. 87-115.

이종석. 『현대 북한의 이해』. 서울: 역사비평사, 2011.

정동준. "북한주민의 남한 문화 경험이 통일의식에 미치는 영향." 『통일과 평화』. 제8권 2호, 2016, pp. 111-148.

정은미. "북한연구방법으로서 탈북자 조사의 활용과 연구 동향." 『현대북한연구』. 제8권 3호, 2005, pp. 139-176.

최유숙. "신문기사에 나타난 북한이탈주민 지칭어 분석." 『어문논집』. 제67권, 2016, pp. 33-66.

2. 외국 문헌

An, Ji-hyun, et al. "Prevalence and Correlates of Suicidal Thoughts and Behaviors among North Korean Defectors." *Psychiatry Investigation*. Vol. 15, No. 5, 2018, pp. 445-451.

Breuer, Marten. "Die erste gesamtdeutsche Bundestagswahl 1990 und die Folgen für das Parteiensystem." Jesse, Eckhard and Eckart Klein. eds. *Das Parteienspektrum im wiedervereinigten Deutschland*. Berlin: Duncker & Humblot, 2007, pp. 13-32.

Cho, Dong Wun & Yong Tae Kim. "A Study on Settlement Service for North Korean Defectors." *Journal of Korean Public Policy and Security Studies*. Vol. 8, No. 2, 2011, pp. 25-50.

Choi, Gyubin. "North Korean Refugees in South Korea: Change and Challenge in Settlement Support Policy." *The Korean Journal of International Studies*. Vol. 16, No. 1, 2018, pp. 77-98.

Chung, Byung-Ho. "Between Defector and Migrant: Identities and Strategies of North Koreans in South Korea." *Korean Studies*. Vol. 32, 2008, pp. 1-27.

Denney, Steven & Christoher Green. "Unification in action? The national identity of North Korean defector-migrants: insights and implications." *KEIA Academic Paper Series*. Oct 1, 2018, pp. 1-14.

Grzelczyk, Virginie. "New Approaches to North Korean Politics after Reunification: The Search for a Common Korean Identity." *Communist and Post-Communist Studies*. Vol. 47, 2014, pp. 179-190.

Haggard, Stephan & Marcus Noland. *Witness to transformation. Refugee insights into*

North Korea. Washington D.C.: PIIE, 2011

Hofmann, Michael & Bernd Martens. "Generations and Social Structures in Socialist Countries: The German Democratic Republic and East Germany in Comparison with North Korea." *Historical Social Research*. Vol. 41, No. 3, 2016, pp. 318-335.

Holzhauser, Thorsten. "Neoliberalismus und Nostalgie Politische Re-Formationen und die Entstehung der Linkspartei im vereinten Deutschland." *Geschichte und Gesellschaft*. Vol. 44, 2018, pp. 586 –618.

Holzhauser, Thorsten. "Extremisten von gestern – Demokraten von heute? Zum Umgang mit systemfeindlichen Parteien am Beispiel von Grünen und Linkspartei." *Mitteilungen des Instituts für deutsches und internationales Parteienrecht und Parteienforschung*. Vol. 24, Jahrgang, 2018a, pp. 5-13.

Hur, Aram. "Adopting to democracy: identity and the political development of North Korean defectors." *Journal of East Asian Studies*. Vol. 18, 2018, pp. 97 –115.

Jeon, Woo-Taek, et al. "Correlation between traumatic events and posttraumatic stress disorder among North Korean defectors in South Korea." *Journal of Traumatic Stress*. Vol. 19, No. 2, 2005, pp. 147 –154.

Kim, Sung Kyung. "'Defector,' 'Refugee,' or 'Migrant'? North Korean Settlers in South Korea's Changing Social Discourse." *North Korean Review*. Vol. 8, No. 2, 2012, pp. 94-110.

Lankov, Andrei. "Bitter Taste of Paradise: North Korean Refugees in South Korea." *Journal of East Asian Studies*. Vol. 6, No. 1, 2006, pp. 105 –137.

Maretzki, Hans. "Probleme koreanischer Wiedervereinigung aus deutscher Sicht." *Welt Trends*. Vol. 5, 1994, pp. 123-139.

Mosler, Hannes B. "Decoding the 'Free Democratic Basic Order' for the Unification of Korea." *Korea Journal*. Vol. 57, No. 2, 2017, pp. 5-34.

Pfennig, Werner. "Wandlungen der Sozialistischen Einheitspartei Deutschlands." Lee, Eun-Jeung und Werner Pfennig. Hrsg. *20 Jahre Deutsche Wiedervereinigung Band 23*. Berlin: Institut für Koreastudien, 2011.

Song, Jay & Steven Denney. "Studying North Korea through North Korean migrants: lessons from the field." *Critical Asian Studies*. Vol. 52, No. 3, 2019, pp. 451-466.

Sung, Jiyoung & Myong-Hyun Go. "Resettling in South Korea: Challenges for Young North Korean Refugees." *The Asian Institute for Policy Studies Issue Brief*. Aug. 8, 2014, pp. 1-19.

Vogel, Lars & Heinrich Best. "Political Elites in Transition and Unification: German Lessons for the Korean Peninsula?" *Historical Social Research*. Vol. 41, No. 3, 2016, pp. 336-367.

Yoon, In-Jin. "North Korean Diaspora: North Korean Defectors Abroad and in South Korea." *Development and Society*. Vol. 30, No. 1, 2001, pp. 1 –26.

3. 기타

공공데이터 포털: www.data.go.kr
통일부: www.unikorea.go.kr

저자 소개

이우영은 연세대학교에서 지식사회학으로 박사학위를 받았다. 통일연구원 선임연구위원을 거쳐 북한대학원대학교 교수로 재직 중이며, 현재 북한대학원대학교 남북한마음통합연구센터장을 맡고 있다. 『남북한 문화정책비교』, 『북한문화 둘이면서 하나인 문화』(공저), 『북한도시주민의 사적영역연구』(공저) 등의 저서가 있고 북한의 사회문화 변화, 남북한 사회문화 통합 등을 주로 연구하고 있다.

김태경은 서울대학교에서 전후 북한 사회주의 리얼리즘의 형성으로 박사학위를 받았다. 현재 북한대학원대학교 남북한마음통합연구센터 연구교수로 재직 중이다. 최근 논문으로는 "1950년대 북한의 '평화공존의 마음들': 소련 '평화공존' 노선의 수용과 북한의 군비축소 담론", "1950년대 북한의 독일 국가연합 통일방안 수용과 한반도 평화공존의 상상", "The Making of the "Reader-People" in the 1950 – 1960s North Korean Socialist Literature" 등이 있다.

구갑우는 서울대학교 경제학과를 졸업, 유럽연합의 공공정책으로 박사학위를 받았다. 일본 토야마대학 외래교수, 릿교대학 방문연구원을 역임했고 현재 북한대학원대학교 교수로 재직 중이다. 주요 연구로는 『비판적 평화연구와 한반도』, 『국제관계학 비판』, "한반도 안보 딜레마와 북한의 '경제·핵 조건부 병진노선'의 길", "한반도 평화체제의 역사적, 이론적 쟁점들" 등이 있다.

최선경은 북한대학원대학교에서 "북·중 접경지역 '조선인' 에스니시티의 변화"로 북한학 박사학위를 받았다. 캘리포니아대학교 버클리캠퍼스 한국학연구소 방문학자를 거쳐 현재 북한대학원대학교 심연북한연구소 연구교수로 재직 중이다. 북한의 사회/문화, 이주, 미디어, 민족주의 등을 주요 연구주제로 삼고 있으며, 최근 논문으로 "Remaking a Transborder Nation in North Korea: Media Representation in the Korean Peace Process", "북한주민의 친족과 민족 유대: 중국 조선족과의 관계를 중심으로", "'조선민족' 개념의 형성과 변화" 등이 있다.

이향진은 연세대학교 대학원에서 석사(사회학), 리즈대학에서 박사(커뮤니케이션학: 남북한 영화 비교 연구) 학위를 취득하였으며, 2008년부터 릿교대학 이문화커뮤니케이션학부 교수로 재직하며 영화연구·문화사회학을 연구하고 있다. 셰필드대학 동아시아학부 조교수(1991~2008), 하버드대학 동아시아 언어문명학부 김구초빙교수(2014), 도쿄대학, 릿교대학, 도시샤대학 객원연구원 (2005~07), UK Korean Film Festival 다이렉터(2000~2007)를 역임하였으며, 영국독립극장 쇼룸 자문위원(2008~), 평창남북평화영화제 자문위원(2019~)이다. 대표 저서로는 Contemporary Korean Cinema: Identity · Culture · Politics(Manchester University Press, 2000), 『한류의 사회학: 여성, 가족 그리고 팬덤』(이와나미, 2008), 『코리안 시네마: 북한·한국·트랜스내셔날』(미스즈서방, 2018)이 있다.

엄현숙은 북한대학원대학교 심연북한연구소 연구교수이며 국민대학교 교양대학, 국민대학교 테크노디자인전문대학원, 서울교육대학교 교육전문대학원, 신한대학교 일반대학원 외래교수이다. 북한대학원대학교에서 "북한의 교육방법 연구: 1960-2015"로 북한학 박사학위(2016)를 받았다. 북한 사회/문화/교육, 통일교육 및 남북한 사회통합 등을 주요 연구주제로 삼고 있다. 논문은 "북한 유치원 교육의 정치사회화에 관한 연구"(2014), "2000년대 이후 교육법제 정비를 통한 북한 교육의 현황"(2017), "교원의 역할에 대한 북한의 인식 변화 연구"(2017), "통일교육 효과의 의도성에 관한 연구"(2017), "북한 우상화 교육의 전략 분석"(2018), "북한의 12년제 의무교육 실시와 '무자격' 교원 문제"(2018), "결핍에 대한 북한 주민의 마음의 변화: 『조선신보』를 중심으로"(2018), "김정은 위대성교육의 효과 연구"(2018), "김정은 시대 직업인으로서의 역할 기대"(2019), "김정은 시대 고등교육 정책 연구: 박사학위 제도를 중심으로"(2019), "정보화 시대 북한의 사이버 교육 연구"(2020) 등이 있다. 공저는 『북한주민 통일의식 2018』(서울대 통일평화연구원, 2019), 『12개 주제로 생각하는 통일과 평화 그리고 북한』(박영사, 2019), 『맛있게 읽는 북한이야기』(박영사, 2019), 『북한주민 통일의식 2019』(서울대 통일평화연구원, 2020), 『북한의 민속』(민속원, 2020) 등이 있다.

이수정은 미국 일리노이대학에서 인류학으로 박사학위를 받았으며, 북한대학원대학교를 거쳐 현재 덕성여자대학교에서 글로벌융합대학 문화인류학 전공 교수로 재직 중이다. 북한사회/문화, 분단, 평화, 이주, 젠더 등을 주요 연구주제로 삼고 있으며, 공저로 『인류학 민족지 연구 어떻게 할 것인가』, 『전통의 변주와 연대: 분단 코리언의 생활세계』, 『분단된 마음 잇기』, 『분단된 마음의 지도』, 『분단 너머 마음 만들기』 등이 있다.

정진헌은 미국 일리노이대학교에서 문화인류학 박사를 받았다. 독일 막스플랑크 종교와민족다양성 연구원에서 전임연구원을 지내고 베를린 자유대학교 한국학과를 거쳐 현재 통일교육원 교수로 재직 중이다. 이주-난민과 종교, 열망, 탈경계 감수성, 평화인류학 등을 주요 연구과제로 삼고 있으며, 주요 저서로는, 『Migration and Religion in East Asia: North Korean Migrants' Evangelical Encounters』(단독), 『Building Noah's Ark for Migrants, Refugees, and Religious Communities』(편저), 『무엇이 학교혁신을 지속가능하게 하는가: 독일, 미국, 한국 혁신학교의 힘』(공저) 등이 있다.

이은정은 이화여자대학교 정치외교학과에서 수학하고, 독일 괴팅겐대학교 정치사상사 박사학위를 받았으며, 할레대학교에서 교수자격(Habilitation)을 받았다. 1984년부터 독일에서 생활하며 정치사상과 지식의 변동, 통일과 체제전환 문제를 연구하고 있다. 정치사상사에 새로운 분석틀을 도입하여 상호문화적인 연구를 개척한 공로로 아시아 출신 최초로 베를린-브란덴부르크 학술원 정회원에 선출되었다. 한국과 독일 문화교류 증진에 기여한 공로로 제8회 이미륵상을 수상했으며, 2019년에는 통일연구에 기여한 공로로 국민훈장 모란장을 수상했다. 2008년 베를린자유대학교 한국학연구소를 창설했으며, 현재 한국학과 학과장과 동아시아대학원 원장을 맡고 있다.

양계민은 중앙대학교에서 사회심리학으로 박사학위를 받았고, 2006년부터 현재까지 한국청소년정책연구원의 선임연구위원으로 재직 중이다. 연구 관심분야는 다문화집단, 북한이탈주민 등 이주배경 집단의 적응과 이들 집단에 대한 남한주민의 태도이며, 주요 논문으로는 "통일이후 독일주민의 이주민에 대한 태도: 삶의 만족도와 스트레스를 중심으로", "북한이탈주민의 다문화수용성에 영향을 미치는 요인: 남한주민과의 비교를 중심으로(2016)", "북한이탈주민이 다문화집단에 대해 느끼는 현실갈등인식이 삶의 만족에 미치는 영향: 지각된 차별감의 매개효과를 중심으로(2016)", "북한이탈주민이 국내 다문화집단에 대하여 지니는 태도에 영향을 미치는 요인(2015)" 등이 있다

이봉기는 성균관대 행정학과를 졸업하고, 경남대학교 북한대학원 경제학과에서 석사 학위를, 베를린 자유대 정치학과에서 박사 학위를 취득하였다. 통일부를 거쳐 현재 주독일 한국문화원 원장 겸 주독일 한국대사관 공사참사관으로 재직 중이다.

하네스 모슬러는 베를린 훔볼트대 문화학과·한국학과를 졸업하고, 서울대학교 정치학과에서 정치학 박사 학위를 취득하였다. 베를린 자유대 한국학과·동아시아대학원 교수를 거쳐, 현재 뒤스부르크-에센대학교 정치학과·동아시아연구소 교수로 재직 중이다.